经济管理学术文库·金融类

互联网金融发展与征信体系建设完善研究

Research on Internet Finance Development and Credit System Construction

张 杰／著

图书在版编目（CIP）数据

互联网金融发展与征信体系建设完善研究 / 张杰著 . — 北京：经济管理出版社，2020.8
ISBN 978-7-5096-7328-7

Ⅰ.①互… Ⅱ.①张… Ⅲ.①互联网络—应用—金融—关系—信用制度—研究—中国
Ⅳ.① F830.49

中国版本图书馆 CIP 数据核字（2020）第 146618 号

组稿编辑：李红贤
责任编辑：李红贤
责任印制：黄章平
责任校对：张晓燕

出版发行：经济管理出版社
　　　　　（北京市海淀区北蜂窝 8 号中雅大厦 A 座 11 层　100038）
网　　址：www.E-mp.com.cn
电　　话：（010）51915602
印　　刷：三河市延风印装有限公司
经　　销：新华书店
开　　本：710mm×1000mm/16
印　　张：14
字　　数：267 千字
版　　次：2020 年 9 月第 1 版　2020 年 9 月第 1 次印刷
书　　号：ISBN 978-7-5096-7328-7
定　　价：68.00 元

·版权所有　翻印必究·
凡购本社图书，如有印装错误，由本社读者服务部负责调换。
联系地址：北京阜外月坛北小街 2 号
电话：（010）68022974　邮编：100836

前　言

伴随互联网技术的蓬勃发展，互联网金融应运而生，以第三方支付、P2P网贷、众筹融资等为代表的金融新业态迅速崛起，对传统金融产品、业务、组织和服务等方面产生了深刻影响。互联网金融将互联网思维、技术、模式等融入金融业务中，但究其本质仍然是金融，控制风险是必须要解决好的核心问题。在现代经济运行中，有效的金融风险防控离不开征信活动和征信体系作用的发挥。征信活动的产生源于信用交易的出现，在市场经济建设过程中，信用交易的范围在日益扩大。因市场经济发展与信用活动增加而产生的信息服务需求，成为征信活动不断发展的客观基础和直接动力。征信通过对市场中的经济交易主体信用活动进行及时、准确、全面的记录，在揭示风险、提升交易效率等方面发挥重要作用，促进形成"诚信者受益、失信者受惩"的社会环境。征信体系建设已成为市场经济运行的基石，在促进信用经济发展和社会信用环境优化中发挥着重要作用。在经济领域，征信体系是信用经济的重要保障，扩大了信用交易的范围和规模，促使整个经济运行更加有序，交易更加便捷。在社会领域，征信体系是社会信用体系建设的核心内容，促进社会管理手段创新，提升整个社会诚信水平。

结合国情来看，不同于发达国家征信体系建设随经济发展渐进式推进的路径，我国社会发展阶段存在一定跨越性，征信体系和相关制度尚处于建设初级阶段，还有许多短板亟待补足。近年来，规范我国征信活动开展的法律制度和政策环境不断完善，《征信业管理条例》《征信机构管理办法》等相继出台，《社会信用体系建设规划纲要（2014—2020年）》《加快推进社会信用体系建设　构建以信用为基础的新型监管机制的指导意见》等顶层设计为征信业发展指明了方向。目前，我国征信体系是一种政府主导与市场化运作相结合的建设模式。中国人民银行征信中心负责建设、运行和维护全国集中统一的企业和个人征信系统，属于我国公共征信系统，也是重要的金融基础设施，立足金融，服务社会，成效显著。在公共征信系统发挥基础性作用的同时，征信市场中也出现了一批各具特色的市场化征信机构，如阿里巴巴、腾讯等互联网巨头依托电子商务和社交平台，运用大数据、云计算和人工智能等信息技术在征信领域不断探索和实践，为互联网金融机构、小微企业等提供了多样化的征信产品和服务，成为公共征信系统的有益补充。2018年百行征信的成立标志着我国征信市场化进程的加速。互联网大数据征信代表着征信机构未来的发展方向，为互联网金融、共享经济等新业态发展助力。

在当今这个信息时代，征信体系与互联网金融的结合日趋紧密，成为完善互联网金融生态不可或缺的组成部分。互联网金融等创新的不断涌现对征信体系建设也提出了新挑战，需要密切结合新业态和新情况的发展，明确重点，有的放矢。本书基于上述背景，尝试从理论分析、征信实践、征信模式三方面对互联网金融快速发展背景下征信体系建设完善问题进行研究。在理论分析部分阐述互联网金融兴起的原因与发展现状、征信相关概念和经济学理论基础、互联网金融与征信体系建设的相互关系、互联网金融发展背景下征信体系建设的国际比较与影响等内容；在征信活动实践部分结合P2P网贷、众筹融资、电商小贷以及市场化互联网金融征信机构发展实践与典型案例，分析互联网金融发展背景下征信体系建设的新趋势及相关启示；在互联网金融征信模式选择部分，立足国情探讨我国互联网金融征信体系建设的模式，并对建设过程中如何完善法律制度、监管制度、信息共享制度、权利保护制度等提出相关建议。

本书共分十章，由天津财经大学金融学院张杰副教授负责整体框架设计和主要内容编写。天津财经大学金融学院硕士研究生孟婷、程安、王清、王璐、马亚普、张月盈、赵广蕃、王呵参与了部分章节写作，具体分工如下：第一章第三节、第二章、第三章、第四章、第八章、第九章、第十章由张杰完成；第一章第一节由王璐完成，第二节由马亚普完成；第五章第一节由张月盈完成，第二、三节由孟婷完成；第六章第一节由王呵完成，第二、三节由程安完成；第七章第一节由赵广蕃完成，第二、三节由王清完成。

目 录

第一章 互联网金融发展的理论基础与现状分析 001
    第一节 互联网金融发展的理论基础 001
    第二节 互联网金融发展现状分析 009
    第三节 互联网金融的发展趋势 019

第二章 征信活动与征信体系建设现状分析 024
    第一节 征信的相关概念及经济学理论分析 024
    第二节 国内外征信体系建设现状分析 031
    第三节 征信体系建设面临的新变化及其影响 037

第三章 互联网金融发展与征信体系建设的关系 049
    第一节 征信体系建设是互联网金融健康发展的重要基础 049
    第二节 互联网金融发展促进征信体系建设完善 053
    第三节 征信体系在破解小微企业融资困境中的作用 058

第四章 互联网金融发展背景下征信体系建设的国际比较 065
    第一节 国际典型国家征信体系建设模式与经验 065
    第二节 互联网金融发展背景下征信活动典型案例及启示 078

第五章 电商小贷模式的征信活动实践与典型案例 086
    第一节 电商小贷发展概况 086

第二节　电商小贷征信活动实践 093
第三节　电商小贷征信活动典型案例分析 098

第六章　P2P 网贷模式的征信活动实践与典型案例 109
第一节　P2P 网贷发展概况 109
第二节　P2P 网贷征信活动实践 119
第三节　P2P 网贷征信活动典型案例分析 126

第七章　众筹融资模式的征信活动实践与典型案例 132
第一节　众筹融资发展概况 132
第二节　众筹融资征信活动实践 146
第三节　众筹融资征信活动典型案例分析 152

第八章　市场化互联网金融征信机构发展与典型案例 159
第一节　我国市场化互联网金融征信机构发展概况 160
第二节　我国市场化互联网金融征信机构典型案例分析 166

第九章　互联网金融征信体系建设的路径探索与模式选择 178
第一节　互联网金融征信体系建设完善的路径探索 179
第二节　互联网金融征信体系建设模式选择 185

第十章　互联网金融征信体系建设相关制度的完善 191
第一节　互联网金融征信体系建设法律制度的完善 191
第二节　互联网金融征信体系建设监管制度的完善 195
第三节　互联网金融征信体系建设信息共享制度的完善 198
第四节　互联网金融征信体系建设权益保护制度的完善 201

参考文献 206

后　记 217

第一章 互联网金融发展的理论基础与现状分析

Chapter 1

伴随着互联网技术的蓬勃发展,互联网金融应运而生,第三方支付、P2P网贷、众筹融资等新业态迅速崛起。互联网与金融深度融合是大势所趋,对传统的金融产品、业务、组织和服务等方面产生了深刻影响。学术界和实务界对互联网金融的概念还在不断深化的过程中,尚无明确的、普遍获得认可的定义。根据中国人民银行《中国金融稳定报告(2014)》中的界定,互联网金融是互联网与金融的结合,是借助互联网和移动通信技术实现资金融通、支付和信息中介功能的新兴金融模式。广义的互联网金融既包括作为非金融机构的互联网企业从事的金融业务,也包括金融机构通过互联网开展的网络业务。狭义的互联网金融仅指互联网企业开展的、基于互联网技术的金融业务。互联网金融对促进小微企业融资渠道拓展、推进普惠金融发展、提升金融服务质量和效率、深化金融改革和创新、构建多层次金融服务体系、完善征信体系建设等意义重大。作为一种金融创新,互联网金融既需要市场驱动,也需要政策助力,以保障其健康发展。

第一节 互联网金融发展的理论基础

一、互联网金融与金融功能理论

诺贝尔经济学奖获得者之一的罗伯特·莫顿(Robert Merton)在1995年提

出了"金融功能论",将金融体系的功能分为四项:一是便利支付和清算的功能。金融体系内的各大金融机构提供金融工具,完成商品和服务的资金支付和清算。二是优化资源配置的功能。金融体系不仅可以为企业生产、家庭和个人消费提供资金支持,同时还可以将闲置资金在全社会进行有效分配。三是分散风险的功能。金融体系进行资源配置时,风险也随之转移,从而使得金融交易和风险相互分离,提供了风险分散的途径。四是信息挖掘的功能。充分挖掘信息并且改善信息不对称,从而有效解决委托代理关系中激励不足的问题。

互联网金融和传统金融既有区别又有联系。传统金融更强调规范、稳妥,而互联网金融强调便捷、高效;传统金融注重稳健,而互联网金融则更追求创新。互联网金融是基于互联网技术,在交易渠道、交易方式和服务主体上,对传统金融业务技术、经营模式和金融产品的创新,从而弥补传统金融在金融服务供给方面的不足。相较于传统金融,互联网金融并没有改变金融的功能,仍然是以支付清算、资源配置、分散风险和信息挖掘为主。互联网金融在兼顾金融基本功能的同时,对实现功能的方式进行改进,不仅提升了金融服务效率,还更好地诠释了普惠金融理念,金融功能实现方式的改进又反过来推动互联网金融的发展。总体来说,互联网金融的出现既是对传统金融体系的补充,也是对传统金融体系的挑战。

(一)互联网金融提升了支付和清算效率

货币支付、清算是金融体系最基本的功能,因为金融的本质是资金融通。互联网金融在以下方面提升支付和清算效率:一是交易过程去现金化。随着第三方支付的兴起,移动支付已经成为流行的支付方式,交易结算仅仅通过账户余额的变更就可以完成。二是支付机构去银行化。第三方支付机构可以为客户提供各类资金支付和结算服务,已经形成相对独立的支付结算体系。三是支付不受时空限制。移动支付打破了传统支付的时空约束,客户可以随时随地办理支付业务,完成交易活动,提升资金融通效率。

(二)互联网金融优化了资源配置结构

资源配置是金融体系的核心功能之一,互联网金融能够有效提升资源配置效率,将有限的金融资源配置到有相应需求的行业和部门,减少资源闲置和浪费,使金融资源效用实现最大化。互联网金融优化资源配置结构体现在以下三方面:一是平台众多,功能强大。随着互联网金融的发展,平台数量不断增加,客户可以根据需要选择适合的金融产品和服务,进行支付、投资、融资等金融活动。二是成本优势,服务"长尾"群体。传统金融机构受成本收益约束,资金投放偏向

第一章 互联网金融发展的理论基础与现状分析

于大企业和高收入群体，而对小微企业和低收入群体的融资需求供给不足，资源配置效率受到影响。互联网金融在解决信息不对称、降低融资成本和拓展小微企业融资渠道等方面发挥重要作用，为解决小微企业融资难题提供了新方向。互联网金融借助互联网的优势，将传统金融机构无法覆盖到的小微企业和低收入"长尾"群体纳入服务范围，延展了金融资源配置边界，提升了资源配置效率。三是促进资金供需双方有效对接。互联网金融依靠大数据、云计算等技术对信息进行整合，有效识别信用风险，改善金融活动中信息不对称的状况，促进投融资双方实现资金匹配。

（三）互联网金融拓展了风险管理功能

互联网金融利用计算机技术和大数据分析优势，拓展了金融风险管理功能。从投资者的角度来看，互联网金融对客户账户和交易信息实时更新，根据账户收支状况能够为客户提供更有针对性的金融产品。从商业银行的角度来看，传统商业银行对客户贷款的风险把控主要是通过企业财务报表或贷款人的资金账户等信息进行审核，具有一定的滞后性，而互联网金融则通过监控客户实时动态数据信息，掌握公司运营、资金运转或个人账户的收支情况，及时发现潜在问题客户，控制风险降低坏账率。

（四）互联网金融强化了信息挖掘功能

信息挖掘虽然不是金融体系的核心功能，但随着互联网信息技术的发展，信息收集和处理对金融体系甚至整个经济社会都发挥着至关重要的作用。相较于传统金融机构，互联网金融从以下四方面缓解金融市场中信息不对称程度，提高资金使用效率：一是扩大信息搜寻范围。传统金融机构难以获得投资企业，特别是小微企业的准确信息，而互联网金融通过互联网搜集信息，扩大了信息搜寻范围，可以更为全面地了解企业或个人的资金使用和信用状况，降低信息不对称所导致的信用风险。二是提高信息精确度。互联网金融凭借大数据挖掘、云计算等技术手段，在海量的信息中分析获取有价值的信息，减少信息搜寻成本，达到既节约时间又节省资金的双重效果。三是交易信息更加公开透明。互联网金融的数据信息实时发布，信息披露程度高，资金使用效率高，从而引导资金合理配置。四是建立信息共享机制。中国互联网金融协会在2016年组织蚂蚁金服、京东金融、陆金所等17家会员企业开通了信息共享平台，建设信息共享机制，进一步强化了金融体系的信息挖掘功能。信息挖掘功能强化也为征信数据的采集和共享奠定了基础，互联网金融征信成为征信体系建设新的发展方向。

二、互联网金融与普惠金融理论

（一）普惠金融的内涵

普惠金融源于英文"Inclusive Financial System"，此概念是2005年联合国宣传"国际小额信贷年"时被正式提出的，是指一系列为社会各阶层和群体，尤其是小微企业、农民和城镇低收入群体提供适当、有效、便捷金融服务的思想、方案和保障措施等。普惠金融的低成本优势让所有社会群体都能以合理的价格享受支付、转账、储蓄、理财、信贷、保险等金融服务，被联合国和世界各大银行所推行。普惠金融为弱势群体提供了一种与其他客户平等享受金融服务的权利，能够有效地帮助贫困群体脱贫，普惠金融体系是构建和谐社会的重要推动力。目前在广大农村地区针对农户提供的小额信贷被视为普惠金融的一部分。

（二）互联网金融与普惠金融

根据"二八定律"[①]可知，传统金融市场由于受到商业规则和运营平台的约束，主要为资金实力雄厚的公司和中高收入群体服务，很难实现普惠金融的理念。互联网金融的出现，提供了很多不同于传统金融的产品和服务，有效弥补了传统金融的内在缺陷，为小微企业和中低收入群体提供了融资渠道，为普惠金融发展带来了全新的实施载体，更好地诠释了普惠金融理念。互联网推进普惠金融发展具有以下优势：

1. 互联网金融降低了资金的交易成本

互联网金融通过互联网为资金供需双方搭建平台，利用大数据、云计算、人工智能等先进的计算机技术替代人工，显著降低了金融服务成本。互联网金融具有一次投入、长期受益的特点，随着业务量的增加，分摊到每笔业务上的成本更低，因此克服了小微企业和低收入群体单笔资金规模小、边际业务成本高、信息严重不对称等问题。在互联网金融模式下，为弱势群体提供金融服务时可以实现成本与收益相匹配，更好地推进普惠金融发展。

2. 互联网金融扩大了金融服务的覆盖范围

近年来，互联网金融扩大了金融服务的覆盖范围，普惠金融发展效果显著。

---

① 二八定律是19世纪末20世纪初意大利经济学家帕累托发现的一个统计结论，即社会上20%的人占有80%的社会财富，说明财富在人口中的分配是不平衡的。后来，二八定律逐步应用于时间管理问题、重点客户问题、财富分配问题、资源分配问题、核心产品问题、关键人才问题、核心利润问题、个人幸福问题等。

根据中国人民银行、中国银保监会发布的《2019年中国普惠金融发展报告》中的数据，截至2019年6月末，全国使用电子支付的成年人比例达82.39%，银行业金融机构移动支付业务434.24亿笔，金额达166.08万亿元，呈现持续上涨的态势。金融服务范围扩大，体现在以下两方面：一是互联网金融在农村地区发展迅速。随着互联网金融的发展，农村地区电子支付业务水平不断提高，为农村电商发展提供了强力支持，农村地区基础金融服务覆盖面持续扩大。二是互联网金融为小微企业融资提供了新途径。互联网金融中的P2P网贷、电商小贷等通过搭建互联网贷款平台，利用点对点的低成本优势，为小微企业提供资金支持，有效缓解融资困境，使金融服务覆盖到更广泛的社会群体。

3. 互联网金融推动了社会信用体系建设

建设完善社会信用体系是发展市场经济的内在要求，一个国家社会信用体系的完善程度也是衡量市场经济是否成熟的重要标志之一。互联网金融在推动普惠金融发展的同时也推动着社会信用体系建设，主要体现在以下两方面：一是提高信息搜集覆盖率，扩大征信数据采集覆盖面；二是拓宽信用信息收集维度，为信用评价提供支持。与传统金融机构往往只关注贷款者的金融信息不同，互联网金融平台可以实现信用信息关联化，更好地进行信用评价从而控制风险。

三、互联网金融与产业经济学理论

产业经济学（Industrial Economics）以产业为研究对象，对产业的结构、组织、发展、布局和政策进行研究，是应用经济学的重要分支。产业经济学中的规模经济理论、范围经济理论和长尾理论为互联网金融发展提供了坚实的理论基础，指引着互联网金融未来的发展方向。

（一）规模经济理论

规模经济（Economies of Scale）是指出于专业化水平提高等原因，企业的单位生产成本下降，从而形成企业长期平均成本随产量的增加而递减的经济。规模经济理论的提出可以追溯到亚当·斯密（Adam Smith）在其著作《国富论》中的论述："劳动生产力上最大的增进，以及运用劳动时所表现的更多的熟练、更强的技巧和判断力，似乎都是分工的结果。"① 诺贝尔经济学奖得主之一的保罗·萨

---

① 《国富论》全称为《国民财富的性质和原因的研究》，是英国古典经济学家亚当·斯密（Adam Smith）用了近十年时间创作的经济学著作，首版于1776年。《国富论》奠定了资本主义自由经济的理论基础，该书的出版标志着古典政治经济学理论体系的建立，堪称西方经济学界的"圣经"。

缪尔森（Paul Samuelson）认为："在企业里，组织生产最强有力的因素来自于大规模生产的经济性。"规模经济理论从供需两方面对整个经济体的内生机理进行分析，具体分为"供方规模经济"和"需方规模经济"。供方规模经济是指，在大规模经济规律的作用下，企业生产成本随着企业规模的扩大将不断降低直到实现企业最适度规模，如果企业再继续扩大生产规模，就会因为管理上的不经济而导致成本增加。需方规模经济是指需求方所获得产品和服务的价值随着规模的扩大而上升，需方规模经济通常存在于市场主体外部。

1. 供方规模经济与互联网金融

在供给方规模经济与互联网金融结合的过程中，使得信息、技术和知识这些生产要素对传统经济中的资本和劳动要素有明显的替代作用。随着这些信息时代的新要素大量使用，生产成本随着产出增加而递减，收益则呈现递增趋势。供给方规模经济的发展突破了传统边际收益递减规律，由此在很大程度上提升了互联网金融的价值。例如，手机银行是传统商业银行与互联网相结合的产物，其不受银行物理网点的约束，客户可以在手机银行办理支付、清算、理财、贷款等业务。手机银行成本主要有平台建设、维护和宣传费用，平台运营后，客户通过计算机系统自助办理银行业务，实现程序化服务。在客户数量上升的同时，分摊刚性成本，因此边际成本不断降低，形成供方规模经济。

2. 需方规模经济与互联网金融

需方规模经济通常存在于市场主体外部。与需方规模经济密切相关的一个概念是"网络外部性"，指连接到网络的价值取决于已连接到该网络的其他个体数量，用户数量越多，每个用户得到的效用就越高。梅特卡夫法则（Metcalfe's Law）描述了网络的价值以网络节点数平方的速度增长的经济现象[1]。在互联网金融领域，随着消费者人数的增加，金融产品对于消费者的价值有递增效果。例如，阿里巴巴集团 2013 年推出了货币基金产品余额宝，客户数量和产品价值因"正反馈效应"相互增加，随着余额宝客户数量的增加，产品价值也在不断上升[2]。

---

[1] 梅特卡夫法则(Metcalfe's Law)指网络价值以用户数量的平方的速度增长。网络价值等于网络节点数的平方，即 $V=n^2$（V 表示网络的总价值，n 表示用户数），网络外部性是梅特卡夫法则的本质。这个法则告诉我们：如果一个网络中有 n 个人，那么网络对于每个人的价值与网络中其他人的数量成正比，这样网络对于所有人的总价值与 $n\times(n-1)=n^2-n$ 成正比。如果一个网络对网络中每个人价值是 1 元，那么规模为 10 倍的网络的总价值等于 100 元；规模为 100 倍的网络的总价值就等于 10000 元。网络规模增长 10 倍，其价值就增长 100 倍。

[2] 正反馈效应是某人做了符合他人价值观，让他人感到高兴的、兴奋的事情，并受到夸奖、鼓励，进而做事人就会继续努力地把这件事情做好，而且会越做越好。

第一章　互联网金融发展的理论基础与现状分析

（二）范围经济理论

范围经济理论是对规模经济理论的补充，规模经济理论相关分析是从经济体内部进行纵向比较，而范围经济理论则是横向比较。范围经济（Economies of Scope）指同时生产多种产品时的成本低于分别生产每一种产品的成本总和。此理论的核心在于，一个供给方所提供的商品和服务的种类越多，其运营成本就越低。如果经济组织生产或经营的范围扩大导致平均成本降低、经济效益提高，则说明存在范围经济。多种金融服务由同一机构提供所产生的协同效应就是范围经济。互联网金融的出现丰富了金融产品的多样性。例如，由于微信、支付宝等第三方支付平台的出现，消费者可以通过平台享受网上购物、话费充值、信用卡还款、日常生活缴费等线上服务，多元化的服务吸引更多客户加入，同时运营成本相对传统金融服务显著降低。

（三）长尾理论

"长尾"（The Long Tail）概念的最初提出者是美国"连线"杂志的主编克里斯·安德森（Chris Anderson），他在 2004 年 10 月的《长尾》一文中首次提出这个概念，并用来描述诸如亚马逊公司（Amazon）和网飞公司（Netflix）之类网站的商业模式。文章对长尾理论定义如下："我们的文化和经济中心正在加速转移，从需求曲线头部的少数主流产品和市场转向需求曲线尾部的大量利基产品和市场。"[①] 这一理论的核心是供给方应通过各方面协调手段降低产品运营成本，注重产品品种多样性，不能只关注相对热门的产品，因为市场上相对冷门产品的共同市场份额也许会超过主流产品份额。因此，长尾理论打破了传统的"二八定律"。

互联网金融的成本优势是长尾理论在金融领域的发展基础，互联网金融市场主要关注那些被传统金融市场所忽略的小微企业和低收入人群。虽然互联网金融的单笔交易金额比较低，但是凭借着成本低、服务群体大的特征，依然可以为互联网金融企业创造可观的收益。将长尾理论运用在互联网金融领域，不断催生出一系列新型金融产品和服务，如余额宝、P2P 网贷、众筹融资等。余额宝吸引了众多中低收入群体，虽然这部分客户资金规模小，但是群体庞大，充分显示出金融市场上尾部群体的集合优势。正是由于长尾理论为互联网金融发展提供了理论基础，这些处于需求曲线尾部的小微企业和低收入群体才能释放出巨大的潜力。

---

① "利基"一词是英文"Niche"的音译，利基营销又称"缝隙营销""补缺营销"或"狭缝市场营销"。菲利普·科特勒（Philip Kotler）在《营销管理》中给利基下的定义为：利基是更窄地确定某些群体，这是一个小市场，并且它的需要没有被服务好，或者说"有获取利益的基础"。

四、互联网金融与金融中介理论

金融中介理论（Financial Intermediary Theory）伴随着金融行业的兴起而逐步发展起来，金融中介指在金融市场资金融通过程中，在资金供求者之间起媒介或桥梁作用的个体或机构。下面从金融中介功能论、信息经济学和金融脱媒理论角度探讨互联网金融的发展。

（一）金融中介功能论

金融中介的功能主要体现在四个方面：一是充当支付中介，便利支付结算；二是充当信用中介，促进资金流通；三是提供金融服务，降低交易成本；四是转移和分散金融风险。在金融创新不断深化的过程中，金融中介也在发展演进，加快金融产品和经营模式创新，并且在互联网金融领域中依然扮演重要的角色。在互联网金融市场上，根据功能划分，金融中介可分为以下四类：第一类是支付中介，为客户完成货币收付、转移或因交易形成的债权债务关系，通过第三方交易平台便利支付结算和提高支付效率。这也是互联网金融发展最早、最为成熟的一类中介。第二类是信用中介，主要指 P2P 网贷平台，通过直接融资方式实现借贷者之间的资金融通。第三类是信息中介，主要是指从事互联网投资和信息咨询的金融中介。第四类是综合中介，指包含以上几种中介业务的服务平台，这些中介平台会根据外部环境的变化，细化和完善自身功能，为客户提供综合服务，提高服务效率。

（二）信息不对称与金融中介

互联网技术的发展有效改善了金融市场信息不对称状况，降低了获取信息的成本，使"互联网金融脱媒论"一度在学术界盛行，此观点否认了金融中介在互联网金融体系中存在的必要性，但是互联网金融的进一步发展却证明，金融中介理论在其中依然发挥着十分重要的作用。互联网金融中介的产生就源于互联网金融市场对信息专业化的需求，体现在以下方面：首先，虽然互联网有效缓解了金融市场上信息不对称状况，却不能彻底消除信息不对称问题；其次，互联网信息具有繁杂、无序等一系列特征，筛选信息时很难保证信息的准确性和完整性，互联网金融消费者也不完全具备解读和处理信息的能力，只能依靠专业的金融中介来筛选、处理、判断有经济价值的信息，并且金融中介会运用有价值的信息为客户决策提供重要支持；最后，互联网上披露的信息是依据国家法律法规、商业惯例以及信息相关人授权而披露的，有些隐性的信息并不对社会大众公开，如果想获得这部分信息就必须依赖金融中介。

(三) 互联网金融与金融脱媒理论 ①

"脱媒"一般是指交易时跳过所有中间人而直接在供需双方之间进行。"金融脱媒"又被称为"金融非中介化"或"金融反中介行动",英文表述为 Financial Disintermediation。所谓"金融脱媒",是指在金融管制的情况下,金融活动脱离金融机构,即资金供给绕开商业银行体系,直接输送给需求方,完成资金的体外循环。伴随互联网金融模式的不断创新,金融脱媒现象在我国也逐渐扩散开来。通过将互联网思维与金融活动相融合,将信息技术与资本逐利性相结合,金融机构与公众在互联网金融市场中共同进行创新产品开发,实现资金安全与融资便利间的平衡。互联网以其去中介化和去监管化的优势与金融活动进行对接,利用大数据等信息技术的不断进步,为金融体系不断创新提供突破口。此外,金融市场传统的信用支撑主要依赖于商业银行等金融机构,而这背后在某种程度上均有政府信用作为担保,但互联网背景下的金融脱媒则实现了信用平台的民间化,虚拟的金融生态圈得以创设。

第二节 互联网金融发展现状分析

一、国际典型国家互联网金融发展和监管现状

从全球范围看,金融业与互联网的高度融合使其具有交易成本低、运行效率高、覆盖范围广、发展速度快的特点,优化了金融资源配置,在支付、融资、征信、普惠金融等方面更具优势。互联网金融在世界各国都有所发展,呈现百花齐放的态势,由于各国国情不同,因此发展特点不同。

(一) 国际典型国家互联网金融发展现状 ②

1. 美国互联网金融业态对传统金融市场冲击不大

美国互联网金融的快速发展得益于成熟的传统金融业与先进的互联网技术。经过长期发展,美国传统金融业形成了完善的产品和服务体系,并且在互联网技术诞生之初,传统金融机构就自发开始进行信息化升级,将互联网和金融业务有

---

① 张杰等. 互联网金融发展与小微企业融资创新 [M]. 北京: 经济管理出版社, 2017.
② 李加宁, 李丰也. 世界主要国家互联网金融发展情况与监管现状 [EB/OL]. 中国证监会网站, http://www.csrc.gov.cn/pub/newsite/yjzx/sjdjt/cxywyj/201505/t20150514_276926.html, 2015-05-14.

机融合，互联网金融的出现对传统金融市场冲击不大。如美国信用卡市场较为成熟，普及率高，信用卡消费的习惯早已根深蒂固。在美国，大多数银行卡都是信用卡，对于使用信用卡支付，人们已经习惯并十分偏爱，信用卡的方便快捷抑制了第三方支付的发展。同时，银行业积极推动自主创新，积极拓展信用卡的移动支付、手机银行等业务，借助互联网技术提高了传统业务覆盖率。美国互联网金融发展起步较早，并伴随着多种创新模式。但在强大的传统金融体系下，独立的互联网金融企业在传统金融机构涉及不到的新领域里更有竞争力。

（1）货币市场基金。电子商务公司 eBay 在 1998 年成立电子支付公司 PayPal，并于次年完成了电子支付与货币市场基金的对接。PayPal 属于第三方支付平台，用户的 PayPal 账户余额可自动投向货币市场基金，该产品由于收益高和流动性强而受到市场热捧。2005~2007 年，该基金规模曾达到 10 亿美元，但受 2008 年次贷危机的影响，货币市场流动性降低，投资者争相赎回基金份额，导致货币市场基金遭遇挤兑危机，丧失了流动性与高收益优势，2011 年 7 月，PayPal 货币市场基金被迫退出市场。

（2）网络银行。1995 年美国安全第一银行（Security First Network Bank，SFNB）成立，作为全球第一家纯网络银行，该银行没有物理网点，完全依赖互联网开展银行业务。由于其运营成本低，相比传统商业银行在费用和存贷款回报率等方面更有优势，并且业务处理速度快、服务质量高、业务范围广，在创建初期就发展迅速，成立几个月便拥有 6000 多万美元的存款，到 1999 年存款规模达到 4 亿美元，之后通过兼并其他银行，成为全美资产规模第六大的银行，拥有 1260 亿美元资产以及 1100 万用户。然而在发展后期，传统商业银行加快网络银行业务的布局，互联网发展进入低谷，再加上 SFNB 自身在风控管理、产品开发等方面存在问题，1988 年 SFNB 被加拿大皇家银行收购。

（3）网络经纪商。20 世纪 90 年代中期，折扣经纪商嘉信理财（Charles Schwab）抓住了交易电子化趋势，投资互联网线上交易系统，推出网上经纪业务，借助互联网技术成为美国最大的在线证券交易商。1996 年美国第一家纯网络经纪商 E-Trade 建立了自己的在线交易站点，其佣金费率比嘉信理财等传统经纪商更加低廉，2018 年全年总净营收达到 29 亿美元。随着线上经纪业务逐渐被投资者接受，整个行业开始向信息化和网络化转型，美林等传统综合服务类券商也全面开展网络业务。美国将网络经纪业务看作是传统经纪业务的延伸，美国证券交易委员会（the U.S. Securities and Exchange Commission，SEC）对网络经纪商实行备案制管理。美国网络券商盈利模式大致有两类：一类是注重传统经纪业务，客户交易佣金为主要盈利来源，如盈透证券。另一类是挖掘经纪业务客户资源，拓展新型业务，实现收入渠道多元化，可分为资产管理模式和银行模式。以资产管理模式为主的公司会更关注有理财需求的客户，代表公司有嘉信证券和富达。银行模式是指通过自营或合作的方式提供银行服务，较为典型的是 TD Ameritrade，其母公司为加拿大道明银行。

（4）P2P 网贷。美国 P2P 市场采用由 SEC 主导，针对不同业务类型多头监管的模式，主要从证券业、电子商务、消费者三个角度分别对市场准入和信息披露、安全和信息、消费者权益进行保护。P2P 平台要提供相关资料在 SEC 登记注册，SEC 门槛高，有效限制了不成熟 P2P 平台的进入。2006 年，美国第一家 P2P 借贷平台 Prosper 成立，仅提供平台，不参与交易。2007 年，Lending Club 成立，其运营模式为平台根据借款人信用等级测定借款利率，并发放相应凭证，投资者购买凭证后由第三方银行将资金转移给借款人，平台从中赚取佣金和手续费。2008 年，Lending Club 完成 SEC 注册，在公司成立的前几年，其贷款增长率呈现翻倍增长态势，随后增长率逐年降低，2016 年因被披露数据造假等治理丑闻出现负增长，之后有所缓和，2018 年该平台的贷款人数达到 50 万，贷款总额接近 80 亿美元。

（5）众筹融资。美国按照众筹的性质将其归入现有法律中加以约束，其中股权型众筹、收益型众筹以及其他符合证券类型的由 SEC 直接监管，众筹融资平台若满足相关条件可不必到证券交易委员会注册。2012 年，美国的 JOBS 法案确立了众筹融资的合法性，对于纳入证券监管的众筹，在筹资者信息披露、营收额、投资者资格、众筹平台运营等方面制定了相关规则。美国众筹行业发展迅速，其中 Kickstarter 成立于 2009 年，是最具代表性的众筹平台之一，致力于帮助和鼓励有创意、创新性活动的融资。

2. 日本是由网络公司主导互联网金融变革的典型代表

日本的互联网金融由网络公司主导，最典型的就是乐天集团，与我国阿里巴巴集团的发展历程相似，以电子商务起家，目前涉足银行、保险、证券等众多金融领域。乐天集团于 1997 年成立，从事电商服务，是日本最大的电商平台。乐天通过投资收购不断扩大经营范围，其主营业务涵盖了国内外股票、投资信托、债券、期货、外汇、基金等。2003 年乐天收购了一家证券公司（后改名为"乐天证券"），这是其迈向金融领域的第一步，利用电商业务积攒的庞大客户群，乐天证券建立后不久就成为日本开户数排名第三的券商，其中有六成是电商平台的客户，2017 年乐天证券营业收入达到 559 亿日元（约 5.1 亿美元）。日本线上零售市场中，信用卡支付占据多数，乐天电商平台有七成交易通过信用卡支付，2005 年乐天进入信用卡行业，并将其作为金融发展的核心，投入大量资源，授信依据是消费者在乐天平台的历史交易记录。2009 年乐天收购了一家网络银行，并更名为乐天银行，目前是日本最大的网络银行。

3. 英国的 P2P 网贷发展迅速

P2P 网贷起源于英国，2005 年世界上第一家 P2P 网贷公司 Zopa 成立，这是最早提供点对点网贷服务的网站。Zopa与信用评级机构合作为借款人划分风险等级,并为不同风险水平的借款人匹配相应的投资者,平台将投资者的资金分成N份借给不同借款者以分散投资风险,投资者可以选择资金出借给哪种等级的借款人。Zopa的这一模式较好地实现了风险控制,平台违约率基本维持在1.5%以下。2013年,Zopa启用安全保障基金,超过一定期限未清偿借款的由基金赔付贷款人本金及利息,出借人的风险被降到了最低。Zopa得到了市场的广泛关注和认可,其理念和模式被各国模仿和推行。

4. 法国的第三方支付与众筹市场高速增长

法国的互联网金融有第三方支付、众筹、在线理财、网上交易所、小额信贷等服务类型。第三方支付业务中,总部在美国的PayPal占据法国48%的市场份额,在法国有700万账户。为竞争在线支付市场,法国巴黎银行、兴业银行和邮政银行于2013年联合推出网上支付系统Paylib,目前法国银行基本都已接入Paylib便捷支付网络。法国的P2P网贷和众筹融资起步较晚,但发展较为迅速。2009年,法国国家银行成立P2P平台Prêtd'Union。在法国经营P2P平台要有银行牌照,Prêtd'Union得益于其银行背景,成为法国首家获得许可和执照的P2P平台。2014年5月,法国通过了《参与性融资法令》,对众筹业务模式进行了界定,并对P2P平台注册、监管、运营规范、信息披露等方面进行了具体规范。另外,法国注重投资者和经营者的利益保护,其个人破产制度对于强化P2P平台高管责任、保护投资者利益有重要意义。

5. 德国的P2P网贷有不同的风险承担模式

20世纪80年代,德国就已经有了网络保险公司和网络银行,但P2P网贷起步较晚。2007年,Auxmoney和Smava的成立打开了德国P2P网贷市场,提供小额贷款中介服务。德国的P2P平台普遍都不承担信用风险,Auxmoney和Smava也不例外。Auxmoney平台不强制借款人进行信用评级,由投资人承担所有风险。Smava平台委托评级企业对借款人强制评级,投资者有两种风险规避方法:一是委托Smava将不良贷款出售给专业收账公司,通常可收回15%~20%的本金;二是通过同类贷款人出资成立资金池分担损失。德国人对现金较为偏好,约80%的交易以现金方式进行,移动支付发展较为缓慢,仍有很大的发展潜力。德国的众筹融资起步较晚,Seedmatch、Companisto和Innovestment在德国众筹平台中占支配地位。

(二)国际互联网金融监管实践与经验

1. 将互联网金融纳入现有监管框架

作为一种新兴金融形式,互联网金融监管对世界各国都是极大的挑战。国际监管机构主流观点认为,互联网金融就是传统金融机构和金融业务信息化、网络化的产物,主要在于渠道的更新,而不是金融产品本质的变化,互联网金融产品仍具有传统金融产品的功能,包括支付、投融资、金融产品销售等范畴。一些发达国家金融体系本身就比较成熟,监管体制比较完善,各类法规相互配合,基本可以涵盖互联网金融的各种形式,没有明显的监管空白。国际上普遍将互联网金融纳入现有的金融监管体系中,沿用传统金融机构的监管方式。例如,美国将众筹融资和P2P网贷平台纳入证券业监管,SEC负责P2P平台的注册登记,对市场准入、信息披露等方面进行严格管控;英国将P2P界定为民间消费信贷,将P2P、众筹、第三方支付等纳入金融行为监管局进行统一监管;在法国开展支付业务或信贷业务的机构,要根据业务性质事先获得支付机构牌照或信贷机构牌照。

2. 普遍采用机构监管配合功能监管模式

互联网金融机构涉及业务范围广,金融业务互相交叉,参与主体复杂,机构监管模式下不易明确监管职责。国际上普遍采用机构监管配合功能监管模式,功能监管侧重于交易过程,根据互联网金融业务性质、功能确定相应监管部门和使用的监管规则。例如,美国、意大利、法国等将P2P网贷、众筹融资等按照借贷、股权两种类型交由银行监管机构和金融市场监管机构进行监管。其中,法国还根据是否存在支付行为来判断是否纳入金融审慎监管局的监管范围;美国将第三方支付机构认定为从事货币转账或货币服务业务的一般企业,因此,将其纳入货币服务机构的监管范围。

3. 根据互联网金融发展及时调整和完善法律法规体系

将互联网金融纳入现有金融监管体系的同时,各国也根据发展需要,完善监管理念,通过立法、添加细则等方式填补相关法规的监管漏洞,调整或扩充监管法律法规体系。例如,美国、意大利等国通过立法确立众筹融资的合法性,并根据具体需要制定相关规则;英国出台《P2P融资平台操作指引》促进P2P健康发展;多数国家将比特币等虚拟货币纳入反洗钱监管体系,对打击利用网络虚拟货币从事洗钱和恐怖融资的犯罪行为起到了很好的效果。

4. 行业自律标准与企业内控流程相互补充

完善行政监管的同时,各国也将互联网金融的行业自律作为辅助监管手段,使外部监管与行业自律相互配合。国际上有许多行业协会通过制定行业标准来引导、规范行业发展,充分发挥同业监督作用。世界上第一个P2P行业协会于2011年在英国成立,2012年该协会出台《P2P融资平台操作指引》对P2P平台进行了规范。2013年英国成立众筹协会,促使行业标准和规则的形成。美国除了法定监管体系执行监管工作外,还有国民信贷联盟协会等自律组织管理互联网金融相关业务。另外,互联网金融企业的自我监管通常有更好的效果,企业可以制定内部监管规定、规范交易流程。例如,澳大利亚众筹网站ASSOB重视筹资流程的管理，对其长期的安全运行有很大的帮助。

5.利用完善的征信体系降低违约风险

国际上大部分发达国家已经建立了相对成熟完善的征信体系，利用征信体系提供的信用记录，有效缓解机构与客户之间的信息不对称状况。例如，美国P2P平台Lending Club与多家银行合作实现征信数据共享，将客户信用等级与系统中的信用评分挂钩；英国P2P平台Zopa与信用评级机构艾克飞（Equifax）合作为借款人划分风险等级；法国则发挥政府主导征信体系的权威性和完备性，降低互联网金融机构业务中的信用风险。

二、我国互联网金融发展历程及主要模式

（一）互联网金融在我国的发展历程

互联网金融在我国的发展大致可分为四个阶段：

第一个阶段是2005年以前。互联网与金融的结合主要表现为互联网帮助商业银行等金融机构把业务从线下搬到网上，为金融机构提供技术上的支持，当时还没有出现真正意义上的狭义的互联网金融业态，如P2P网贷、众筹融资等。

第二个阶段是2005~2011年。2005年7月，我国互联网网民数量首次突破1亿大关，互联网使用群体扩张催生了人们对金融服务的大量新需求。网贷模式开始在我国萌芽，第三方支付机构也逐渐成长起来，互联网与金融的结合开始从技术领域深入到金融业务领域。这一阶段的标志性事件是2011年中国人民银行开始发放第三方支付牌照，可以称这一年为"第三方支付牌照年"，当年中国人民银行陆续发放了40张支付牌照，并出台一系列法规进一步规范第三方支付市场，第三方支付机构进入了规范发展轨道。

第三个阶段是2012~2015年。2012年8月24日，中国平安集团与阿里巴巴集团、腾讯公司筹划设立互联网金融公司。2013年被称为我国的"互联网金融元年"，中国人民银行发布的2013年第二季度《中国货币政策执行报告》中首次使用了"互联网金融"一词，随后该词出现在了2014年国务院政府工作报告中，互联网金融概念正式得到官方认可，同时互联网金融在当年迅猛发展。P2P网贷平台快速增长，众筹融资平台开始起步，第一家专业网络保险公司众安在线财产保险公司获批，一些银行、券商也以互联网为依托，对业务模式进行重组改造，加快建设线上创新型平台。与此同时，一些风险事件也开始逐渐暴露出来，2015年12月8日，e租宝事件拉开序幕，此外大大集团、三农资本等先后出现问题，在社会中引发不良影响，也成为监管政策转向的导火索。

第一章 互联网金融发展的理论基础与现状分析

第四个阶段是 2016 年至今。2016 年政府工作报告提出"规范发展互联网金融"，措辞有了变化。2016 年 4 月，国务院组织 14 个部委召开电视会议，部署在全国范围内启动为期一年的互联网金融专项整治活动。中国人民银行牵头多个部委出台《互联网金融风险专项整治工作实施方案》，在这份统领性文件的指导下，按照"谁家孩子谁抱走"的原则，相关部委分别出台第三方支付、P2P 网贷、股权众筹、互联网保险、互联网跨界资管、互联网金融广告、以投资理财从事金融活动七个子方案。随着整改工作的推进，监管也越来越严格。专项整治工作于 2016 年 4 月开始，原计划 2016 年 12 月进入验收和总结阶段，至 2017 年 3 月底前完成。后来这个时间点推迟至 2018 年 6 月。2019 年央行金融市场工作会议明确要求继续推动互联网金融风险专项整治。进入 2019 年，政府工作报告既强调推动普惠金融发展，也强调打击非法集资，这也正是互联网金融的一体两面。互联网金融专项整治发挥两个作用：一是补充之前的监管漏洞和空白；二是伴随监管加强，监管机构也在摸索如何更好地管理互联网金融发展。

（二）互联网金融在我国的主要模式

当前我国互联网金融行业发展格局由传统金融机构和非金融机构基于互联网的创新共同组成，一是传统金融机构利用互联网科技发展金融业务，如各大银行推出的网上银行、云闪付等；二是互联网科技公司利用自身拥有的客户资源和优势开发金融业务，如拥有电商平台或社交平台的互联网企业推出第三方支付、理财产品、消费信贷产品等。按照功能划分，互联网金融业务大体可以分为支付、融资、理财、服务四类，比较有代表性的互联网金融模式如图 1-1 所示。在实践

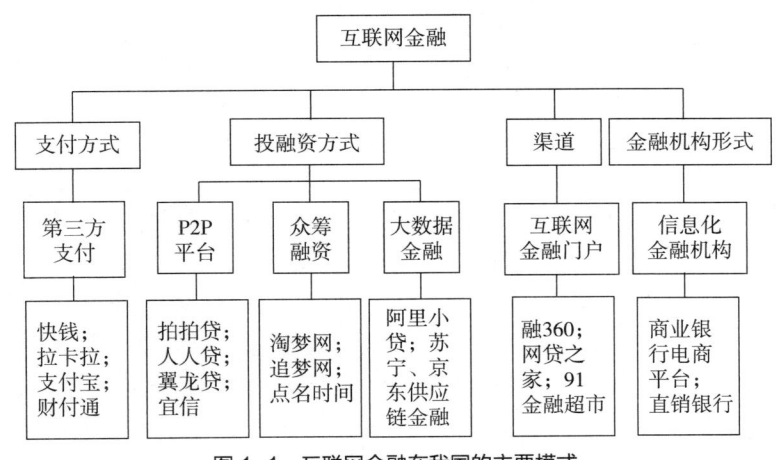

图 1-1　互联网金融在我国的主要模式

资料来源：张杰等．互联网金融发展与小微企业融资创新[M]．北京：经济管理出版社，2017．

中，我国互联网金融模式主要涉及第三方支付、P2P网贷、众筹融资、大数据金融、互联网金融门户与网络理财产品、信息化金融机构和新兴的数字货币等。

1. 第三方支付

第三方支付是电子支付方式的一种，主要功能是通过一定的手段为交易双方提供信用担保，进而降低网购交易风险，提高网购成功的可能性。我国最早的第三方支付机构是成立于1999年的北京首信股份公司和上海环迅电子商务有限公司。2005年初，阿里巴巴集团推出支付宝，成为最受关注的第三方支付平台。2005年下半年，全球最大的第三方支付公司PayPal进入中国，在上海建立了全球第十四个本地化网站"贝宝"。此后，第三方支付平台迅猛发展，财付通、快钱、易宝等一大批国内专营的第三方支付平台陆续出现。2010年6月，中国人民银行制定了《非金融机构支付服务管理办法》，明确了第三方支付的内涵，2011年第三方支付的法律主体地位正式确立，中国人民银行开始颁发第三方支付牌照。根据《非金融机构支付服务管理办法》中的界定，从广义上讲，第三方支付是指非金融机构作为收、付款人的支付中介所提供的网络支付、预付卡、银行卡收单以及中国人民银行确定的其他支付服务。如今的第三方支付服务已不仅仅局限于最初的依托互联网平台，线上、线下相结合的综合支付模式使第三方支付的应用范围更加广阔。

2. P2P网贷

P2P网贷（Peer-to-Peer Lending），即点对点借贷，指不同的网络节点之间的小额借贷交易，需要借助电子商务专业网络平台帮助资金供求双方确立借贷关系并完成相关交易手续。借款者可自行发布包括金额、利息、还款时间和还款方式等内容在内的借款信息，通过P2P网贷平台搜寻到有出借意愿和出借能力的贷款人，完成自助式借贷。借贷利率的确定方式有两种，一种是由贷款人竞标确定，另一种是由P2P平台根据借款人的信誉水平和银行利率水平确定。通过P2P网贷平台，不同贷款人通过共享一笔借款额度达到分散风险的目的，而借款人也可以在充分比较后选择于己来讲最有利的借款条件。该平台的收益来源主要包括向借款人一次性收取的费用及向贷款人收取的评估费和管理费。

3. 众筹融资

"众筹"的概念来源于"众包"（Crowd Souring）和"微型金融"（Micro Finance）。按照美国相关法案中的解释，众筹是指融资者借助于互联网上的众筹融资平台，为其项目向广泛的投资者融资，同时每位投资者通过少量的投资金额从融资者那里获得实物或者股权回报。通常是一些创业企业、艺术家或个人展示他们的创意及创新项目，吸引投资者的关注，进而获得资金的支持。众筹模式众多，适用于多种融资需求，但并非都是为了获取收益，如公益型众筹只是为了帮助有需要的人。另外还有权益型众筹、物权型众筹、股权型众筹等。一般由个人或机构在众筹平台提交融资项目，经平台审核后以团购或预售的形式向公众募集资金。作为一种极具创新性的融资方式，众筹为有创意或有好项目但缺乏资金的创业者提供了资金支持渠道，有效缓解小微企业和个人创业者融资难的问题。很多众筹项目的投资者可以参与到项目的实施过程中，在一些股权众筹中，投资者还可以直接成为公司股东。众筹的收益回报有多种形式，可以是资金收益、物品、服务、股权等。

4. 大数据金融

大数据金融指集合海量非结构化数据，通过对其进行实时分析，可以为互联网金融机构提供客户全方位的信息，通过分析和挖掘客户的交易和消费信息掌握客户消费习惯，并准确预测客户行为，使金融机构和金融服务平台在营销和风险控制方面有的放矢。大数据金融模式广泛应用于电商平台，以对平台用户和供应商进行贷款融资，从中获得贷款利息以及由流畅的供应链带来的企业收益。依托大数据金融推出的小额贷款主要有两种模式：一种是电商平台成立小额贷款公司，由该公司直接放贷，如"阿里小贷"和"苏宁小贷"；另一种是电商平台与银行合作，银行根据用户在电商平台的信誉数据发放贷款，如京东2015年宣布银行作为京东金融的资金支持方之一为融资者提供贷款。另外，也有商业银行面向各大平台商户推出小额贷款服务，如华夏银行电商贷。

5. 互联网金融门户与网络理财产品

互联网金融门户是指利用互联网进行金融产品销售以及为此提供金融服务的第三方平台，其核心价值体现为渠道价值。在此种模式下，各家金融机构将金融产品放在互联网平台上，潜在客户通过垂直比价的方式，自主选择适合的金融产品。此平台不参与交易和资金融通，主要扮演着信息媒介的角色，实质功能是"搜索+比价"，因此不存在太多政策风险。互联网金融门户通过多元化的发展创新，目前已经形成了针对信贷、理财、保险、P2P网贷等细分行业的门户，典型代表为平安陆金所、融360、91金融超市和网贷之家等。此外，移动支付的便捷让人们开始关注网络理财产品，网络理财产品具有投资成本小、门槛低、流动性强的特点，符合大众的投资需求。例如，余额宝、微信零钱通等的资金流动性几乎与现金等同，且利率远高于银行活期存款利率。各大支付平台还有很多其他种类的线上理财产品，如各类基金、黄金等。用户可自主在众多网络理财产品中进行选择，相较于银行理财产品，其收益相对较高，操作起来也更方便。2018年资管新规落地后，资产管理市场监管体系逐步完善，推动了互联网理财市场的规范化发展。

6. 信息化金融机构

所谓信息化金融机构，是指商业银行、证券和保险等金融机构借助于信息技术，对其传统运营流程进行改造或重构，实现全面电子化的经营管理模式。以商业银行为例，其传统的贷款业务呈现流程化和固定化的特征，银行出于成本节约和风险管控的需要，倾向于向大型企业和机构提供金融服务。通过应用互联网信息技术，银行可以有效解决信息不对称问题，为其与小微企业的合作创造条件，深化金融机构服务于实体经济的职能。从金融行业整体来看，银行的信息化建设一直处于业内领先水平，不仅搭建了由自助银行、电话银行、手机银行和网上银行组成的电子银行立体服务体系，而且在积极自建电商平台。国有银行走在前列，中国建设银行的"善融商务"、中国工商银行的"融e购"、中国银行的"中银易购"、中国农业银行的"e商管家"和交通银行的"交博汇"等金融服务平台陆续上线。

7. 数字货币

数字货币（Digital Currency）是一种基于数字技术、依托网络传输、以非物理形式存在的承载和转移价值的载体。广义的数字货币包括电子货币（电子现金）、虚拟货币、加密货币、数字现金等。狭义的数字货币特指基于区块链和加密运算等技术，依托互联网来创建、发行和实现流通的电子货币，即加密货币，典型代表有比特币、莱特币等。其中，比特币是一种P2P形式的虚拟加密数字货币，使用区块链技术，通过特定算法产生，不依靠任何特定的发行方，也不受央行和金融机构控制，具有去中心化的特征。比特币具有匿名性，但每一个比特币地址的所有交易信息都是完全公开的，历史交易信息会被永久地附带到比特币上，无法抹除或更改。区块链技术在互联网金融领域被广泛研究与应用，代表未来金融创新的重要方向，也得到各国政策上的支持。美国的Facebook公司在2019年6月宣布进军区块链中的加密货币，将推出数字货币Libra（天秤币），成为当时全球互联网金融市场的焦点事件之一。近年来中国人民银行正在积极打造的数字货币DCEP（Digital Currency Electronic Payment），是基于区块链技术推出的全新加密电子货币体系。DCEP能够实时采集货币的创造、记账、流动过程中的数据，为货币投放、制定货币政策提供参考。DCEP的交易环节对账户依赖减少，对人民币流通和国际化将产生积极影响。

第三节 互联网金融的发展趋势

一、国际互联网金融发展趋势

（一）移动金融呈现爆发性增长趋势[①]

移动设备（如智能手机等）的广泛使用正在颠覆性地改变人们的行为和生活方式，助推移动金融服务模式的发展壮大，并将逐步占据金融服务的重要甚至是主导地位。一是移动支付逐渐成主流。随着智能手机应用的不断普及，移动支付的线上、线下应用场景逐渐增多。在支付方式上，基于网络连接的远程支付、近场支付、手机刷卡器支付、手机扫码支付和碰一碰支付等花样百出。二是移动银行推陈出新。随着智能手机的普及和APP应用产业蓬勃发展，移动银行开始以丰富的业务和灵活的个性化服务表现出独特魅力。三是移动应用日益丰富。金融机构和互联网公司提供的APP应用不断渗透到客户的日常生活中，吃穿住行、财务管理、社交购物等都能在移动终端上得到满足。四是移动终端形式多元化。根据Counterpoint公布的2019年全球智能手机全年出货量数据来看，智能手机出货量已超过14.86亿部，作为最方便携带的移动终端，集诸多功能与应用于一体的智能手机将占据移动金融的核心位置。而随着物联网、智能可穿戴设备等的发展和普及，移动支付终端在未来还会出现多种形态。

（二）融资方式去中介化趋势

2008年全球金融危机后，欧美大型商业银行出于风险控制考虑，纷纷加强了对小微企业融资的控制，使其从传统商业银行获取融资的难度越来越大。在此背景下，以专注普惠金融服务的网贷、众筹等互联网金融快速兴起，并形成对传统商业银行间接融资方式的替代。一是融资方式日益多元化。互联网技术的发展大幅降低了信息不对称程度和交易成本，推动了各类网络融资公司的兴起。P2P网贷、众筹融资、基于票据市场的融资平台及供应链融资平台不断涌现。二是定价方式与期限选择更加灵活。为更好地满足小微企业和个人客户的金融需求、增强竞争能力，网

[①] 张春霞，吕芙蓉.国际互联网金融发展的五大最新趋势[EB/OL].支付圈，https://www.sohu.com/a/1522802_116173，2015-02-07.

络融资平台企业在金融产品和服务上更注重体现个性化和灵活性。在定价方式上，通常设定比传统银行更低的佣金和更高的存款利率。在期限选择上，网络融资平台公司的借款期限非常灵活，可提供从一天到几年不等期限的借款，且发放速度大大快于传统商业银行。三是风险防控机制日益完善。发达国家网络融资平台基于相对成熟完善的征信体系，大多建立了良好的风险控制机制，通过严格准入和审查，建立风险准备金制度、风险缓释机制、赎回机制及加强监管来防范风险。

（三）大数据技术广泛应用趋势

金融业是典型的数据驱动行业，互联网金融的快速发展为数据积累和高效处理提供了坚实的基础。一是需求洞察。利用各种服务交付渠道的海量客户数据，开发新的预测分析模型，实现对客户消费行为、需求动机等的精准洞察，帮助金融企业制定针对性营销和差异化服务策略，提高服务质量和客户转化率。二是趋势预测。金融企业通过分析历史及实时数据，预判市场走势，寻找其中的金融创新机会。此外，有些金融企业通过追踪聊天室、博客、网站和微博的信息来确定市场对不同企业的情绪，再据此确定基金的交易策略。还有金融企业从社交媒体收集信息，将人们对金融工具的情绪进行打分，并向零售客户发布预测，辅助投资者做出投资决定。三是欺诈侦测。大数据可协助企业提高风险透明度，加大风险管理力度，成为新的欺诈侦测利器。四是信用评估。将银行、政府、电商企业等沉淀的大数据有机结合，重构信用评估模型，加强信用评级的可靠性。五是运营优化。大数据技术使金融企业海量信息的搜集、存储和分析成为可能，可低成本地实现对事件的快速响应和流程的优化调整。

（四）与社交平台深度融合趋势

随着人们在互联网社交平台的活动逐渐增多，分享、交流等社交元素开始与更多金融服务相互融合，由此产生的商业价值也不断凸显。一是社交支付。社交场景中支付需求的出现，推动了在线支付与虚拟社交的相互融合。首先，以社交平台为主导，加载支付增值服务。用户可通过社交平台购买虚拟商品、开展电子商务以及支付线上、线下商家的产品。其次，以支付平台为主导，社交元素作为其推广平台和增加客户体验的手段。二是社交应用服务。基于社交活动的各类服务需求，非金融机构推出了众多社交类应用，如组织活动、信托请求、礼金、慈善募捐等。三是社群服务。基于类似的身份、相同的兴趣或者共同关注的产品，金融产品提供商帮助消费者建立起细分领域的社交圈，以众筹和推介的思路建立商业模式。除完善基础的支付功能以外，主要商业银行也尝试针对热衷于网络社交活动的年青一代提供融入社交元素的金融服务，以增加客户吸引力。

二、我国互联网金融发展趋势和特点

我国互联网金融发展除了与上述国际趋势基本相一致外，在提升金融服务质量和效率、拓展金融服务范围以及满足客户多元化金融服务需求方面也发挥着重要作用，展现出巨大的市场空间和良好的发展态势。伴随着金融供给侧结构性改革，互联网金融对金融市场和宏观经济的影响也会更加显著。一方面，数字普惠金融市场空间大，助力乡村振兴；金融科技发展迅速，推动金融创新；互联网金融脱虚向实，服务实体经济。另一方面，社会信用体系和监管体系逐步完善，监管部门要加强风险管理，推动其健康发展。

（一）数字普惠金融市场发展空间巨大

数字普惠金融是以大数据、云计算、区块链和人工智能等方式提供的普惠金融服务，已经成为我国金融和经济的重要发展方向。数字普惠金融是互联网与普惠金融融合发展形成的新业态，也是乡村振兴战略实施的重要推动力量，以数字普惠金融助力乡村振兴，推动农村经济社会发展，为消除贫困和促进社会公平提供了一种有效的制度安排。一是扩大金融服务范围，为农村提供更多优质的金融服务。数字普惠金融将广大农村和偏远地区纳入金融服务范围，提升金融体系服务农村市场的能力。随着互联网金融的发展，蚂蚁花呗、京东白条、小米钱包等互联网金融产品层出不穷，极大地推动了互联网信贷、互联网理财、互联网保险等金融业务的发展。手机银行、网上银行、电子支付、P2P网贷等业务为农村用户提供线上转账、支付结算、小额贷款等服务，提高了金融服务的质量和效率。二是为小微企业提供融资支持，助力乡村企业发展。近年来，为落实坚决打赢脱贫攻坚战目标，农村观光旅游、农产品种植养殖、农产品加工业等快速发展，催生了巨大的金融服务需求。各个环节都需要大量资金支持，数字普惠金融为农村企业发展提供融资支持，如提供优惠的利率、灵活的期限和金额、便捷的融资服务等。随着数字普惠金融支持政策的不断完善，数字普惠金融市场发展空间巨大。

（二）金融科技助推互联网金融创新发展

金融科技（Fintech）指由大数据、区块链、云计算、人工智能等新兴技术带动，对金融市场以及金融服务业务供给产生重大影响的新兴业务模式、新技术应用、新产品服务等，主要包括大数据金融、人工智能金融、区块链金融和量化金融四个核心部分，发展核心理念是在提升金融服务效率的同时严格加强风险管控。一是大数据金融注重数据获取、储存、处理分析和数据可视化，从源头上解决信息不对称的问题，探索资金融通、支付、投资和信息中介的新型金融业务模式；二是人工智能金融借助人工智能技术处理金融领域的问题，包括股票价格预测、信用评分、风险管理和金融监管等，有效避免操作风险和道德风险；三是区块链金融利用去中心化的大数据系统完成金融交易，一旦成熟的区块链技术落地金融业，金融交易可能会形成零成本的金融交易环境；四是量化金融利用数理方法和计量统计知识，定量而非定性地对金融衍生品定价以及数理视角下的金融风险管理等。2019年中国人民银行印发《金融科技发展规划（2019—2021）》，提出到2021年建立健全金融科技发展的"四梁八柱"，推动我国金融科技发展居于国际领先水平，实现金融科技应用先进可控、金融服务能力稳步增长、金融风控水平明显提高、金融监管效力持续提升。

（三）互联网金融回归服务实体经济本源

当前我国经济已由高速增长阶段转向高质量发展阶段，正处在转变发展方式、优化经济结构、转换增长动能的攻坚期，然而金融对实体经济支持不足问题仍然比较突出。金融相对于实体经济已经成为高度虚拟化的产业，将互联网与金融相结合，更加剧了金融系统的虚拟性。如大量P2P网贷平台的设立初衷是弥补传统商业银行信贷缺口，为小微企业提供融资支持，解决其融资难题。但由于互联网金融在我国属于新生事物、监管制度不完善等问题，其在支持实体经济取得一定效果的同时，也让一些不法分子进入此领域，加大了金融市场风险。2017年中央经济工作部署中明确提出振兴实体经济的重大任务，纠正"重虚轻实""脱实向虚"的错误倾向，处理好虚拟经济和实体经济的关系。金融服务于实体经济，要降低金融虚拟化程度，回归本源，向直接服务实体经济转变。互联网金融未来发展同样要回归服务实体经济的本源，一是在安全、效率和公平的三大监管原则上，互联网金融机构要灵活运用不同金融产品组合，提供差异化、多样化的综合服务，化解金融风险，助力企业发展；二是互联网金融行业要整合互联网的技术优势，大力发展金融科技，创新商业模式；三是政府加强相关产业政策引导，监管部门要完善互联网金融监管条例，共同促进互联网金融服务实体经济发展。

（四）互联网金融监管机制愈加规范

国家在金融监管层面做了很多部署，如出台《"十三五"现代金融体系规划》专门针对互联网金融提出要求，统一建立资管行业监管规则，加强对互联网金融企业的持牌监管。未来对互联网金融的监管机制和相应措施会进一步完善，不仅要加强对金融主体的监管，还要加强对金融功能的监管。一是监管部门在未来将继续加强政策干预，完善法律法规。通过法律层面进行适度引导，各地政府也将根据当地具体情况制定具体细则，明确各部门监管责任，防止出现监管职能分散、责任边界不清的问题。各监管部门之间应逐渐实现信息互通，使监管工作得以高效开展，为互联网金融企业的发展创造良好的环境，让互联网金融的监管向常态化、制度化推进。二是建立科学有效的监管机制，把握好监管力度与监管介入时机。既不能毫无规矩地放任互联网金融扰乱金融秩序，也不能过早将相应的创新扼杀在摇篮里，否则可能会导致我国互联网金融创新力不足，在国际市场竞争中丧失优势。三是加强互联网金融监管人才队伍建设。引进多学科背景的人才和具有行业实践经验的专家参与到互联网金融管理工作中来，形成既有坚实理论基础又有丰富实践经验的监管者队伍。四是加大金融教育宣传力度。增强消费者在进行互联网金融业务时的风险意识和权益保护意识，未来风险防控工作也将越来越多地从金融消费者角度入手。

第二章 征信活动与征信体系建设现状分析

Chapter 2

在市场经济建设过程中，信用交易范围日益扩大，由此产生的信息服务需求成为征信活动发展的客观基础和直接推动力。征信通过对市场中经济主体信用活动进行及时、准确、全面的记录，在揭示风险、提升交易效率等方面发挥着重要作用，促进形成诚信者受益、失信者受惩的社会环境。征信活动改善了交易中参与各方的信息不对称状况，避免因信息不对称而带来的交易风险；征信活动解决了制约信用交易的瓶颈问题，促成信用交易达成，促进金融信用产品和商业信用产品创新，有效扩大信用交易范围，带动信用经济规模扩张；征信活动通过专业化的信用信息服务，降低交易中的信息收集成本，拓宽交易空间，提高经济主体的运行效率，促进经济社会发展；征信服务业已经成为社会信用体系建设的重要组成部分，发展征信业有助于遏制不良信用行为的发生，维护良好的经济和社会秩序。征信体系已经成为市场经济运行的基石，在促进信用经济发展和社会信用体系建设中发挥着重要的基础性作用。

第一节 征信的相关概念及经济学理论分析

一、征信及其相关概念

根据中国人民银行征信中心（央行征信中心）相关资料中的概念界定，征信又称为信用调查（Credit Investigation）或资信调查（Credit Checking），是指专业化第三方机构依法收集、整理、保存、加工自然人、法人及其他组织的信用信息，并对外提供征信报告、信用评估、信用信息咨询等服务，帮助客户判断、控制信用风险，进行信用管理的活动[①]。

征信的概念随着社会分工和信用交易的发展经历了不同的演变过程，到了现代，其内涵包括以下七个方面，并且在技术进步的推动下还将不断完善：一是征信的主体是专业化的信用信息服务机构，即征信机构；二是征信的客体即征信的对象是信用活动的主体，指自然人、法人及其他组织等；三是征信的基础是信用信息，由金融信用信息、商业信用信息、社会信用信息等构成，在当今的信息社会，大数据技术的应用使信用信息的边界进一步拓展；四是征信的信息来源于自然人、法人及其他组织等征信客体，征信机构在法律允许的条件下采集征信客体的相关信用信息；五是征信的服务对象是从事信用交易活动的各方主体，即信用信息的使用者；六是征信的产品是征信报告，征信报告是客观反映征信客体的信用活动（履约能力、履约记录）的说明书，通过大量数据综合反映征信客体的信用状况；七是征信的目的是防范风险，促进信用交易活动开展，推动社会整体信用化程度不断深化。

从历史发展演变来看，在我国征信一词最早出现在《左传·昭公八年》中，有"君子之言，信而有征，故怨远于其身"，其中，"信而有征"即为可验证其言为信实，或征求、验证信用。征信被广泛用作信用调查的同义词是在民国初期。近现代以来，我国使用"征信"一词来概括企业和个人信用调查。相应地，从事征信活动的机构就是征信机构，又称征信所，如新中国成立前的中国征信所、联合征信所等。

从国际视角来看，"credit checking""credit investigation""credit inquiry/enquiry"就是汉语中的"征信"或称为"信用调查"。与之对应的机构是"credit reference agency""commercial enquiry agency""commercial credit agency"或"credit agency"等。目前广泛使用的词是"credit reporting"。在英国、美国等国家的相关法律和世界银行以及一些研究机构的参考文献中则常用这个词，可译为"征信报告"，从文献资料看，其不仅包括个人的征信报告，还包括企业的征信报告；不仅包括营利性征信机构的征信报告，还包括非营利性征信机构（如会员制的台湾金融财团联合征信中心、一些国家的公共征信机构）的征信报告。从事这些活动的征信机构均可称为"credit reporting agency"，这个体系称为"credit reporting systems"。

---

① 中国人民银行征信中心.征信基本概念[EB/OL].http://www.Pbccrc.org.cn/zxzx/zxzs/201401/87814073facf4b9795480d40fd626467.shtml，2014-01-14.

目前，全球一些大型跨国征信机构在信息采集上越来越全面，主要是为了相互印证，全方位、多角度、更准确地来判断信息主体的信用状况，如采集各类登记信息、行政处罚信息等，同时也有利于促进信息主体在这些方面更加遵守承诺。特别是当今伴随计算机技术的飞速发展和网络应用的不断普及，全球已进入大数据时代，社会发展进入信息社会，我们正在经历新的产业革命，数字化、网络化、智能化成为新的发展趋势和方向。在大数据时代，许多传统的概念和理论将被修改、扩充，甚至被重新定义，信用信息的内涵和边界也在发生变化。在大数据时代，信用信息的边界在不断扩张，不再局限于传统的信贷活动所产生的信息，以 Zest Finance 为代表的大数据金融公司，提出 "All data is credit data"（所有数据皆是信用数据），将社交网络信息、用户申请信息、网络数据信息等，甚至将借款人填写表格时使用大小写的习惯、在线提交申请之前是否阅读文字说明等极边缘的信息都作为信用评价的考量因素。可以看到，各类信息在大数据技术支持下更加方便快捷地被收集和分析，并应用到信用评价体系中去，信息的信用化已成为一种趋势。

与征信密切相关的概念还有征信业务、征信机构、征信报告、征信体系等。我国 2013 年 3 月 15 日起施行的《征信业管理条例》规定，征信业务是指对企业、事业单位等组织（以下统称企业）的信用信息和个人的信用信息进行采集、整理、保存、加工，并向信息使用者提供的活动。征信机构是指依法设立，主要经营征信业务的机构。

征信报告是征信机构提供的关于企业或个人信用记录的文件。它是征信基础产品，系统记录企业或个人的信用活动，全面反映信息主体的信用状况。信用评分是在信息主体信息的基础上，运用统计方法，对消费者或中小企业未来信用风险的一个综合评估。

征信体系是在征信活动的基础上所形成的，具体是指采集、加工、分析和对外提供信用信息服务的相关制度和措施的总称，包括征信制度、信息采集、征信机构和信息市场、征信产品和服务、征信监管等方面，其目的是在保护信息主体权益的基础上，构建完善的制度与安排，促进征信业健康发展。征信体系是社会信用体系的重要组成部分。

社会信用体系指为促进社会各方信用承诺而进行的一系列安排的总称，包括制度安排、信用信息的记录、采集和披露机制、采集和发布信用信息的机构及市场安排、监管体制、宣传教育安排等各个方面或各个小体系，其最终目标是形成良好的社会信用环境。

二、征信的相关经济学理论分析

从经济学角度分析，征信活动与市场经济不断发展息息相关，主要涉及信息不对称理论、交易费用理论、公共物品理论、制度变迁理论和成本收益理论等。

(一) 信息不对称理论

信息经济学认为，信息是市场中除了劳动和资本以外的另一种重要资源。在市场经济活动中，各类经济主体对有关信息的了解和掌握存在差异，即存在信息不对称（Information Asymmetric）。信息掌握比较充分的经济主体属于信息优势方，处于比较有利的地位；而信息贫乏的经济主体，属于信息劣势方，处于比较不利的地位。处于信息优势地位的主体能获取超额收益，而处于信息劣势的主体则会付出超额成本，市场交易的公平性和效率因此降低，进而导致市场发展萎缩甚至停滞。信息不对称理论指出，按信息不对称性发生的时间可分为事前信息不对称与事后信息不对称，并由此产生逆向选择（Adverse Selection）和道德风险（Moral Hazard）。逆向选择由事前信息不对称引起，道德风险由事后信息不对称产生。其中，逆向选择指的是在信息不对称的情况下，市场交易的一方如果能够利用多于另一方的信息让自己受益而使对方受损时，信息劣势一方便难以顺利地做出买卖决策，于是价格随之扭曲，失去了平衡供求、促成交易的作用，进而导致市场效率的降低。道德风险指的是在信息不对称的条件下，不确定或不完全合同使负有责任一方不承担其行动的全部后果，在最大化自身效用的同时，做出不利于他人行动的现象。道德风险是相对于逆向选择的事后机会主义行为，是一种交易一方由于难以观测或监督另一方行动而导致的风险。

信息不对称客观存在于信用交易中，以最为常见的借贷活动为例，借贷关系中的借方掌握着一些只有自己知道而贷方无法了解的信用信息，这会导致贷款人无法准确对借款人信用状况进行甄别，某些信用状况实际较差的借款人可能会利用这一点，进行高风险借款，这样的借款行为不利于贷款人的利益。还款能力较强且个人信用状况良好的借款人通常愿意选择利率较低的贷款人进行贷款，这样可以按时还款；而还款能力较弱并且个人信用状况较差的借款人通常会愿意接受利率较高的贷款人进行贷款，因为他们存在逾期或不还款的可能。在信息不对称的情况下，这两类借款人对于贷款人而言并不能清楚地分辨，那些愿意接受高利率的借款人恰恰可能是风险最高的借款人，而那些愿意接受低利率的借款人反而可能是信用良好的借款人，结果会造成借贷市场的逆向选择风险。征信活动以及系统完善的征信体系建设能够最大限度地缓解信息不对称状况。信用信息是征信活动开展的基础，市场中各类经济主体的失信记录、守信记录反映了市场交易主体的信用水平。市场上的单个交易主体由于所掌握信息的局限性,不可能非常了解交易对手的信用水平,而每一次交易时再去搜集交易对手的信用信息显然也不经济。因此,专业化的征信服务就有了其需求基础,征信机构通过专业、具有规模效应的征信行为为市场提供专业的交易主体的信用信息,从而满足交易方的信用查询需求。系统完善的征信体系能够尽可能地收集经济主体的信用数据,形成直观的征信报告,以帮助使用者有效地控制信用风险。

(二) 交易费用理论

罗纳德·科斯(Ronald Coase,1937)在《企业的性质》一文中指出,在交易合同签订生效和具体实现的过程中,交易费用包括针对合同签订进行谈判、讨价还价的费用以及拟定合同的费用,还有为保证合同顺利实施而产生的监督费用等。奥利弗·威廉姆森(Oliver Williamson,1977)进一步将交易费用分为事前交易费用和事后交易费用。事前交易费用是指由于将来的情况不确定,需要事先规定交易各方的权利、责任和义务,在明确这些权利、责任和义务的过程中就要花费成本和代价;事后交易费用是指交易发生以后的成本。同时,他指出机会主义是交易费用理论研究的核心概念,经济生活中的人总是谋求自身利益最大化,为了自己的利益甚至可能不惜牺牲别人的利益,机会主义的存在使交易费用进一步提高。

征信活动中的交易费用主要来自两个方面:一方面,受信人申请授信需要向授信人提供个人基本信息以及个人财产状况报告等一切可能影响授信人授信的信用资料,同时,如果一个受信人需要向多个授信人申请授信,就需要多次提供相同的个人信用资料,这势必会消耗受信人的时间、精力以及一些其他费用;另一方面,授信人需要花费时间、人力、物力以及财力去收集受信人的信用数据,而且,由于受信人提供的信用数据真伪性有待考证,授信人还必须去审核受信人所提交的信用数据,这又进一步提高了授信人的交易费用。征信活动中大量交易费用的存在催生了专业征信机构的出现和征信体系的构建,如果能够构建系统完善的征信体系,就可以降低征信活动中的交易费用。首先,授信人可以直接从专业征信机构中获取受信人的信用状况报告,而不再需要花费大量人力和财力去自己收集和分析信用数据;其次,受信人只需要定期维护自己的信用档案,而不再需要申请一次授信就要提交一次信用资料,大大节约了受信人的时间、精力以及交易费用;最后,不同征信机构之间的信用数据共享机制促使受信人努力去维护好自己的个人信用,因为一旦受信人发生了失信行为,对其以后的信用交易必然产生负面影响,而如果受信人信用记录良好,有助于其信用交易的顺利进行,通过这样的约束机制能有效降低受信人的机会主义行为。

（三）公共物品理论

在经济学中，公共物品有两个基本特性：非竞争性与非排他性。非竞争性是指该物品被提供之后，一个人或企业对该物品的使用不会减少其他个人或企业的使用机会或使用数量，即该物品具有无限性，增加一个消费者或企业的边际成本为零。非排他性是指该物品被提供之后，所有人共同消费该物品，想将他人排挤出去是无效率的或不可能的，无效率是经济上的无效率，不可能则是技术上的不可能。公共物品一般由政府提供，如国防、灯塔等。相对地，假如某物品同时具有竞争性与排他性，则该物品属于私人物品，如餐饮、服装等，私人物品一般由市场提供，效率更高。社会中的物品不是所有的都满足公共物品或私人物品的两个特性，有一类物品是具有非竞争性但又具有排他性的，往往需要通过付费才能消费，如高速公路、教育、医疗等，消费过程中具有排他性，使用数量具有无限性、非竞争性。还有一类物品是具有竞争性但又具有非排他性的，如水体资源、森林、牧区等，具有共享性、非排他性，但一定时期内的资源又是有限的，具有竞争性。以上两类物品不能同时都满足公共物品或私人物品的两个特性，称为准公共物品。准公共物品同时具有私人物品和公共物品的部分特性，能够由政府供给，也能够由市场供应，还可以由政府和市场一起提供。

具体到征信领域来看，征信产品和服务具有非竞争性和排他性，属于准公共物品，能够由政府供给，也能够由市场供应，还可以由政府和市场一起提供。不同国家可以根据各自的国情、金融市场条件及法律制度环境选择不同的征信模式。就我国征信体系而言，基础设施建设以及市场培育都是一个巨大而繁重的工程，建设初期离不开政府作用的发挥，目前我国征信体系以及个人信用信息数据库是在中国人民银行主导下建立的。从技术层面看，随着征信市场的发展完善，为排他而支付的费用将会远远小于征信产品及服务所产生的收益，此时就可以逐步探索由市场提供部分征信服务和产品，征信市场化能加快征信业发展和质量提升。

（四）制度变迁理论

20世纪70年代，新制度学派经济学家道格拉斯·诺斯（Douglass North）将制度因素纳入解释经济增长的原因。制度从产生、发展、完善到更新、迭代是一个持续变化的过程，这个过程被诺斯称为制度变迁。制度变迁与经济发展是相互作用的，作为上层建筑的制度制约着经济的发展，反之，经济发展水平也促进制度的更替。因此，制度也必须适应经济发展阶段，满足其需要，比如我国改革开放以来产生的很多制度都是在原有的制度空白上发展起来的，如"市场经济制度""信用制度"等。征信体系的建设完善也蕴含着丰富的制度内涵，征信制度是市场经济制度中关键的一环,经济发展到一定程度后,征信制度的产生有其必然性,从商品经济到信用经济的发展是市场经济发展的高级阶段。信用制度促使市场各主体之间建立守信、公平的交易关系,有利于提高经济运行的效率与稳定性。

征信制度作为一种重要的市场经济制度,其建设过程也有从产生、发展、完善到更迭的过程,属于制度变迁的范畴。我国现有的以中国人民银行征信中心为主体的征信制度属于传统征信范畴的制度。随着互联网金融的发展,完善基于互联网金融的征信制度需求已经出现。在征信制度变迁的过程中,要注意结合国情,处理好政府与市场的关系。在我国经济建设中,政府仍然具有重要的地位和权威,这由政治、文化、经济的发展沿革所决定。改革开放后的各种制度建设基本上都是在政府主导下完成的,我国的征信制度完善还要政府发挥必要的支撑和引导作用。在广泛研究先进国家征信制度成功经验的基础上,结合我国市场实际情况和互联网金融发展趋势,建立制度更加完善、覆盖范围更广、功能更完善的征信系统。

(五) 成本收益理论

从经济学角度看,收益大于成本的预期是人们行为的基本出发点,因而是人类社会的首要理性原则。在市场经济条件下,任何一个经济主体在进行经济活动时,都要考虑具体经济行为在经济价值上的得失,以便对投入与产出关系有一个尽可能科学的估计。成本收益分析是一种量入为出的经济理念,要求对未来行动有预期目标,并对预期目标的达成概率有所把握。在经济活动中,人们之所以要进行成本收益分析,就是要以最少的投入获得最大的收益。成本收益分析的特征是自利性、经济性、计算性。其一,自利性是指成本收益分析追求的效用是行为者自己的效用,不是他人的效用,这是其指向性,即自利性;其二,经济性是指由于行为者具有自利动机,总是试图在经济活动中以最少的投入获得最大的收益,使经济活动经济、高效;其三,计算性是指行为者要使自己的经济活动达到自利的目的,达到经济、高效,必须对自己的投入与产出进行精打细算。

在征信体系建设过程中,建立完善失信惩戒机制是重要内容之一,该机制是由信用市场各授信主体共同参与,以企业和个人征信数据库记录为依据,通过信用记录和信用信息的公开来约束社会各经济主体信用行为的社会机制。失信惩戒机制运用了经济学中经济人的基本假设和成本收益理论来进行制度设计,让守信的收益大于失信的成本,如果不能做到这一点,甚至是反过来,就会变成一种从制度上对受信方失信行为的鼓励。惩戒也对应着奖励,信用交易的奖励体现在企业和个人由于信用良好而在长期经营中和信用活动中产生的声誉价值。失信惩戒机制为信用交易活动提供了保障,维护了市场秩序,促进交易双方的经济活动顺利进行。

第二节　国内外征信体系建设现状分析

一、国际典型国家和地区征信体系建设现状

从国际视角来看，英国于1830年建立了世界上最早的征信公司，之后征信业在全球主要国家相继发展起来，如今征信业已经有了近200年的发展历史。由于各国文化、经济、法律和历史不同，不同国家形成了不同的征信体系，国际上形成了三类具有代表性的征信模式，即以美国为代表的市场主导型征信模式、以日本为代表的会员制征信模式、以法国等欧洲国家为代表的政府主导型征信模式，同时也存在以这些模式为基础的混合模式，如德国采取公共与私营个人征信相混合的模式。本部分对国际典型国家和地区的征信体系建设现状进行概括性介绍，第四章进行系统比较分析。

（一）美国征信体系建设现状

美国作为发达经济体代表，其征信体系伴随市场经济发展不断完善。美国的征信体系建设是典型的市场主导型模式，自下而上由征信机构自由竞争，形成寡头垄断市场格局。其征信业以商业性征信公司为主体，并由民间资本投资建立和经营。从简单征信服务到比较完善的现代征信体系建立，美国花费了一百多年的时间。美国征信机构独立于政府和金融机构之外，属于第三方征信机构，并且按照市场经济的法则和运作机制，以盈利为目的，向社会提供有偿的商业征信服务。

在美国，征信机构提供的征信报告是商品，按照商品交换的原则出售给需求者或委托人。征信机构除了直接收集信息外，还从其他独立征信公司购买和整合数据，信息内容也较为全面，不仅征集正面信用信息，还征集负面信息。这些机构面向全社会提供信用信息服务，既相互合作又依靠各自的产品差异形成竞争，共同推动着美国征信行业的不断发展。目前，美国是全球征信业最发达的国家。世界上最著名的企业征信机构、个人征信机构、信用评级机构都在美国。

美国也是全球最早为征信活动和征信机构单独立法的国家，在征信业发展中不断完善法律法规建设，目前已经形成了比较完整的框架体系。伴随市场经济的发展，形成了独立、客观、公正的法律环境。政府主要通过立法、司法和执法活动进行协调，其本身也是征信公司的评价对象，从而保障征信公司的独立性、中立性和公正性。

（二）欧洲部分国家的政府主导型模式

与美国的典型市场主导型征信体系模式不同，欧洲各国的征信体系建设模式呈现多样化的特点，既有世界上最早、最发达的公共征信，也有很活跃的私营征信。市场主导型、政府主导型和混合型三种模式兼而有之。目前欧洲部分国家征信采用政府主导型模式，这种模式是以中央银行建立的"中央信贷登记系统"为主体，兼有私营征信机构的社会信用体系。其征信系统由两部分组成：一部分是由各国中央银行管理，主要采集一定金额以上的银行信贷信息，目的是为中央银行监管和商业银行开展信贷业务服务；另一部分是由市场化的征信机构组成，一般从事个人征信业务。

法国的征信体系是典型的政府主导模式，法国只有国营征信机构，而没有私营征信机构[①]。法国征信体系有三个特点：一是信用信息服务机构是由中央银行的一个部门建立，而不是由私人部门设立。在法国，中央银行的信用部门按月从银行采集向公司客户发放贷款的信息，信用办公室作为中央银行的一个部门。二是银行依法向信用信息局提供相关信用信息。在法国，商业银行向中央银行的信用风险办公室或信用信息局提供所要求的信息，是一种强制行为。三是中央银行承担主要监管职能。法国的社会信用体系主要是为了防范金融信贷领域的违约风险，而中央银行，也就是法兰西银行在社会信用体系中发挥着举足轻重的作用。但是，法国的中央信贷登记系统只为中央银行进行金融监管和执行货币政策，以及为商业银行提供控制信贷风险服务，只有被授权的中央银行职员和商业银行等金融机构被授权的职员才可以使用中央信贷登记系统，其他人不能通过中央信贷登记系统直接查询个人信用状况。公共信用登记系统是为向商业银行、中央银行和其他金融监管部门提供关于公司、个人乃至整个金融系统的负债情况而设计的一套信息系统。

（三）日本的征信体系建设

在日本经济中，由于行业协会具有很大的影响力，个人征信行业以行业协会为主，建立了信用信息中心的会员制模式，为协会会员提供个人的信用信息互换，通过内部信用信息共享机制达到征集和使用信用信息的目的。而企业征信则采取市场模式，私营征信机构自主经营、市场化运作。日本代表性的征信机构包括全国银行个人信用信息中心（KSC）、株式会社日本信用信息中心（JICC）和信用信息中心（CIC），其逐渐发展成日本个人征信市场的三大信用信息中心。在企

---

① 信用中国网站.法国：政府主导信用体系建设[EB/OL].https://www.creditchina.gov.cn/zhengcefagui/tashanzhishi1/201711/t20171122_96878.html，2017-11-24.

业征信市场,帝国数据银行(TDB)和东京商工所(Tokyo Shoko Reaserch Ltd)两家机构占据主要市场份额。此外,日本还有一些以关西、九州等特定区域为业务中心的中小征信公司,企业实力与市场份额均比较小。

日本的信用信息机构大体上可划分为三类:银行体系、消费信贷体系和销售信用体系,分别对应银行业协会、信贷业协会和信用产业协会。三大行业协会的信用信息服务基本能够满足会员对个人信用信息征集考查的需求。此外,日本征信业还存在一些商业性的征信公司。日本行业协会的内部规定在信用管理活动中发挥着非常重要的作用。消费者的信用信息并不完全公开,只是在协会成员之间交换使用。在银行授信前,会要求借款人签订关于允许将其个人信息披露给其他银行的合同。

二、我国征信体系建设现状与成效

(一)我国征信体系建设历程与现状

我国最早的企业资信调查的征信服务始于1932年,浙江实业银行的章乃器先生和上海商业银行的资耀华先生在上海共同组建了中国征信所,这是中国第一家征信机构,章乃器先生担任董事长。在业务顶峰时期,员工达到90人。中国征信所采取会员制的经营方式,为金融机构和外贸公司服务,有30多家金融机构会员。由于受到战争影响,该所在20世纪40年代末关闭。从那以后直到20世纪80年代,我国征信业才又开始逐步发展起来,一方面得益于经济社会发展对信用发展的客观要求,使社会对信用建设的意识逐步增强,另一方面是社会、企业、个人、信用中介等多方建设的结果。

改革开放之后,我国征信体系建设伴随征信业的发展不断完善,大致经历了起步阶段、探索阶段、推动完善阶段和发展提高阶段。

一是起步阶段(1980~1993年),这一阶段是我国征信业发展的起始阶段,部分省份已经出现了一些从事资信、评估的信用中介机构。这一阶段的信用机构主要还是以国有商业银行或部分事业单位为主导,从事的业务、面对的客户也相对比较单一,主要还是集中在企业债券方面。这一时期,由于受到经济快速增长的影响,征信行业整体发展还是比较快的,为今后成长壮大打下了较好的基础。

二是探索阶段(1994~2002年),这一时期为保证宏观经济健康发展,国家加强了对经济的宏观调控,并针对前一阶段征信行业发展出现的问题进行了总结并出台了相应的调整措施,1996年中国人民银行开始推行"贷款证"制度。这个时期的征信服务依然以商业银行为主,以内部的评级业务为主要产品,市场需求也没有很显著的提高和要求，征信市场的中介机构还不多。经历了1997年亚洲金融危机后，监管部门和金融机构都充分认识到信用风险管理的重要性。当时为了外贸风险的判定，一些评级机构开始成立。随着技术发展，原先纸质的贷款证发展成为银行信贷登记咨询系统，在2002年实现全国联网。

三是推动完善阶段（2003~2012年），这一时期我国开始了《征信业管理条例》的起草工作，另外中共十六届三中全会也给征信业发展提供了一个良好的制度基础，提出完善法规、特许经营、商业运作、专业服务的方针，征信机构不断成立。随着计算机技术和通信技术的发展，银行信贷登记系统升级为集中统一的金融信息数据库，2006年在全国开通运行。

四是发展提高阶段(2013年至今)，以《征信业管理条例》出台为标志，同时国家层面发布了大量信用体系建设方面的文件，如2014年的《社会信用体系建设规划纲要（2014—2020年）》，2016年又发布了《关于建立完善守信联合激励和失信联合惩戒制度加快推进社会诚信建设的指导意见》等。截至2019年底，我国覆盖全社会的征信体系建设取得重大进展，金融信息数据库已成功建立。另外，市场化征信机构设立取得了重大突破，首家市场化的个人征信机构——百行征信正常运转。同时，全国已有130多家的企业征信机构和近百家信用评级机构依法备案并开展服务，初步形成了"政府＋市场"双轮驱动的市场化格局。

（二）我国征信体系建设的主要成效

1. 组织机制和顶层设计取得重要进展

征信体系属于社会信用体系建设的重要组成部分，我国社会信用体系建设整体上不断推进也在促进征信体系建设的完善。在组织机制上，国务院2007年成立了社会信用体系建设部际联席会议，2012年对部际联席会议进行了调整，由国家发展和改革委员会、中国人民银行牵头，成员单位达40余家。

在顶层设计上，"十二五"规划纲要明确提出了"加快社会信用体系建设"的总体要求。2013年3月15日《征信业管理条例》正式实施。随后央行出台了《征信机构管理办法》等与条例相配套的多项监管规定，为征信市场管理提供了法律法规依据。2014年国务院制订发布了《社会信用体系建设规划纲要（2014—2020年）》，明确了我国社会信用体系建设与人民群众切身利益和经济社会健康发展密切相关的34个方面的具体任务，并提出了三大基础性措施。2017年，企业信用评价指标、企业诚信管理体系等28项信用领域国家标准发布；《中华人民共和国社会信用法》《公共信用信息管理条例》《统一社会信用代码管理办法》形成了初稿。2016年《关于建立完善守信联合激励和失信联合惩戒制度加快推进社会诚信建设的指导意见》、2019年《关于加快推进社会信用体系建设构建以信用为基础的新型监管机制的指导意见》等相继发布，信用体系建设的顶层设计不断完善。此外，从地方信用体系建设来看，2018 年以来，陕西、湖北、上海、河北、浙江 5 个省市已出台地方性信用法规；南京市推出"市民诚信卡"，为广大市民提供信用服务；杭州市为诚信市民提供公共交通先乘车后付次、图书馆借书免押金等优惠便利服务；苏州市推出"桂花分"，探索市民信用评价；上海浦东研究"政务诚信指标体系"，支持政府诚信建设。很多省市还积极探索以信用监管手段优化区域营商环境的方法。

2. 统一社会信用代码和信用信息归集等基础性工作不断推进

按照《社会信用体系建设规划纲要（2014—2020 年）》的要求，我国建立了统一社会信用代码制度，截至 2018 年 3 月底，全国法人和非法人组织存量代码转换率为 99.8%，存量证照换发率为 82%，个体工商户存量换码率为 95%，为社会信用信息归集共享奠定了重要基础，为商事制度改革和"放管服"改革提供了重要支撑，实现了全国范围内的社会信用信息归集共享。截至 2018 年 6 月，全国信用信息共享平台已联通 44 个部委和所有省（市、自治区），归集各类信用信息 175 亿条，并与国家人口库建立了信息核查与叠加机制，完善了自然人基础数据，推动消除政府部门间"信息孤岛"，加强协同监管。同时，"信用中国"网站等平台向社会提供公共信用信息查询服务，日访问量达千万人次。

3. 个人信用信息保护和联合奖惩力度不断加大

中国人民银行作为征信监管部门，高度重视个人信息保护工作，通过一系列政策和监管组合拳，筑牢征信信息安全防线。一是提高对征信信息安全工作的认识；二是从业务、技术和管理上明确征信信息保护的监管职责；三是增强征信系统的技术防范措施，从技术上杜绝违规查询征信信息等问题；四是组织开展征信乱象专项治理，严厉打击恶意竞争、倒卖征信数据等扰乱市场秩序的行为；五是畅通征信维权渠道，为信息主体维护自身权益提供便利；六是加大征信宣传教育力度，帮助公众增强征信信息安全意识，减少个人信息泄露的源头。

联合奖惩力度不断加大，截至 2019 年 1 月底，国家发展和改革委员会、中国人民银行会同 60 多个部门已签署信用联合奖惩合作备忘录 43 个，制定联合奖惩措施 100 多项，初步建立起"发起—响应—反馈"机制。相关红黑名单信息通过"信用中国"网站向社会公开，在招投标、政府采购等过程中广泛查询使用。联合惩戒显著提高了失信成本，加大了信用约束力度，在联合惩戒的强大压力下，众多失信主体通过主动履行相关义务、纠正失信行为、消除不良影响等方式进行信用修复后退出黑名单。国内主要媒体积极对失信"黑名单"有关信息进行报道和转载，社会舆论围绕高铁"霸座男""霸座姐"、"医闹"、资本市场"老赖"等典型失信"黑名单"案例展开热烈讨论。联合奖惩机制受到社会各界的高度支持和肯定，社会舆论广泛监督的社会共同治理格局初步建立。

4. 中国人民银行征信中心和市场化信用服务机构建设加速发展

由中国人民银行征信中心（央行征信中心）负责建设、运行和维护的全国集中统一的企业和个人征信系统（即金融信用信息基础数据库，简称征信系统），是国家金融基础设施的重要组成部分。一代征信系统于2006年正式运行，通过采集、整理、保存、加工企业和个人的基本信息、信贷信息和反映其信用状况的其他信息，建立企业和个人信用信息共享机制，在促进金融交易、降低金融风险、帮助公众节约融资成本、创造融资机会、提升社会信用意识等方面发挥了重要作用。截至2019年底，征信系统收录了10.2亿自然人、2834.1万户企业和其他组织的信息，规模已位居世界前列；个人和企业征信系统分别接入机构3737家和3613家，基本覆盖各类正规放贷机构；2019年个人和企业征信系统累计查询量分别为24亿次和1.1亿次。自2020年1月19日起，征信中心面向社会公众和金融机构提供二代格式征信报告查询服务。二代征信系统在信息采集、产品加工、技术架构和安全防护方面均进行了优化改进。征信系统通过广泛的信息共享，有效缓解了金融市场中的信息不对称难题，提升了小微与民营企业融资的便利程度，促进了金融服务实体经济的发展。征信中心企业征信系统中53%为小微企业，建立的动产融资登记公示系统和应收账款融资服务平台，也主要是为小微与民营企业融资提供服务。中国人民银行推动地方建立中小微企业信用数据库，补足征信服务短板，截至2019年6月底累计为260多万户中小微企业建立信用档案，其中约55万户获得信贷支持，贷款余额达11万亿元。此外，市场化信用服务机构建设也在日趋完善中，市场化企业征信机构创新小微企业征信服务模式，探索利用贷前替代数据帮助银行多维度判断小微企业信用状况，许多银行据此发放免抵押、免担保的信用贷款。2018年1月，百行征信有限公司获得首张个人征信牌照，截至2019年7月10日，百行征信有限公司已与包括小贷公司、融资租赁、融资担保、消费金融、P2P网贷等在内的900余家机构签订了业务合作和信息共享协议。

5. 征信相关业务的对外开放不断推进

征信是现代金融体系的组成部分，扩大征信业对外开放是贯彻落实金融对外开放战略的重要组成部分，也是建设开放型经济的必然要求。当前我国金融业对外开放力度不断加大，中国人民银行稳妥有序地推动企业征信市场和信用评级市场对外开放，联合相关部门先后出台了外商投资企业设立企业征信机构和信用评级机构的规定和监管要求。外资企业征信机构和信用评级机构正在加快进入中国市场，2018年美国邓白氏、英国益博睿等国际征信业巨头已经完成了在中国人民银行的备案并开展业务；2019年1月，世界三大评级公司之一——标普信用中国有限公司完成了备案，成为首家获准在中国开展业务的外资评级机构。扩大征信业对外开放，鼓励具有特色和专长的外资企业征信机构、信用评级机构进入国内市场，引进国外先进征信技术、业务模式和管理经验，不仅有利于促进形成内外资良性竞争、合作共赢的市场格局，同时也有利于培育具有竞争力的市场体系，促进金融更好地服务实体经济发展。

第三节 征信体系建设面临的新变化及其影响

一、数字经济时代对征信体系建设的影响

随着大数据、云计算、移动互联网和人工智能等新技术的快速发展和广泛应用，全球正在进入数字经济时代。在互联网日益普及和新技术的推动下，金融创新、商业模式创新、共享经济等新业态层出不穷，征信体系建设面临着新变化的影响，这就要求征信体系建设紧跟时代发展，实现信用体系建设与数字经济之间的良性互动。特别是我国征信体系建设尚处于初级阶段，更要密切结合国情和新变化稳步推动相关工作的开展。

（一）数字经济时代信用交易的特点

从发展规律来看，信用交易和征信体系建设随着社会发展阶段和技术进步也在不断发展变化，在农业经济为主的阶段，受技术和地域的限制，经济社会的运行主要以熟人信用作为支撑；在商品经济时代，以国家信用为基础、银行信用为支撑的货币信用体系为社会经济高效运转提供保障；而在数字经济时代中，信用信息将成为经济社会发展的制度基础。数字经济阶段的交易特点：交易突破时空界限，从非现场现货现金交易扩展到匿名陌生人之间的非现场现货交易，交易行为走向平台化、智能化、线上、线下高度融合。这个阶段还有一个特点，就是去中介化、去中心化，很多工业经济时代的中介服务行业将逐渐消失，其功能将被整合到平台，成为平台的综合服务。互联网技术的广泛应用对社会经济发展产生深远影响，我国征信体系需要结合技术进步丰富建设手段和建设内容，比如密切结合大数据征信的发展趋势，充分利用海量非结构化的数据补充传统征信体系信息来源较为单一的不足。随着互联网对生活场景的渗入程度逐渐提高，实时收集个人信用信息形成评价，通过经济约束和行为约束规范个人在社会生活中的活动，来提升陌生人之间的信任程度，提高交易效率，促进信用体系完善。

（二）数字经济时代对征信体系建设产生深刻影响

信用是市场经济的基石，也是数字经济健康发展的重要支柱和基础制度。在数字经济时代，互联网、云计算、智能终端成为新的基础设施，数据成为新的生产要素，对征信体系建设将产生深刻影响。一是基于海量数据的积聚和强大的数据分析技术，信息不对称程度将大大降低，市场经济主体的交易活动透明度越来越高，电子化信用数据的应用更有利于建立市场经济主体信用档案和完善征信体系建设；二是社会信用与经济信用的界限将逐渐消失，借助大数据技术的强大处理能力，非结构化、非量化数据也可以纳入信用评价范围，所有数据都将成为信用数据；三是信用数据可大规模自动采集，并可以实时分析评估，征信与评级的界限将消失，传统的征信和评级模式将被替代；四是信用机制与各种应用场景紧密结合，渗透到各种业务规则标准流程，使采信、评信、用信融为一体；五是三次产业之间、金融与非金融业务之间的边界也将模糊，基于互联网的供应链金融、消费金融迅猛发展，数字普惠金融成为趋势；六是政府监管与市场自治界限也将产生融合，市场监管将走向以数据为基础的技术驱动型的法治加监管新模式[1]。

（三）征信体系建设在数字经济时代需要突破创新

我国征信体系建设与发达国家存在差距，面临更多挑战，既要解决经济转型发展问题，还要解决信息经济时代出现的信用问题，既要考虑个体信用的问题，还有考虑整体信用环境的问题。这就要求我国征信体系建设过程中除了一般性经验借鉴之外，还要把握好各类创新和新业态促进征信体系建设的大好时机，重点突破形成示范效用，从而加速建设进程，使"弯道超车"成为可能。一是充分应用互联网和数字化技术改造传统产业，推动建立市场化综合服务平台，大力发展共享经济等新业态。二是大力发展数字贸易和信用消费，推动传统贸易流通业的数字化改造，促进电子商务和现代供应链的发展，积极稳妥发展供应链金融。顺应消费升级需求，鼓励开展信用消费和消费金融。三是加快全国公共信用信息交换共享平台建设，实现信用信息的统一归集、交换共享和公共服务。四是加强对国内外数字信用经济发展规律和征信体系建设规律的研究，为征信体系建设实践提供理论指导和保障。

---

[1] 韩家平. 中国社会信用体系建设的特点与趋势分析[J]. 征信, 2018（5）: 1-5.

二、经济发展新业态对征信体系建设的影响 ①

依托 5G 网络、人工智能等催生新的经济业态,其中共享经济成为各国经济发展的新方向和新动能。下面对共享经济发展中面临的信用困境及其对征信体系建设的影响进行分析。"共享经济"(Sharing Economy),又称"分享经济",最早由美国学者马科斯·费尔逊(Marcus Felson)和琼·斯潘思(Joe Spaeth)于 1978 年提出,指拥有闲置资源的经济主体(机构或个人)通过有偿让渡资源使用权给他人分享获取回报,分享者利用分享闲置资源创造价值的一种经济模式。近年来我国共享经济借助各种创新平台广泛渗透到各类产业之中,从交通出行、生活服务、医疗健康、资金借贷到知识技能、创意设计等,有力推动了产业结构调整和转型升级。在共享经济快速发展的过程中也面临着相关法律法规滞后、信用基础和环境不完善、与传统产业存在矛盾冲突等一系列现实问题,其中信用困境最为突出。目前,我国信用体系建设尚处于初级阶段,在很大程度上制约着共享经济进一步壮大,亟待从政策设计和法律环境以及相应信用制度建设方面进行完善,推动共享经济与信用体系建设互促发展,更好发挥这一新型经济模式对经济转型的积极作用。

(一)我国共享经济发展现状

从经济学角度分析,共享经济的本质是使用权的暂时转移和分享。明晰的产权保护和隐私权、安全性保护,是分享者愿意进行使用权分享的前提。在互联网时代,共享经济参与主体包括供给方、需求方和服务平台,通过平台的网络连接、信息发布、交易评价等机制使供需双方达成交易。典型业态有共享单车、共享汽车、房屋短租等。共享经济的关键在于如何实现最优匹配,实现零边际成本,核心是解决技术和制度问题,即一方面利用互联网信息技术的便捷和通畅实现资源合理配置,另一方面构建维系人与人之间的强联系,促进全社会合理利用资源。

从顶层设计来看,从中央到地方政府高度重视共享经济发展,将其作为供给侧结构性改革的重点之一。在党的十八届五中全会公报和"十三五"规划建议中首次提出了"发展分享经济",标志着其成为国家发展战略规划。随后正式发布的"十三五"规划纲要明确提出"积极发展共享经济"。2016 年的《政府工作报告》中对共享经济发展进行了部署,"支持共享经济发展,提高资源利用效率",同时提出"以体制机制创新促进共享经济发展"。随后发布的《关于促进绿色消费的指

---

① 张杰.我国共享经济发展中的信用困境与解决之策[J].经济纵横,2017(8):75-80.

导意见》，明确支持发展共享经济，针对共享经济领域进行指导及制定鼓励措施，并强调了监管层面的作用与信用体系的重要性。此外，《国家信息化发展战略纲要》《"十三五"促进就业规划》等都将共享经济列为发展战略和规划的重要组成部分。2017年共享经济再次被写入《政府工作报告》。综上所述，从2015年中央文件首次出现"发展分享经济"，到2017年《政府工作报告》中"促进分享经济发展""支持分享经济发展"等表述，反映出政府对其发展的坚定立场和鲜明态度，期望这一新型经济模式可以提升资源利用效率、便利人民群众生活、促进经济转型升级。

在政策支持下我国共享经济发展规模呈现快速增长态势。国家信息中心分享经济研究中心发布的《中国分享经济发展报告2020》中的数据显示，2019年共享经济市场交易额为32828亿元，比上年增长11.6%。共享经济在稳就业方面发挥了积极作用，共享经济参与人数约8亿人，其中提供服务人数约7800万人，同比增长4%。现实经济生活中，拥有分享基因的各类众创平台大量涌现，各种共享产品和服务层出不穷。目前，我国共享经济业态主要集中在交通出行、房屋租赁、知识分享等领域：一是共享出行，涵盖网约车、汽车分时租赁和共享单车等模式，推动了交通行业的升级与创新；二是共享空间，涵盖在线短租、长租、合租及共享办公等领域，可以盘活存量房产，提高资产利用率；三是共享技能，主要包括劳动力共享和高技能共享两类，有利于平衡稀缺资源，创造新型就业机会。

（二）共享经济发展对我国征信体系建设提出更高要求

共享经济实质上是一种信用经济，服务的两端无信用则无交易。健全的信用体系为共享经济崛起奠定基础，通过植根于社会信用体系基础上的信用机制、交易规则以及约束机制，保障共享经济健康发展。结合国情来看，不同于发达国家征信体系建设随经济发展渐进式推进的路径，我国社会发展阶段存在一定跨越性，征信体系和相关制度建设尚处于建设初级阶段，而共享经济的出现和快速发展则对征信体系建设提出了更高要求，我国征信体系建设要结合新业态和新技术发展，明确重点、有的放矢，充分发挥后发优势并弥补基础不牢的劣势。

一是征信体系服务边界要进一步拓展。客观来看，在《社会信用体系建设规划纲（2014—2020年）》要出台后，近年来我国信用体系建设取得了一定成效，正如前文现状分析中所述，统一社会信用代码制度改革顺利实施、联合奖惩备忘录的覆盖面和社会影响力越来越大、公共信用信息共享水平快速提升、重点领域信用建设取得新突破等。但"问题多，底子薄"的现实同样不可忽视，从提供的服务信息来看，主要是基础信息、行政处罚信息、行政许可信息、红黑名单信息、与金融机构业务往来信息等，仍属于传统服务内容，对共享经济等新业态支持力度较为有限，这就需要结合新业态信息来源多元化、应用场景丰富化、业务定制个性化的特点不断拓展服务边界，在重视传统金融信贷信用的同时，将政府职能转型、新型市场监管、社会治理改革、新兴业态培育等内容纳入到征信体系建设中。

二是征信体系建设要与技术进步相结合。互联网技术的广泛应用对社会经济发展产生了深远影响，我国征信体系需要结合技术进步丰富建设手段和建设内容，如充分利用共享经济所产生的信用信息数据补充传统征信体系信息来源较为单一的不足，更好地支持共享经济等新业态的发展壮大。

三是征信体系建设要借助新业态实现突破。共享经济等新业态的发展对强化我国征信体系市场化运作机制具有推动作用，通过自建信用评价体系以及引入商业化信用评价机制的实践，在一定程度上拓宽了个人信用应用范围，使人们更加重视自身信用并有意识积累信用。例如，小猪短租等共享经济平台与芝麻信用、闪银奇异等大数据征信机构合作有效规避了风险。在我国征信体系建设进程中，要特别注意新经济模式和新业态对征信体系建设的作用，以此形成突破，运用得当可能会取得事半功倍的效果。

（三）我国共享经济发展面临的信用困境

虽然共享经济发展对征信体系建设提出了更高要求，但这些目标的达成不可能一蹴而就。因此，在我国征信体系尚不完善、缺乏相应机制约束的情况下，共享经济发展面临着现实中的信用困境。

1. 传统征信系统难以覆盖和服务共享经济发展

征信作为社会信用体系建设最为基础的环节，为分析和评价经济主体的信用活动提供依据。目前我国初步形成了以人民银行征信系统为主导、市场化征信机构为辅助的多元化格局，形成了三大征信领域：一是央行征信中心的金融征信，全国企业和个人征信系统是重要的金融基础设施；二是各类政务征信，包括公安、工商、税务、海关等管理部门的信用数据；三是商业征信，主要开展信用调查、信用评级业务等。虽然央行个人征信系统数据规模已位居世界前列，但央行征信数据库所收录的信用信息属于传统金融交易类的信息，主要是与银行类金融机构借贷有关的账户交易和违约信息记录，缺乏与金融机构无借贷关系的个人与企业信息，且数据维度较为单一，难以覆盖日常生活中的应用场景。此外，政务征信数据在公开和取得方面还存在现实障碍。因此，共享经济发展过程中，传统的征信系统尚无法对共享出行、共享空间、共享技能等多元化业态提供服务，存在短板；实践中，共享平台更多依靠商业征信机构以及点评体系等方式对相关主体进行信用约束，虽取得一定效果，但局限性较大，影响共享经济发展的可持续性。

2. 商业化征信机构存在信用信息共享壁垒

大数据征信是近年来征信业发展的重要方向和趋势，以阿里巴巴、腾讯等为代表的电子商务、社交类互联网企业依托自身平台中沉淀的客户大数据积极开展征信业务试点，芝麻信用、腾讯征信等商业化征信机构在共享经济发展中发挥了越来越重要的作用，如永安行、小猪短租等共享平台纷纷引入了芝麻信用，极大提升了业务开展的效率和安全性。与传统的金融征信数据库不同，大数据征信数据来源广泛、数据种类多元，信用评价中将客户的非借贷行为也考虑在内且覆盖范围更大。但此类征信机构的信用服务具有明显的商业属性，存在信用信息共享及互联互通壁垒。一方面，拥有数据的征信机构出于保护自身数据安全的考虑，不愿意将数据共享；另一方面，数据交换仍缺乏统一标准和定价体系，无通畅的数据共享渠道。例如，芝麻信用在共享经济发展中使用比较广泛，但引入的平台往往与阿里巴巴公司存在合作关系，阿里巴巴公司的竞争对手则可能存在不能接入芝麻信用，或不愿使用芝麻信用的情况。从整体上来看，信用信息共享壁垒的存在难以对客户失信行为形成有效约束，无疑影响其对共享经济多元化发展的支持。

3. 失信成本低及惩戒机制不完善导致对失信行为约束不足

失信成本是失信者为其失信行为付出的代价，主要包括道德、经济和法律等方面的成本。失信成本因失信行为的程度不同而不同，一般以触及法律的成本最高。经济主体在衡量失信成本与收益后会选择相应的行为策略，如果成本小于收益，说明失信有利可图，经济主体有选择失信的动力，甚至可能主动失信导致失信现象的大量出现；如果成本大于收益，说明失信无利可图，并可能出现损失和相应制裁，经济主体则会尽量避免失信行为出现，进而从整体上改善信用环境。目前我国信用体系无论是信用制度建设还是人们的信用意识都远未成熟，失信成本低且失信惩戒的威慑力不足，这在一定程度上助长了失信行为的出现，类似共享单车上锁私用、短租住宅遭到破坏等问题使人们对共享经济发展前景产生疑虑。整体来看，目前对于各类共享经济业态中的失信行为尚无专门的机构调查处理，即使某些平台针对失信行为作出处理，大多也是封号、禁用等方式，并不涉及具体的行为处罚、经济处罚甚至法律制裁，不足以引起失信者重视，难以对个人行为形成有力约束，影响共享经济健康发展。

4. 共享经济发展所依托的整体信用环境仍需完善

信用环境是经济主体之间的信任关系与信用程度，是经济主体在市场的生产、交换、分配、消费等各个经济环节中所表现出来的履行信用契约的总体状况体现。近年来，我国社会信用体系建设加速推进，整体信用环境取得了较大进步，但仍存在信用法律不健全、信用服务市场规模偏小、社会经济主体信用意识不强等现实问题。《2016中国信用小康指数》中的数据显示，对于人际信用状况评价，认为"很好"和"较好"的占比为45.1%，而认为"中等""较差""很差"的则占比54.9%。对于可以信任的人数，回答"超过6个"的占比9.7%，而回答"1~3个"的占比57.3%，还有3.1%的受访者表示没有可以信任的人。从上述调查的统计数据来看，超过一半以上的人认为人际信用和信任方面还存在不足，我国共享经济所依托的整体信用环境仍需完善。

（四）完善征信体系建设促进共享经济发展的思考

我国共享经济发展中的信用困境产生具有一定客观性，而共享经济的发展则为征信体系建设开辟了新路径。针对已有问题，结合共享经济发展对信用体系建设的要求，可考虑采取筑牢基础、政企合力、重点突破的思路加以解决，实现征信体系与共享经济互促发展的目标。

1. 完善共享经济信用建设的政策设计和法律环境

一是将共享经济信用建设纳入相关政策设计中。共享经济信用建设需要站在全局性高度进行政策设计，将其渗透到共享经济整体发展之中并作为重要的基础保障。国家发展和改革委员会2017年2月发布的《分享经济发展指南（征求意见稿）》（以下简称《指南》）中将信用体系建设的内容单独成章，涉及信用信息共享、管理、使用等，可视为我国共享经济信用建设的顶层设计，在共享经济相关具体业态如共享出行、共享空间、共享技能等专门政策出台时应根据《指南》中的要求进行针对性政策安排，突出信用建设的基础性和重要性。2017年5月，我国交通运输部发布了《关于鼓励和规范互联网租赁自行车发展的指导意见（征求意见稿）》，其中明确提出加强信用管理，得到了共享单车企业和用户的肯定和支持。建议共享经济其他领域在政策设计中进行充分借鉴，将相关主体信用记录、信用数据库建设，信用信息共享平台建设，信用评价机制及激励约束机制建设等内容纳入政策制定中，切实做好共享经济具体业态中的信用建设。

二是完善共享经济信用建设的法律环境。伴随共享经济的快速发展，各类共享平台在业务开展中形成大量信用信息数据，这些数据的使用和交换应在相关法律框架下进行，否则将出现信息泄露或信息滥用的风险。其中最为关键的是征信法律制度的完善，作为信用体系建设的重要模块之一，征信包括信用信息的收集、保存、整理、加工、使用等活动，为信用分析和评价提供依据。目前我国征信领域尚缺乏高阶位的专门法律，与之有关的原则性规定散见于《中华人民共和国宪法》《中华人民共和国民法通则》及《中华人民共和国合同法》等有关法律条文，未形成体系和关联。目前只有《征信业管理条例》《征信机构管理办法》等行政法规和部门规章对征信活动进行约束，且缺乏相应的实施细则，亟须进行补充和完善。建议借鉴国际经验并结合共享经济发展趋势，在征信法律法规方面出台《信用数据保护法》《公平征信报告法》《隐私权法》等专门法律，在立法层面明确信用信息采集和使用的原则及边界，也最大限度地保护个人信息安全，以此完善共享经济信用建设的法律环境，为其发展提供制度保障。

2. 政企合力共建服务共享经济发展的征信体系

在实践中，以央行征信中心为代表的金融征信和公安、工商、税务、海关等各类行政管理征信各自涵盖的数据范围有限，且尚不能对共享经济提供有效服务，很多共享平台通过自建信用评价体系或引入商业化征信机构评分机制的方式对用户进行信用约束，如滴滴出行、小猪短租、闲鱼、永安自行车等引入芝麻信用，在防控可能产生的风险方面取得了一定效果。但这些方式缺乏相关政府部门的公共信用信息数据的支持，信用服务的权威性、完整性存在不足，不利于共享经济整体发展。因此，应考虑政企双方形成合力，构建并完善涵盖政企各类信用信息的信用体系，将双方优势发挥出来，为共享经济发展提供更全面和客观的服务。结合国情来看，共享经济发展背景下的信用体系建设宜采用政府引导下的市场化运作模式，即政府应着力制定相关规则并推动公共信用信息的依法公开和共享，拓宽公共信息服务的边界，在此基础上引入市场化机制，形成公共征信机构与商业化征信机构互为补充、有序竞争的市场格局。具体而言，首先，要鼓励商业化征信机构发展，发挥其对传统征信的补充作用。建议监管部门在统筹考虑的前提下加快推进征信牌照发放工作。其次，在信用体系建设中，探索建立适应共享经济发展的征信体系，既要包括传统的金融征信，还要对个人网络交易诚信、社交诚信等进行评估，政府应发挥"采信"优势，在建立市场规则和底线约束的前提下，由市场化信用体系承担"评信"和"用信"职能。最后，在打通政府与市场信用数据的过程中，重点解决好以下问题：一是数据获取和开放流程要有公开和公认标准；二是解决好"数据清洗"和数据质量评价问题；三是数据资源应在统一平台上开放并建立计价标准和交易的市场机制。

3. 结合共享经济发展在信用制度建设上重点突破

一是完善信用信息共享制度。信息割据、信息孤岛的情况在我国信用体系建设中依然大量存在，建议结合共享经济发展有步骤和有针对性地将政府部门的信用信息进行共享，可有效降低交易成本，提高社会效率。以共享经济平台小猪短租为例，通过政府管理部门提供的身份认证、银行使用记录与犯罪记录等信息将其安全方面的系统性风险降到极低。随着信用社会程度的加深，可利用数据可靠度的提高，政府信息的公开与共享对共享经济发展的意义重大。建议积极发挥全国统一的信用信息平台、国家企业信用信息公示系统和金融信用信息基础数据库的作用，推进各类信用信息平台无缝对接，打破信息孤岛，建立政府和企业互动的信息共享合作机制，充分利用互联网信用数据,对现有征信体系进行补充完善。

二是加强失信惩戒机制震慑力。我国已于2013年建立了失信被执行人"黑名单"制度,近年来在实施联合惩戒方面不断加大工作力度,在失信人银行信贷发放、出行、住宿等方面进行限制,形成了一定社会影响。共享经济发展使失信惩戒机制在更大范围发挥作用成为可能,可以此加强失信惩戒机制震慑力并形成示范效应。建议将个人共享经济活动中的失信行为与征信记录挂钩,失信所付出的高昂成本在一定程度上会对个人行为形成外在约束,规范其自觉遵守规则。引导平台企业利用大数据监测、第三方信用评级等手段和机制,健全相关主体信用记录,强化对资源提供者的身份认证、信用评级和信用管理,提升源头治理能力。依法加强信用记录、风险预警、违法失信行为等信息在线披露,大力推动守信联合激励和失信联合惩戒。健全平台信用信息保全机制,为实施失信惩戒提供协查的义务。以更具约束力的信用惩戒逐步取代道德评价软约束,让交易双方根据交易对象过往信用历史作为参照,降低全社会的交易成本和风险。

三是促进信用评分机制应用。信用评分是一种较为直观的信用风险评价的量化方法,国际上比较著名的有FICO评分。在我国,共享经济发展中引入信用评分是一种常见的方式,信用评分机制依托所记录的企业、个人信用行为数据并予以动态更新,构建模型预测其未来的信用情况。云计算、大数据的出现以及网络信息技术的发展,解决了海量信息搜集范围广、搜集信息难度大等问题,评分机制借由数据统计模型更加精准。相较于金融借贷而言,大数据信用评分在生活场景中使用频率更高、市场需求更大,在有效规范各方行为的同时,也有助于培养用户累积个人信用的意识。目前我国信用评分机制主要由一些商业化机构在探索和实践,建议我国征信监管部门在扶持这些商业机构发展壮大的同时,站在国家战略的高度加强全国统一标准的研究和建设,并积极推广信用评分的应用场景,强化"信用即财富"的激励机制,减少信用缺失造成的经济摩擦,优化公共资源的使用效率。

四是形成信用教育和宣传长效机制。共享经济健康发展离不开激励约束机制的构建,探索并建立信用教育和宣传的长效机制同样重要。建议将信用教育纳入中小学思想品德课程,在大学开设信用知识和个人征信必修课,通过系统教育让信用观念和意识入脑入心。加强信用管理专业人才培养,为共享经济发展中的信用建设提供人才储备,结合共享经济发展特点,着重培养信用信息采集、加工、整理、分析、信用等级评价、信用调查、失信惩戒等方面的专业人才。另外,加大信用宣传工作力度,充分利用各种网站、影视、电台、微博、微信等媒介,形成全方位、多角度、大力度的宣传格局,树立各类诚信典型,使全社会学有榜样、赶有目标,形成守信光荣、失信可耻的社会氛围。通过举办诚信征文比赛、演讲比赛、信用知识有奖竞赛等活动,吸引群众参与,培养群众诚信意识。通过"信用记录关爱日"等公益活动,推进诚信创建活动,努力提高各类社会主体的信用意识。

三、信息安全和隐私保护对征信体系建设的影响

在数字经济时代,信用信息的边界在不断扩张,不再局限于传统的信贷活动所产生的信息,所有数据皆是信用数据成为可能。各类信息在大数据技术的支持下更加方便、快捷地被收集和分析,并应用到信用评价体系中去,信息的信用化已成为一种趋势。信用信息在创造价值的同时,也面临着越来越多的信息安全挑战。近年来,从美国征信公司艾克飞(Equifax)的1.43亿人口个人信息遭到泄漏,到万豪酒店5亿客户数据泄露、雅虎邮箱10亿数据泄露,再到暗网的14亿邮箱明文密码泄露,信用信息泄露似乎无处不在。此外,因对个人隐私保护不足而产生的风险事件,各类APP应用工具违规进行信息搜集损害用户利益的状况时有发生,迫切要求相应技术、规则和制度的完善,越是依赖信用信息功能发挥,越要提高信用信息的安全性。

(一)征信信息安全面临更为严峻的考验[①]

一是个人隐私容易受到侵犯。大数据安全保障的核心问题,仍是数据能否可用以及应用的限度问题。对于大数据应用的开发与使用方而言,大数据应用中包含的隐私数据收集变得无处不在,对这些收集行为的告知义务是否履行难以得到有效监管;对公民个人而言,其个人隐私在互联网的提交呈现失控状态,这种情况下无论是公民个人还是这些隐私数据的使用者都难以控制这些数据的应用情境。随着物联网时代的到来,万事万物之间都有关联,个人的任何行为都有可能被大数据采集利用,在此形势下,很难对个人的信息和隐私进行明确区分,两者甚至可能相互转化。假如大数据只采集某一个维度的数据也许不能反映信息主体的信用状况,也不会对个人隐私造成侵犯,但运用云计算技术对大数据进行多维度验证分析时就可能涉及个人隐私问题。当前的大数据技术只要能够获得个人信息主体多维度的数据,就可以反推其经济实力、财务状况,进而判断个人的信用状况,这个过程无疑将对个人隐私产生极大威胁。此外,大数据会采集到征信领域中禁止采集的信息,如一些支付平台开通了指纹支付方式,假如用户同意使用这种支付方式,那么大数据平台必会采集其指纹,这在传统征信领域是禁止的行为。

二是个人信息泄露风险加剧。大数据技术的应用甚至会成为信息主体隐私泄

[①] 罗建雄,封玉莲.大数据时代我国征信业发展及安全思考[J].征信,2019(6):27-33.

露的主要来源之一。一方面，大数据征信在信息采集渠道上存在风险。当前网络安全形势严峻，黑客攻击、网络病毒等安全隐患一直存在，各类信息数据在互联网传输的过程中被非法访问、盗取和篡改的风险较大。另一方面，大数据征信在信息的保存和使用上存在很大的泄露风险。维护和保存海量的数据难度较大，该过程数据安全防护的难度也在增大，而且数据采用远程分布式处理也使数据泄露风险加大。此外，大数据征信信息被贩卖的风险也很大。当前在传统征信领域，贩卖个人征信报告的风险案件屡见不鲜，而在大数据征信领域，通过互联网获取信息更容易，犯罪成本更低，也就更容易产生信息泄露风险。

三是信息主体风险意识不强。在这个互联网普及的时代，每个人在网络上都会留下个人印记，如网上购物可能会留下个人身份信息、地址、联系电话、个人消费偏好等，或在网站上浏览网页可能会留下个人近期关注问题和消费倾向等。个人信息随时被采集，如个人在网购、浏览网页时并不关注的自身信息会被大数据机构采集和加工利用，当一些网站注册需要留下个人信息时，信息主体往往也不会关注自己的信息是否会被泄露。信息主体风险意识不强，导致信息主体在提供自己的信息时具有随意性，产生了信息安全风险。

（二）隐私权保护加强对征信业发展带来困难

信息主体拥有对个人信息隐私绝对的控制权，当信息主体面对各种交易需求时，其自愿"让渡"个人信息隐私权的行为，为征信活动的信息收集提供最原始的信息资源。信息主体的"信息传递"行为是信用信息活动中信息使用的第一步，促进了信用信息系统的顺利运行。随着保护隐私权的社会效应不断增强，在保护隐私权的同时也将不可避免地为其他信息使用主体增加负担和风险，从而可能影响交易的效率[①]。

一是人们对其个人信息隐私权的保护可能使真实信息难以被披露，从而降低了信用信息的真实性。保护隐私可能是他人故意隐瞒不良交易目的的一种手段，因此想要与之交易的人将不得不花费更大的成本来获取交易的真实信息。例如，某信息数据主体强烈要求将当前借贷与担保情况作为隐私权的内容而进行保护时，则有可能出现信息数据主体故意隐瞒或欺骗已发生的借贷或担保关系，使信息使用者难以通过正规渠道了解信息数据主体的财产状况，难以正确评估信息数据主体当前的还款能力，增加了信息使用者关于信息收集的负担以及交易风险。

二是随着个人信息隐私保护的增加，信用信息收集过程对于征信机构来说将

---

① 毛晓舜. 个人征信中信息使用与隐私权保护研究 [D]. 湖南工业大学硕士学位论文，2019.

更加困难，个人信用信息产品的价格将上涨。征信产品价格上涨也将使信息使用者为知晓交易内容而付出更大的代价，直接提高信息使用者的交易成本。同时，由于难以从征信报告机构收集信息，个人信用信息的收集、分析和转移时间将会延长，信用信息产品的形成时间将变长，产品的生产周期将比以前大得多。这将使长期依赖信用信息的使用者无法准确决策，在一定程度上降低现实交易的效率。因此，社会隐私权保护的加强将对征信业发展产生一定影响。

第三章 互联网金融发展与征信体系建设的关系

Chapter 3

互联网金融快速发展，P2P 网贷、众筹融资、互联网保险、互联网理财等新型金融业态的涌现，对征信体系建设提出了更高要求，同时征信体系的不断完善也为互联网金融健康发展提供重要基础，两者是相互促进的关系。一方面，互联网金融将互联网思维、技术、模式等融入到金融业务之中，但究其本质仍然是金融，控制风险是必须要解决好的核心问题。在现代经济运行中，有效的金融风险防控离不开征信活动和征信体系作用的发挥。互联网金融的快速发展对高质量的信用信息服务需求更加强烈，征信体系建设是互联网金融健康发展的重要基础。另一方面，互联网金融发展促进征信体系建设完善，征信机构在信息收集方面面临着新环境和新变化，除了传统的商业银行等金融机构的信贷信息数据，还能够利用云计算、数据挖掘等技术在互联网上收集社交领域、电子商务领域、物流领域和企业生产经营领域积累的数据，也可以收集政府的监管信息、行业评价和媒体评价数据等。征信机构只有在征信数据来源与征信服务水平上不断提升，才能更好地适应时代发展和客户需求，进而更好地服务于互联网金融发展和征信体系建设。

第一节 征信体系建设是互联网金融健康发展的重要基础

一、征信体系在互联网金融发展中的重要作用

互联网金融本质仍然是金融服务，征信体系不但是互联网金融健康发展的重

要基础，其在整个金融发展中也发挥着基础性推动作用。从宏观层面看，征信体系建设可以促进行业信用建设和地方信用体系建设，有效提升政府部门的行政管理能力，提升社会整体的信用水平；从中观层面看，征信体系是金融行业的重要基础设施，维护金融稳定和促进普惠金融发展；从微观层面看，征信产品和服务可以帮助各类金融机构了解交易对象的信用状况，防范信用风险。在征信体系保驾护航下，金融整体稳定发展，进而为互联网金融等创新创造条件并提供保障。

（一）宏观层面：提升社会整体信用水平

征信体系是社会信用体系建设的重要组成部分，在实践中，征信体系不仅在金融机构各类业务开展中具有重要作用，而且能够推进行业信用和地方信用体系建设，有助于政府部门进行公共管理，为相关部门依法施政提供服务。市场经济不断成熟，特别是信用交易规模扩大是征信业产生和发展的客观基础。同时，征信业的发展又能促进信贷市场和信用交易活动发展，改善信用环境并带动信用消费扩张，进而拉动经济增长。从政府管理角度来看，可依托征信体系开展评优、人才选拔、司法调查惩处等工作。征信体系各类应用的范围越广泛，对社会经济主体产生的影响越深远，使社会经济活动中的企业和个人更加重视自身的信用状况并主动维护，形成一种守信激励的正反馈机制，即信用越好在社会经济活动中的便利性越强，而失信则会带来各种限制甚至被淘汰出市场。征信体系通过信用信息共享和应用，构建起守信激励和失信惩戒机制，对弘扬诚信文化、鼓励和引导社会经济主体养成良好信用习惯作用显著，有助于营造出良好的社会信用环境。整体社会信用环境不断改善，社会信用水平不断提高，失信违约等风险得到有效控制，最终让包括互联网金融在内的各类金融创新更加健康地发展。

（二）中观层面：维护金融业稳定发展

征信是现代金融体系中重要的制度安排，基于征信体系数据开展分析，可以帮助金融监管当局监测金融机构的资产质量，明确需要重点关注的企业和行业，并且通过征信报告、信用增值产品和相应专业化服务对某个行业的信用风险进行跟踪监测。互联网金融提供了很多不同于传统金融的产品和服务，有效弥补了传统金融服务范围的不足，为低收入群体、小微企业提供了融资渠道，为普惠金融发展带来全新的实施载体。征信体系的建设完善是发展普惠金融的重要支撑，是金融和民生协调发展的重要组成部分。征信体系通过各类专业化的信用服务有助于降低金融市场交易成本，提升金融资源供给水平，扩大金融资源覆盖范围并提升配置效率，在总体上提升金融服务的可得性和满意度，维护金融业稳定发展。

(三)微观层面：提供专业化征信产品和服务

征信体系最直接的功能就是通过征信机构在市场上提供专业化的征信产品和服务，以征信报告的方式全面反映个人、企业和其他组织的信用历史。征信机构通过数据处理、数据分析和模型构建等技术手段，不但能帮助客户更加便捷、准确地掌握被征信主体的信用状况，而且能为客户提供有针对性的产品和服务，包括风险预警服务、信贷市场结构数据和信贷特征变量等数据类产品服务。征信机构的核心服务对象是以商业银行、互联网金融机构为代表的各类金融机构，辅助这些金融机构客观评价借贷者的信用状况进而完成授信决策，以及确定利率水平和具体额度等工作。此外，金融机构还可以依托征信机构所提供的专业化服务开展客户营销，针对不同群体客户开发新产品，或根据已有产品对客户进行分类并制定更有针对性的营销策略，提升金融服务水平，增强市场竞争力。

二、征信体系建设为互联网金融发展提供保障

(一)互联网金融发展依托征信数据支撑

信用支撑着金融业发展，通过征信数据可以分析用户信用特征。如在资金借贷方面，商业银行等传统金融机构以用户的现金流水、资金流向和实物资产等为依据对用户进行信用审核来确定是否发放贷款。而互联网金融平台则开发了新的信用评估模型，通过分析用户在互联网上的社交、消费和搜索等数据来评估用户信用情况从而决定是否发放贷款。与传统金融机构征信数据来源侧重于财务数据不同，互联网金融征信数据来源拓展到用户的互联网行为数据，运用高科技手段对这些海量的非结构性数据进行加工和分析，防控信用风险并降低平台不良贷款率。例如，阿里巴巴集团的蚂蚁借呗就是利用其电商平台积累的大量数据对用户的信用状况进行分析，从而区分出不同信用水平用户的授信额度进行融资服务，正是依托这些征信数据，阿里巴巴在电子商务的基础上拓展了金融领域业务，实现了集团业务的多元化发展。此外，部分 P2P 网贷平台在对借款人进行信用评估和授信决策时，同样也会依据借款人在互联网上的征信数据进行相应风险管理控制工作。在服务电商小贷、P2P 网贷等互联网融资业务之外，征信数据还可以被专门开展征信服务的企业使用而成为征信业务创新的重要基础，国际上就有一些企业专门通过收集和分析用户征信数据生产征信产品，再出售给有征信数据需求的个人或企业获取利润，如美国的 Credit Karma。

（二）健全的征信体系降低互联网金融风险

互联网金融相较于传统的商业银行信贷有其优势，但同时也存在更大的金融风险，征信体系的健全与完善对降低互联网金融风险具有重要作用。一是互联网金融征信体系在信贷风险管控上相比传统征信体系有了一定改进，其在传统征信体系信贷放款只关注报表数据、资产负债的基础上进一步深入，通过与互联网数据的有机结合能够更加全面地管控金融风险。通过信用信息数据采集范围拓展，互联网金融征信体系是一个扩张的、良性循环的征信体系，不仅用户历史征信数据可以被收集和分析，而且新形成的征信数据也会被纳入并累积起来，进而形成更加全面并实时更新的信用服务体系。二是不断完善的征信体系还将打破征信数据割据的状态，使信用信息在整个互联网之中传递共享，能够更客观地体现出被征信主体的信用状况，更好地进行信用评估并控制信用风险。对于互联网金融平台而言，风险控制的水平在很大程度上决定了其能否发展壮大，健全的征信体系有助于互联网金融平台解决两个核心问题：首先，帮助互联网金融平台全面了解融资主体的信用水平，控制风险，简化审核流程；其次，加大融资主体在互联网融资中的违约成本，在降低违约率的基础上进一步降低平台运营风险。

（三）完善的征信体系促进征信制度建设和经济发展

制度存在的目的是减少人类互动过程中的不确定性，完善的征信体系能够促进征信制度建设，为征信活动提供规则和保障。具体到互联网金融发展而言，征信制度的建立使资金供求双方在信息相对充分的前提下进行交易，降低了交易风险与不确定性。在制度规制下，征信体系在法律法规、行业标准、信息共享等方面能够实现统一化运行，更好地促进互联网金融发展，保障投资人权益。此外，完善的征信体系在保障互联网金融健康发展的同时，对促进国家战略的实施和整体经济发展也具有重要意义。在我国"大众创业，万众创新"战略实施的过程中，融资问题是小微企业和创业者所要解决的首要问题，但由于我国金融体系结构以商业银行间接融资为主的特点，大量小微企业无法获得足够的信贷支持，融资难、融资贵问题一再凸显，不仅阻碍了"大众创业，万众创新"战略的实施，也在一定程度上制约了我国经济发展。这一问题的解决有赖于我国征信体系的不断完善，通过加强信用信息供给，支持小微企业创新创业活动，进而在整体上促进经济发展。本章第三节对通过加强信用信息供给缓解小微企业融资难题进行专题研究。

第二节　互联网金融发展促进征信体系建设完善

一、互联网金融发展对征信体系建设提出更高要求

（一）互联网金融发展要求与之配套的征信服务

在互联网金融的众多模式中，P2P 网贷无疑是最具代表性的业态之一，其发展过程中所经历的快速增长以及风险不断暴露的问题，在一定程度上反映了金融创新与征信体系建设不匹配的现实矛盾。以 P2P 网贷为代表的互联网金融业务，发展中的主要瓶颈在于缺少权威和经济可行的征信支持。大量的互联网金融平台不得不依靠线下的资信调查、资产抵押、商账追收等手段控制风险，在交易成本高企的同时，还是会出现大量因为信用风险造成的违约。在互联网金融快速发展的时代，相关服务平台在推动金融产品和服务不断升级和创新的同时，迫切需要对信用风险进行有效控制，以便能够更加便捷、准确和全面地了解融资主体的信用状况、消费偏好和违约概率，促进征信服务需求成倍增长。此外，除了 P2P 网贷外，众筹融资、网络保险等平台开展业务时，也离不开利用征信服务来筛选客户和防范风险。这些都需要与之配套的专业化征信产品和服务不断跟进，如提供个人信用报告、进行企业信用评级、行业和关联企业预警等增值产品和服务等，促进征信服务市场发展成熟也是征信体系建设完善的重要内容之一。

（二）互联网金融发展要求征信服务水平不断提升

互联网应用在经济生活中不断普及是互联网金融发展的基础，征信机构在信息收集方面同样面临着新环境，除了收集传统的商业银行等金融机构的信贷信息，还能够在互联网上搜集社交领域、电子商务领域、物流领域和企业生产经营领域积累的数据，也可以收集政府公开信息、行业评价和媒体评价的数据。以往单一的信息收集渠道已经无法满足数字经济时代的要求，大数据、云计算等新兴技术的广泛应用，使征信信息存储方式和处理技术发生转变。这些新变化要求征信机构必须在征信数据来源与征信服务水平上不断提升，适应时代发展和客户要求。首先，存储方式发生了较大变化，征信机构已经从传统的在本地建立数据库，进步到整合服务器、存储器和网络，开发和利用云存储技术，从而有效提升数据的存储和运算能力；其次，数据处理技术更加先进，实力较强的征信机构引入数据

挖掘技术,减少主观判断,可以提高风险预测的准确性;最后,征信机构引入量化分析技术,可以实现对信息主体的评价档案进行长期跟踪分析和反复的验证,从而有效提升预测的准确率和事后的跟踪评估能力,而且量化分析的结果具有更高的客观性,能够更加准确地识别企业和个人行为,也容易被不同领域、不同级别和部门的工作人员所接受。

(三)互联网金融发展要求征信业解决新难题

虽然互联网金融的发展使征信数据的来源更加广泛,而且可以应用的技术更加高级,但征信行业发展也面临新难题需要解决。首先,征信行业可以收集到海量数据,但是每一类数据准确性不一定很高,需要数据清洗、数据归集等技术处理,这就要求征信机构在综合采集多维度、多层次数据的基础上,剔除干扰信息,形成一个相互支持和印证的数据链条,形成信息主体清晰有效的信用画像,这对征信机构的数据处理能力提出了更高要求。其次,随着征信数据量呈现指数级别增长并在地理上高度集中,数据安全防护变得极具挑战;在技术上所采取的数据分布式处理方式也加大了数据泄露的概率,征信数据安全成为征信机构面临的新难题。最后,互联网金融时代,征信机构经营方式的转变和服务创新也为征信监管部门制定征信法律法规、完善业务规则和改进监管框架等提出了新挑战,这些都需要深入研究和妥善解决。

二、互联网金融发展是征信体系建设完善的推动力

(一)互联网金融发展推进征信体系建设完善

互联网金融为征信体系的完善提供了更为全面的解决方案,征信机构依托互联网金融发展而进行的互联网金融征信实践,正在成为传统征信的有效补充。一是在信用数据收集来源上,互联网金融征信采用的是互联网相关技术,相比传统的线下收集技术的数据收集范围更加广泛、收集种类更加全面、收集速度更加快速、收集成本更加低廉;二是在信用数据涵盖主体上,互联网金融征信更加注重长尾理论中的长尾部分主体的信用档案建立,征信数据覆盖范围进一步扩大;三是在商业模式上,互联网金融征信属市场化征信模式,能根据市场的需求提供不同侧重的征信报告,而传统征信为公益性单位,提供的信用产品单一;四是在征信内容上,区别于传统征信机构主要采集信息主体的基本身份信息、银行信贷信息、抵押信息、社会保障和公积金缴纳信息、法院判决执行信息等,互联网金融征信主要以电商平台交易记录及网络使用记录为数据来源,采集买家的基本身份

信息、各类消费比例、水电缴纳情况及社交活跃度等非传统类信息，通过对这类数据提取、整合，能对网络用户的行为偏好、履约能力进行大致判断，从而形成一份针对网络用户的征信报告。互联网金融征信在以上各方面作为传统征信的有效补充，减少了互联网金融机构线下信息核实的工作量，并提升了融资服务效率。此外，互联网金融还推动了征信业市场化进程，由于互联网金融快速发展对征信服务需求不断增大，供需矛盾倒逼国内征信业市场化进程加速。在我国，目前以央行征信系统为主导、市场化征信机构为辅助的多元化征信市场格局正在形成，百行征信的设立标志着我国个人征信业市场化的闸门已经开启。

（二）信息技术为征信体系建设完善提供重要驱动力

从工业化时代、电子化时代到互联网时代，征信业的数据记录方式、模型设定方式、服务渠道和风险判断方式发生了深刻变化。在工业化时代，征信业通过纸张记录被征信人的相关信息，利用邮寄的方式提供征信服务，而且信用风险的判断是由人工依据上述报告做出定性判断；在数字化时代，不仅可以利用计算机存储被征信人的信用信息，依托互联网提供征信产品和服务，而且可以借助信用评分、信用评级模型做出判断，这时征信业对风险的判断能力大幅提升，服务范围得到快速扩张，而成本还有所降低；在互联网时代，大数据、云计算和人工智能技术的出现和普及，为征信业收集信息主体在信贷、消费、行政、司法、社交和阅读等各个领域的信息，并且为建立更加复杂有效的模型进行运算提供了支撑。随着移动互联网的普及，移动端逐步成为征信机构的发力方向，信用信息采集、征信服务渠道拓展以及应用场景都将逐步向移动端转移。信息技术的进步推动征信业不断出现新的业务模式、新的流程、新的产品和新的应用，从而对金融市场、金融机构和金融服务方式产生深远的影响。

三、互联网金融发展背景下征信市场和征信服务发展趋势

在互联网金融快速发展的背景下，征信市场和征信服务在市场发展、产品开发以及服务提供等方面呈现出一系列新的发展趋势。

（一）征信市场新业态、新理念、新技术不断涌现[①]

1. 基于互联网金融的征信新业态方兴未艾

互联网金融的发展迫切需要对互联网参与主体进行信息挖掘、分析和共享的

---

① 林平. 征信市场发展：国际趋势、我国的差距与对策 [J]. 南方金融，2016（10）：3-8.

征信服务，从而催生了基于互联网金融的征信新业态。例如，美国的 Kabbage 平台通过整合分析 eBay、Yahoo、Amazon 等电商平台的交易数据、UPS 物流公司的配送数据以及 Facebook、Twitter 和 Linkedin 账户的社交网络行为数据，建立了动态的大数据信用评级系统。通过大数据信用评级系统，Kabbage 平台向小型网商提供信用贷款，坏账率较传统金融机构下降了 80% 以上，并对外提供风控技术支持服务。从实践来看，基于大数据理念的动态信用评分更符合互联网金融的风险管理需求，扩充了征信业务的内涵和外延。

2. 征信服务新理念层出不穷

传统的征信机构通常从各类公共部门和授信机构采集信用信息，对外提供征信服务以获取收益。而美国的 Credit Karma 公司秉持"基础的信用服务应该免费"的商业理念，向个人消费者提供免费的征信报告和信用评分。该公司主要的收入来源是消费性金融机构的广告和信贷产品的推荐，通过向用户推荐符合他们信用分数的信用卡等金融产品，实现了消费者、金融机构和公司三方共赢。美国的另一家征信机构——支付信息征信公司（Payment Reporting Builds Credit）主要服务于缺少或没有传统信用记录的消费者，认为"消费者可以主动地参与到信用档案建立"。该公司对信息主体提供的信息进行验证、核实，然后出具征信报告给信息使用者。这些征信机构的新商业理念有效扩大了征信服务范围，让更多消费者受益于征信服务。

3. 传统征信业务加快引入信息新技术

移动互联、物联网、数据库技术（包括云计算、并行计算）、人工智能（如遗传算法、机器学习）等新技术的发展及在征信领域的应用，给传统征信业务带来深刻变革。基于互联网的大数据应用技术，信息的采集、整理、加工不仅耗时短，而且效率高、成本低。云计算的发展改变了单纯依靠提高硬件设备计算性能以改善计算能力的方式，提高了数据加工和分析效率，使过去需要几个月才能完成的数据处理，现在只需要几小时甚至几分钟就能完成。例如，美国的 Zest finance 公司利用大数据分析和机器学习技术，开发的模型可以同时处理 7 万个指标以判断借款人的信用状况，模型运算的时间可以短至 3 秒，违约率比用传统方法降低了 40%。

（二）征信产品多元化、征信服务细分化趋势明显

1. 征信产品多元化

征信报告和通用信用评分是征信基础服务的核心产品。近年来，全球征信机构的征信产品从提供征信报告等基础产品逐渐转向满足个性化、专业化市场需求的增值服务，服务于信息使用者全流程的风险管理需求。随着市场对征信产品需

求的多样化，数据处理技术和信息化技术的快速发展，征信机构在信用信息的基础上加工出越来越多的征信增值产品服务，包括信贷特征变量、风险预警服务、信贷市场结构等数据类产品，各类非通用信用评分、关联查询、资产组合管理等工具类产品，高端的、专为用户定制的全面解决方案类服务等，以满足多元化的征信服务需求。

2. 征信服务市场细分化

实践证明，建立一个包罗万象、囊括各类信息的大一统的征信系统存在现实困难，也不符合市场经济规律。在成熟的征信市场中，各类征信机构应当充分发挥相对竞争优势，选择某些领域精耕细作，创新征信产品与服务，形成有序竞争、差异发展、相互补充的市场格局。以美国的个人征信市场为例，益百利（Experian）、环联（Trans Union）和艾可飞（Equifax）三家征信机构掌握着匹配个人信息和生成特征变量的关键技术；另有近400家区域性或专业性的征信机构依附于三大征信"巨头"，提供某一领域的增值服务。其中，费埃哲（FICO）公司借助三大征信机构掌握的数据，利用自身评分系统生成FICO Score，通过对模型的不断优化，从通用信用评分延伸至欺诈风险评分、破产评分、债务催收评分等增值服务，在美国信用评分市场占据重要地位。

3. 征信机构经营全球化

不同国家征信机构的性质有所区别：欧洲部分国家建立了公共征信机构；拉丁美洲以及亚洲主要国家的公共征信系统和私营征信机构快速发展；美国是世界上私营征信机构最为发达的国家。征信机构在发展过程中呈现出实力不断增强、经营范围日益全球化的特征。首先，以美国邓白氏等机构为代表的私营征信机构经营向跨国、跨区域转变，不断向海外扩张，逐渐实现经营全球化，而且征信业务出现了高度集中的趋势；其次，公共征信系统的信息共享逐渐全球化，不同国家的公共征信系统打破界限，逐步加强国际间的数据流动和信息共享。

（三）征信服务范围、应用领域、服务渠道不断扩大

1. 征信服务范围不断扩大

从地域上来看，征信服务从发达国家向发展中国家不断拓展，国家内部征信服务也从城市向农村等落后地区逐步延伸，表现出与金融服务同步扩张的趋势；从业务领域上来看，征信服务从基础的征信报告查询、通用信用评分和评级服务，发展到征信增值服务，并且延伸到司法、行政等非金融领域；从服务对象上来看，征信机构一般为大型银行类金融机构服务，以此为基础逐步扩张到证券类机构、保险类机构以及小额贷款公司、融资性担保公司等小微金融机构，实现了对各种类型、各种规模机构的广泛覆盖；从服务市场上来看，征信服务主要立足于信贷

市场，逐渐向其他类型的金融市场以及贸易、劳动力市场和网络购物等领域拓展。

2. 征信服务应用领域不断扩大

征信行业最为基础和核心的产品是征信报告，可以汇总全面的信息，客观反映企业或者个人的信用历史。在此基础上，征信机构可以利用个人和企业的信用信息，设计模型进行计算，对外提供通用信用评分和信用评级服务。利用企业和个人征信报告中的原始信息，针对信用信息需求者的要求，可以通过数据处理和分析技术提供更为高级的征信服务。此外，征信活动已渗透到社会经济活动的多个方面，其应用场景横向和纵向不断延伸。从横向来看，征信服务应用场景从金融领域拓展至生活场景、商业场景，如租房、租车、订酒店、办签证、求职应聘、分期购物、婚恋、旅行服务、医疗等场景；从纵向来看，征信服务应用不断深入，逐步从单一信用风险评估拓展到资产预测、破产预测、偿债预测、收入预测等细化风险评估，逐步从简单评分产品拓展到定制化的数据应用与工具对接服务。

3. 征信服务渠道多样化

互联网技术的应用使信用信息的收集和传播更加容易、高效，推动着信息流动方式逐步向去中介化、双向互动、移动通信、信息数字化的方向转变，从早期的授信机构与征信系统之间通过专网建立的共享信息专向流动渠道，拓展到基于互联网平台建立的覆盖范围更广泛的信息采集和反馈查询渠道。在面向信息主体的服务渠道上，从信息主体到征信机构的临柜查询、信函查询，逐渐演变到通过互联网网页或手机等移动终端进行在线查询，以及在代理机构查询网点现场查询、在自助终端进行自助查询服务等。作为知识型和信息密集型的产业，征信行业的服务渠道建设具有鲜明的时代特点，随着信息技术的进步和互联网的普及，征信机构可以提供更加多样、更加便捷的服务。

第三节　征信体系在破解小微企业融资困境中的作用[①]

征信体系在支持实体经济发展中也发挥着重要作用，本节结合如何通过信用信息供给破解小微企业融资困境来进行分析探讨。从融资过程中涉及的相关主体入手，解决小微企业的信用信息供给问题，通过信用信息供给解决银企信息不对称问题，实现小微企业在信贷融资中的信用增级，从根本上改善小微企业获得金融机构贷款的环境，是当前乃至未来破解小微企业信贷融资困局的重要突破口。

---

① 张杰. 应通过加强信用信息供给缓解小微企业信贷融资困境 [J]. 经济纵横, 2014 (6)：71-74.

一、信用信息供给缓解小微企业融资困境的原因

信用信息是企业和个人在社会活动中所产生的与信用行为有关的记录，以及有关评价其信用价值的各项信息。小微企业与大企业的信用信息结构显著不同，大企业主要依赖财务报表、资产规模等"硬信息"获得信贷融资的方式对小微企业并不适用。小微企业在获得信贷融资时需要将财务类的"硬信息"和企业经营及业主个人情况等"软信息"相结合，具有个人信用与企业信用相统一的特点。有效信用信息供给在很大程度上能缓解融资中的银企信息不对称问题，放松利率、抵押品和交易成本等各类信息甄别对小微企业在获得信贷融资时的约束，提高融资的可得性。

（一）有效信用信息供给可优化信贷配给

银行作为商业经营性机构，规避风险、谋求利润最大化是其理性选择。当贷款者无法提供更多的有效信用信息时，就会出现银行通过信贷配给手段将部分本应获得融资的小微企业配给出信贷市场的情况。因此，如果能获得有效信用信息来缓解银行与企业间的信息不对称程度，银行就能在更明确风险的基础上，利用利率工具分离出部分能获得信贷融资支持的小微企业。对银行而言，此时贷款风险不会上升，而贷款期望收益将有所增加。

（二）有效信用信息供给可降低银行对抵押品的要求标准

企业在获得信贷融资时，提供一定数量的抵押品是常用做法，银行可根据企业提供抵押品的数量来提供相应的贷款额度。但提供抵押品对小微企业获得信贷融资有较大约束：首先，由于固定资产规模小、资产结构中可抵押物比例小、缺乏合适的抵押品，小微企业往往不能满足银行以实物形式的抵押财产、担保品作为发放贷款的必要条件。其次，即便小微企业能满足银行所要求的抵押条件，但抵押品评估公证等烦琐的手续、冗长的流程，既会增加小微企业的融资成本，也很难适应小微企业"小、频、快"的融资需求。最后，与大企业相比，小微企业即使能提供一定数量的抵押品，银行出于风险规避的考虑，仍可能给予小微企业较少的信贷配额。因此，根据小微企业的自身特点，在信贷融资中取消或降低抵押品的要求可有效提高其融资可得性，而有效信用信息供给可显著改善银行对小微企业提供融资的决策，使银行取消或降低抵押品要求成为可能。

（三）有效信用信息供给可降低银行贷款给小微企业的交易成本

银行发放贷款时存在大量的交易成本，主要有发放贷款前对企业的调查、发

放贷款中的审查及发放贷款后的监督等。小微企业融资需求的"小、频、快"特点，使银行的经营成本上升，造成银行发放贷款时的规模不经济。因此，在大企业与小微企业间，银行自然会选择规模经济的大企业。而有效信用信息供给可减少银行贷前、贷中、贷后的交易成本，克服小微企业获得贷款时的规模不经济问题，使部分小微企业贷款融资需求得到满足。

二、小微企业融资中各信用信息供给主体存在的问题

在小微企业融资机制中，主要包括企业、政府、银行、信用担保机构四大主体，这四大主体在信用信息供给中的作用和效果如下：

（一）小微企业在信用信息供给中具有局限性

小微企业往往具有规模较小、管理结构简单、经营者即是所有者等特征，与此相对应，在内部治理结构上，没有类似大企业那种多层次的委托代理关系，呈现出管理决策集中于经营者的特点。因此，小微企业信用信息是一种包含多种信息的数据组合，具有人格化和模糊化的特征。大多数小微企业没有建立健全的财务管理制度，缺乏合格、可信的财务信息，造成小微企业向银行等金融机构申请信贷融资时的障碍，而银行等金融机构出于成本和风险规避的考虑，往往对小微企业"惜贷"。因此，小微企业的信用信息传递模式特点与其内部治理结构相适应并具有某种刚性，期望小微企业自身来解决信用信息供给问题具有一定局限性。

（二）政府在信用信息供给中存在职能缺位

尽管我国不断加强社会信用体系建设，但整体上仍处于起步阶段，尤其是中、小微企业信用体系建设还远远不足，政府在信用信息供给中存在相关职能缺位等问题。从国家层面看，我国央行于2006年以建立企业信用档案等形式启动中小企业信用体系建设，但覆盖率较低、信息更新不及时、小微企业配合积极性不高，无法真实反映小微企业的经营水平和信用状况。虽然由中国人民银行组建、中国征信中心运行维护的我国金融信用信息基础数据库收录了很多企业和个人的有关信息，但与我国现有的企业总数相比，其信用信息服务能力还远远不够，缺口很大。此外，目前我国信用信息大部分由各级行政机关、司法机关及依法授权或委托承担公共管理职能的组织等部门掌握，缺乏信用信息共享平台和协调机制，信用信息在各部门间的割据现象比较明显，造成银行等金融机构较难根据有限的信用信息对小微企业信贷融资做出科学决策。因此，如何更好地发挥政府在有效信用信息供给中的作用，在建设思路上进行调整很有必要。

(三）银行在信用信息供给中存在成本约束

一般而言，银行本身就是生产信用信息的专业机构，其通过审查和监督获取企业贷款的信用信息具有三方面的有利条件：第一，银行作为资金融通的中介机构，向企业提供的融资是贷款，为保证收益并降低经营风险，银行有足够的动力从事针对贷款企业的信用信息生产活动，掌握贷款企业的信用状况。第二，企业从银行获得贷款，需要开立相应的资金账户进行结算，而通过企业开立的账户，银行能充分了解企业的财务状况和资金往来情况，从而比较准确地掌握企业的信用状况，具有获得信用信息的便利优势。第三，银行在进行贷款业务的操作过程中，可与那些质量优、成长性好的企业建立长期客户关系，通过连续积累的信用信息能有效缓解银行与企业间的信息不对称问题。但银行在信用信息获取中存在事前调查、事中审查、事后监督等固定交易成本，存在融资的规模经济问题。小微企业的融资需求特点造成了融资过程中的规模不经济，对于这种规模不经济，银行则需要通过对现有信贷技术的不断创新来解决。

（四）担保机构在信用信息供给中存在体制障碍

作为专业化的信用中介机构，融资担保机构与小微企业间有千丝万缕的联系，与银行相比具有更多的信息优势。但由于我国的融资担保机构发展时间较短，以政策性担保为主的发展方向制约了其在信用信息供给中的作用，在缓解小微企业融资难问题上力不从心。我国现行的以政策性担保为主、商业性担保为辅的"一体两翼"模式，存在明显的结构性和功能性缺陷，所能起到的担保作用十分有限，直接导致政策性担保机构运行效率不高、商业性担保机构发展严重不足、再担保业务发展明显滞后、担保的损失补偿机制缺失、行业监管存在真空地带等问题。因此，亟须在体制上进行改革，发挥市场机制的作用，改变目前融资担保机构对小微企业融资支持不足的现状。

三、加强小微企业信用信息有效供给的建议

在小微企业信用信息供给方面，相关主体存在不同程度的局限性，单纯依靠某一方无法解决问题，需要形成合力。

（一）重塑政府在信用信息供给中的职能

政府应重点行使制度建设和监管的职能。信用信息服务市场建设的基本思路应为：政府引导、市场运作、共建共用、互利共赢。在政府引导下，通过市场机

制联结各方利益，调动各方共建共用。鉴于小微企业在我国经济发展中的重要地位，政府应把小微企业信用体系建设作为我国征信体系建设的突破口，对相应职能进行重塑。

1. 建立有针对性的法律法规和制度规则

在2013年3月15日正式实施的《征信业管理条例》的大框架下，相关部门和地方政府可结合小微企业的特点，进一步细化相应法律法规，制定配套的政策和条例，不断完善针对小微企业信用体系建设的法律和制度环境。

2. 建立相应的信用信息共享体系

首先，发挥政府与市场的共同作用，形成双层互补的信用信息衡量评价体系。继续加强我国央行针对企业的信用信息基础数据库建设，同时鼓励商业性信用信息服务机构的发展，为小微企业和银行提供更为全面的信用信息服务。其次，建立小微企业联合征信平台，实现信用信息的共享。把分散在海关、环保、工商、质监、税务、水电等部门的信用信息资源有效整合，建立统一、综合性的企业信用信息系统，并依法公开相应企业信用数据，解决信息割据问题，实现信用信息共享。

3. 监管并培育信用信息服务市场

小微企业信用信息服务市场是一个特许的市场，必须加强政府对信用信息服务市场主体和中介机构的监督管理，在市场准入、从业人员资格认定、执业规则制定等方面把好关，促进市场的健康、规范、有序发展。此外，各级政府和有关部门要带头使用信用信息产品，并制定相关的政策措施，推广使用信用信息服务产品。

（二）加强商业银行信贷技术开发和创新

在加快小微企业信用体系建设的过程中，鼓励商业银行根据小微企业的实际需求和融资特点进行信贷技术创新，这也是提高信用信息有效供给的重要方面。在实践中，我国部分商业银行在信贷技术创新方面进行了有益探索，它们创新出的小微企业信贷技术对"硬信息"和"软信息"有相对均衡的生产效率。例如，民生银行"商贷通"的成功就在于借行业规划、批量开发实现同质信息的低成本生产，基于社区的信息生产和交叉验证技术，防范道德风险的低成本担保方式。此外，随着互联网金融的发展，通过大数据的挖掘与使用来提供信用信息，出现了不同于传统依靠抵押品的信贷技术，在某种程度上也可解决小微企业和金融机构间的信息不对称问题，为小微企业融资难提供可行的解决路径。

（三）完善并健全融资信用担保体制

融资信用担保体制的完善和健全是加强信用信息供给的重要方面，对小微企业融资难问题的解决起到积极作用。应改变以政府性担保为主的状况，鼓励基于市场化机制运作的商业性担保机构,这样更能激发融资担保机构的积极性,有利于我国融资担保体系的整体健康发展。从国际经验看,在美国、德国等发达国家,政府担保贷款数额也只占小微企业贷款余额的很小比例,一般不会超过10%。

首先,结合我国担保体系现状,进一步细分服务市场。我国融资担保行业起步较晚,目前商业性担保公司的资金规模较小、业务范围受限,无法做到为各类小微企业提供比较全面的担保服务。应发挥商业性担保机构的优势,针对不同行业进行细分,做好专属行业担保工作,在提供信用担保服务的同时加强与小微企业的联系,不断遴选出那些发展潜力大、内在素质高的小微企业,增强担保机构自身发展的可持续性和进一步做大做强的能力。

其次,强化对小微企业的综合服务能力。担保机构与商业银行相比,有其独特的比较优势,如更了解企业的实际经营状况、掌握企业真实的信用情况更多等。因此,商业性担保机构可在具体的项目咨询、问题诊断、中间业务拓展、提供担保等综合服务中充当一体化中介服务供应商的角色,为小微企业经营决策提供指导性的建议,为健全小微企业财务管理制度提供相关服务,为小微企业治理机制完善提供各类信息咨询服务等,在企业成长壮大过程中分享收益。

(四)鼓励发展信用信息中介服务机构

美国、德国等国家的实践已证明,商业性信用信息中介服务机构对扩展小微企业信贷市场具有很大作用。我国商业性的信用信息中介服务机构有很大的发展空间。从国家政策看,发展商业信用信息中介服务机构始终是解决小微企业融资难的一个重要方面。2011年《"十二五"小微企业成长规划》中提出,加快小微企业信用体系建设,积极引导各类信用服务机构为小微企业提供信用服务;2012年《国务院关于进一步支持小型微型企业健康发展的意见》中提出,加快推进企业信用体系建设,切实开展企业信用信息征集和信用等级评价工作;2013年《关于金融支持小微企业发展的实施意见》中提出,着力强化对小微企业的信息服务,加快建立小微企业—信息服务机构—商业银行的利益共享、风险共担新机制。从实践看,我国目前已有一些信用中介服务机构从事小微企业和个人信用的调查、评估业务,还应依法大力发展类似的信用信息中介服务机构,逐渐形成政府与市场双层互补的信用信息评价体系。

(五)强化对小微企业外部激励约束机制

1.建立严格的失信惩戒和社会公示制度

改变以往那种"失信"收益大于"守信"的逆向激励机制,加大对"失信"企业的惩罚力度,并建立相应的社会公示制度,对违约失信的企业进行曝光,由社会公众对其进行监督。采取建立失信企业"黑名单"制度、使用惩罚性赔偿等方式，加大失信者的成本。

2.建立失信者出局和守信者激励的机制

建立海关、环保、工商、质监、税务、水电等部门信息互通共享平台，对失信企业的行为进行全国范围通报，并规定失信企业当事人在一定期限内不能再注册企业，对严重失信企业重点监督，屡次失信企业吊销其营业执照。同时，对守信企业要给予鼓励，如采取产品免检、政策扶持、税收优惠等手段激励其继续守信经营。

3.建立行业联动惩罚机制

当企业出现失信行为时，该企业的失信记录将同时向各个金融机构通报，在一定时期内任何一家金融机构都停办该企业的存贷、托收或票据贴现等业务，以示惩戒。

第四章 互联网金融发展背景下征信体系建设的国际比较

Chapter 4

我国的征信体系建设相较于一些发达国家起步晚,基于经济社会发展的现实情况,目前采用政府主导与市场化运作相结合的建设模式。中国人民银行征信中心(央行征信中心)负责建设、运行和维护全国集中统一的企业和个人征信系统,通过采集、整理、保存、加工企业和个人的基本信息、信贷信息和反映其信用状况的其他信息,建立企业和个人信用信息共享机制,加快解决金融交易中的信息不对称问题,在促进金融交易、降低金融风险、帮助公众节约融资成本、创造融资机会、提升社会信用意识等方面发挥重要作用。2013年3月国务院发布的《征信业管理条例》正式实施,结束了长期以来我国征信业无法可依的局面。我国市场化征信机构也在积极探索征信产品和征信服务的开发和应用,与央行征信中心形成互补,对征信体系的建设完善起到了良好的推动作用。当前我国征信体系建设还处于初级阶段,尤其是在互联网金融快速发展的背景下,征信体系建设仍存在较多不足。我们要学习借鉴国际发达国家征信体系建设的经验,并密切结合互联网金融发展背景下征信体系建设出现的一系列变革,明确征信体系未来建设重点和方向。

第一节 国际典型国家征信体系建设模式与经验

一、美国征信体系建设模式

美国作为发达经济体代表性国家,其征信体系伴随市场经济发展不断完善,从1841年征信业起步开始，经过近180年，建立了比较成熟的现代征信体系，信用评分和信用记录既是普通民众耳熟能详的基本概念，也是民众非常看重的无形资产。美国的征信体系建设是典型的市场主导型模式，自下而上由征信服务机构自由竞争到兼并整合，再到形成寡头垄断市场格局。其征信业以商业性征信公司为主体，由民间资本投资建立和经营，独立于政府和金融机构之外，属于第三方征信机构，按照市场经济法则运作管理，以盈利为目的，向社会提供有偿的商业征信服务。在完全市场化的征信业发展中，政府主要通过立法、司法和执法活动进行协调，其本身也是征信公司的评价对象，从而保障征信公司的独立性、中立性和公正性[①]。

（一）征信体系框架与服务机构

美国征信业发展经历了萌芽初创期、快速发展期、法律完善期、并购整合期及成熟拓展期五个阶段，形成了相对完备的法律制度体系和产业链模式。其征信产业链主要由数据收集、数据标准化、数据处理、形成数据产品、产品应用五个环节组成。其中，数据处理和形成数据产品是产业链的关键环节。征信报告是美国征信机构提供的产品，按照商品交换原则出售给需求方或委托人。某家征信机构除了直接收集信用信息外，还可以向市场中的其他征信机构购买和整合数据，信息内容不仅征集负面信用信息，也征集正面信息。信息技术发展、消费信贷需求增强、信用卡等信用工具出现、金融机构大型化变革、法律不断完善等多重因素共同推动美国征信业不断发展完善。

美国征信市场行业集中度较高，建立了成熟完备、专业细分的征信体系，诞生了在全球市场中占据重要地位的巨头公司。美国征信体系分为机构征信和个人征信，其中机构征信又分为资本市场信用和普通企业信用。资本市场信用机构有标准普尔（Standard & Poor's）、穆迪（Moody's）、惠誉（Fitch Group）等，面向参与资本市场融资运作的企业和金融机构提供评级服务。在三大信用评级机构中，标准普尔侧重于企业评级方面，穆迪侧重于机构融资方面，而惠誉则更侧重于金融机构的评级。这三大机构都有百年历史，主要业务所占市场份额在95%以上，并通过在世界各地开设分支机构，对其他评级机构控股或收购，成为全球评级市场的垄断寡头。普通企业信用机构以邓白氏公司（Dun & Bradstreet）为代表。邓白氏公司是国际著名且历史悠久的企业资信调查类的信用管理公司，被称为国际企业征信和信用管理行业的巨人，通过技术创新不断开拓信用评估市场。个人征

---

① 搜狐网.一文带你看清美国征信行业格局[EB/OL].https://www.sohu.com/a/121432786_114835,2016-12-13.

第四章　互联网金融发展背景下征信体系建设的国际比较

信机构以亿百利（Experian）、艾克飞（Equifax）、全联（Trans Union）为核心，面向为数众多、数以亿计的申请小额贷款的个体申请者和小企业提供信用服务。三大个人征信机构之间既相互合作又凭借各自的产品差异形成竞争。此外，美国征信体系中还有 400 多家区域性或专业性征信机构依附于上述七家机构，或向其提供数据。除巨头公司以外，伴随互联网金融的兴起，相关创业公司不断涌现，以专业化的定位逐渐在高度集中化的市场中崭露头角。2008 年成立的 Credit Karma 和 2009 年成立的 ZestFinance 就是其中的代表，本章第二节的案例分析做详细介绍。

为了快速处理个人大量的信贷申请，信用评分的方法在美国逐渐产生并得到广泛应用。1956 年信用评分巨头费埃哲公司（FICO）成立，是世界上第一家提供信用评分数学模型的专业化公司。随着 FICO 的业务水平不断提高、规模不断扩大，越来越多的银行采用了 FICO 提供的信用评分模型，逐渐巩固了 FICO 在这一领域的垄断地位。FICO 为三大征信公司提供了三种不同的 FICO 评分模型，帮助其计算出符合自己要求又极具标准化的评分。

（二）征信涉及内容与相关输出产品

美国征信涉及的内容非常丰富，体现了市场化机构紧跟时代变迁的灵活性。信息数据来源于以下四个方面：一是金融和零售等机构免费提供；二是公共部门的数据交由第三方数据处理公司简单处理后，收取一定费用提供；三是征信公司之间进行信息共享，并收取费用；四是主动到相关企业或个人工作地调查收集，自身承担相应费用。对于个人信用信息从传统的信用记录时间长度、信用额度、借款逾期不还记录、房屋按揭贷款及还款记录、用款占信用额度的比例、坏账情况、破产记录等，到公民是否有犯罪记录等非财务信息。对于企业信息，除了传统的基本情况、财务信息等，有的信用局甚至记录企业登记地址和联系电话的区号之间的地理距离等信息。伴随互联网应用的普及和电子商务兴起新趋势，客户上网购物所使用的计算机配置、IP 地址、浏览器 cookie、操作系统，甚至显示器的屏幕分辨率配置（如：1024×768、1280×768）等信息都有所收集。

在征信输出产品方面，美国最为广泛使用的产品即 FICO 信用分数。三大信用局各自输出自己的 FICO 信用分数，范围为 300~850 分，分数越高，信用记录越好，三家的分数不能完全替代使用，但差别不大，相差在 20 分以内。FICO 评分由五部分构成：一是信用偿还历史，约占整个分数 35% 的权重；二是信用账户数，约占整个分数 30% 的权重；三是信用历史长短，约占整个分数 15% 的权重；四是新开立信用账户，约占整个分数 10% 的权重；五是使用的信用产品，约占整个分数 10% 的权重。对金融机构而言，一个 FICO 信用分数往往不能完全满足其使用要求，还需要客户财务往来的更多细节内容。对每一个账户，Experian 可以提供 1300 个不同方面的信息，称为信用属性 (Credit Attributes)，而 Trans Union 只提供 700 个左右的信用属性，Equifax 可以提供 850 个信用属性。除财务信息外，各局还提供各种身份检验分数，如 Experian 的 Precise ID score，根据客户申请开户时提交的个人信息，如姓名、性别、年龄、家庭住址、联系电话、职业、驾照、身份证信息等，和其数据库记录的信息进行比较，以核实客户提供的信息真实有效，不是冒用他人信息，非常低的分数意味着申请开户者提供的个人身份信息不实。另外，各大局还会根据客户需求，提供客户专用的信用产品，如 Experian 专门针对富国银行 (Wells Fargo) 的信用卡账户设立的信用分数称为 EPD score。

（三）征信产品应用与监管

美国征信机构注重产品的多元化和丰富性，并且广泛开拓客户领域，已经不再只局限于金融行业，不仅向金融行业提供征信报告、信用评分等基础征信服务，还向政府、教育、医疗、保险、电信等其他行业提供市场营销、决策分析、人力资源、商业信息平台等信用衍生服务。对美国居民而言，"信用"影响着美国人生活的方方面面，一个"信用"不好的人，买房贷不到款，申请信用卡被拒，而很多机票代理公司要求客户必须用信用卡支付，因此没有信用卡或信用卡被冻结将寸步难行；反之，信用记录优良的客户，按揭贷款利率低，享有各种优惠、折扣等。

美国有关信用管理的法律框架主要以《公平信用报告法》(Fair Credit Act Reporting Act) 为核心，通过《公平债务催收法》《金融服务现代化法》《银行保密法》《信息自由法》《金融隐私权法》《平等信用机会法》《诚实借贷法》《公平信用账单法》《信用卡发行法》《公平信用和借记卡披露法》《房屋抵押披露法》等近 20 部法律法规，共同形成较为全面的征信法律体系。这些法律法规分别从征信报告的规定、平等授信的规定、债务催收的规定、信贷和租赁的规定等方面对消费者信用进行保护。

鉴于政治体制和市场发展等原因，美国的信用管理体系呈现"双级多头"的管理状态。双级是指除了联邦监管，各州都设有各自的信用监管机构。美国并没有设立一个统一的监管部门，而是由多个部门从行政和司法方面对金融和非金融机构进行监管，再加上民间行业协会组织的管理自律，最终形成多头监管的格局。美国个人征信的监管体系分为行政监管、司法监管和行业自律。美国联邦贸易委员会（FTC）负责监管个人征信公司、征信报告业协会、消费者信用提供者和使用者；美国联邦储备系统（The Federal Reserve System）负责监管银行机构；联邦或州法院根据相关法案对银行机构实施司法监管。主要的征信协会包括全国信用管理协会（NACM）、消费者信用协会（CDIA）和美国国际信用收账协会（ACA

International)。其中，在美国三大征信局的支持下，CDIA 与美国联邦贸易委员会一同制定了《数据报送资源指南》(Data Reporting Resource Guide)，对信用交易数据的报送做出了若干原则性的规定。按照要求，数据提供机构必须确保数据的准确、完整和及时性。数据报送的内容必须满足《公平信用报告法》和《平等信用机会法》等法律的要求。《数据报送资源指南》还设计了征信数据的采集格式 Metro2，为数据处理和提供机构制定了一个标准的数据处理格式。总体来看，美国对征信市场的监管以行业自律为主，行政监管为辅。在市场化为主的引导下，以"保护消费者权益"为中心，各行业自律组织、联邦和州立监管机构按照自己的管辖范围，依照法律对征信业的相关从业机构和人员进行逐条监管。

综上所述，美国征信监管体系如图 4-1 所示。

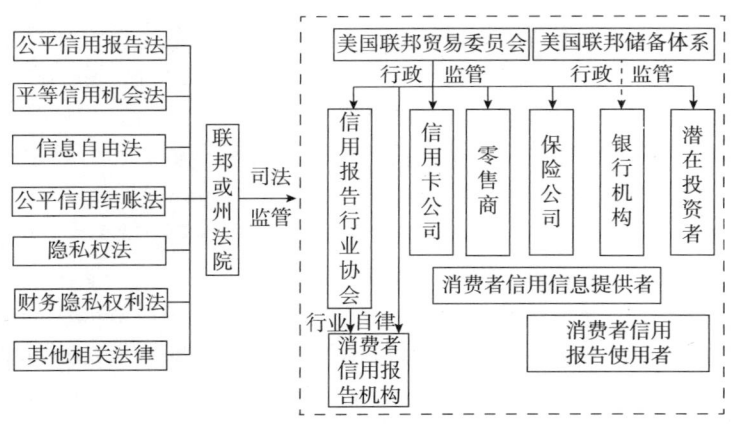

图 4-1　美国征信监管体系

资料来源：王志鹏. 我国个人征信市场体系研究 [D]. 湖南大学博士学位论文，2017.

二、欧洲代表性国家征信体系建设模式

与美国的典型市场主导型征信体系建设模式不同，欧洲各国的征信体系建设模式呈现多样化的特点，既有世界上最早、最发达的公共征信，也有很活跃的私营征信。市场主导型、政府主导型和混合型三种模式兼而有之。结合不同国家的发展情况，每种征信体系都配有不同的监管法律和机构。[①]

[①] 零壹财经. 欧洲征信模式与监管一览 [EB/OL]. https://news.P2peye.com/article-485238-1.html，2016-09-12.

（一）以法国为代表的政府主导型

1. 征信模式

与英国不同，法国是一个只有公共征信系统的国家，所有的企业和个人信用信息都由公共征信系统采集。法国的征信服务最早开始于20世纪20年代。1929年，受到美国经济大萧条的影响，法国的银行出现大面积的坏账。1946年，在法兰西银行的组织下，法国政府建立了FIBEN数据库，后来发展成为法国的信用风险登记系统，包含了企业信贷和个人信贷两个登记系统。

（1）企业信贷登记系统。企业信贷登记系统是法国的企业征信系统，于1984年开始运行。根据相关法律规定，所有的商业银行、租赁与保理公司、财务公司和保险公司等金融机构必须接入企业信贷登记系统。这些金融机构需要每月向法兰西银行报送企业客户的信贷、票据和商事法庭裁定的诉讼判决等信用信息，这些信息既包含正面信息，也包含负面信息。除此以外，法兰西统计局也会向法兰西银行提供相关的信息。法兰西银行会负责将这些信息与从其他公开信息渠道，诸如媒体和法院等方面获得的信息进行整合和分析，然后再根据金融机构和企业的需求为其提供信用信息的咨询服务。

（2）个人信贷登记系统。法国的个人信贷登记系统是依据1989年颁布的《防止以及解决个人贷款问题的法案》设立的。与其他国家不同，法国的个人征信系统只收集个人的负面信息，是一个全国性的个人不良信用信息的数据库。根据相关法律规定，银行和金融机构以及企业必须定期向个人征信系统报送消费者个人在信贷和租赁、分期付款以及信用卡等方面的预期、拖欠和透支的信息。此外，个人征信系统还会通过媒体和法院等公开信息源采集个人负面信息。

2. 征信监管

（1）法律监管。法国的征信立法主要侧重于对个人数据的保护，避免给数据主体带来伤害。1978年，法国通过了《数据处理、数据文件及个人自由法》（Data Processing, Data Files and Individual Liberties），并于2004年根据欧盟的《数据保护指引》进行修改。《数据处理、数据文件及个人自由法》是法国的数据信息保护的核心法律。根据该法案的规定，个人数据是指"可通过身份证件号码、一项或多项个人特有因素被直接或间接识别的自然人相关的任何信息"，任何征信机构对个人数据信息的采集必须告知数据主体，并得到其书面同意。所有违反此条例的行为都将被警告和处罚。如果是第一次违反，会处以不超过150000欧元的罚款。如果在第一次违反规定之日起5年内出现第二次违反，则会对其处以不超过300000欧元的罚款。在数据的使用方面，除了经过授权的中央银行和商业银行等金融机构的职员，其他人不能直接使用央行信贷登记系统的数据。所有的

第四章　互联网金融发展背景下征信体系建设的国际比较

个人数据在征信系统中的保留时间不能超过 5 年。此外，由于法国个人征信系统只收集负面信息，这意味着其个人征信的目的主要是防止消费者过度负债。根据相关法律规定，法国各银行需根据客户支付金额的多少实行"多级审核"的制度，持卡人在购买小额物品时无须接受审核，如果购买的物品超过 50 欧元，银行必须对其信用卡和身份证进行审核。

（2）行政监管。为了保障征信业的发展，保护消费者的权益，1978 年法国政府根据《数据处理、数据文件及个人自由法》成立了国家信息技术与自由委员会（CNIL）。该委员会是法国主要的征信监管机构，直接向议会负责并报告工作。委员会由 17 位成员组成，分别来自国民议会、参议院和最高法院等。根据《数据处理、数据文件及个人自由法》的规定，CNIL 有权对任何违规的征信机构进行处罚，所有数据处理的机构和人员都必须履行以下义务：任何个人数据的自动化处理行为必须提前通知 CNIL；向 CNIL 报告有关的个人数据档案；保证个人数据的安全性和保密性，不得向无关的第三方泄露数据；在指定时间接受 CNIL 委员的现场检查。

（二）以德国为代表的混合型模式

1. 征信模式

与英、美的纯市场操作不同，德国的信用体系是典型的混合征信模式，涵盖了三种征信模式：以中央银行为主体的公共模式；以私营征信机构为主体的市场模式；以行业协会为主体的会员制模式。

（1）公共征信系统。受 1929 年经济危机的影响，德国经济出现衰退，企业大量倒闭，出现大量坏账并且波及银行的产生。为了恢复经济，确保信贷资源服务的质量，德国政府于 1934 年建立了世界上第一个公共征信系统。德国的公共征信系统主要包括中央银行——德意志联邦银行的信贷登记系统、地方法院工商登记簿、法院破产记录以及地方法院的债务人名单。德意志联邦银行的信贷登记系统主要供银行与金融机构使用，工商登记信息、法院破产记录和债务人名单均对外公布，以供公众进行查询。

（2）私营征信机构。德国的私营征信机构主要包括从事企业与个人信用调查、信用评级、信用保险、商账追收、资产保理等业务的信用服务公司。Schufa、Creditreform、Buergel 是德国最主要的三家征信调查和评估机构，其主要业务是通过收集与企业和消费者个人信用有关的所有信息，并用科学的方法加以分析评估，向顾客提供征信报告和信用评估风险指数。其中以 Schufa 的经营范围最为广泛，受认可程度最高。

Schufa 于 1927 年在柏林成立，是一家以个人征信业务为主的信用服务机构。

该公司占领了德国个人信用市场的 90% 以上。Schufa 拥有德国最大的个人信息库,数据库中拥有超过 6600 万的个人信用记录（2019 年德国总人口约为 8310 万）。Schufa 还是德国目前唯一拥有银行信用信息的征信机构。Schufa 有一套非常完善的信用评估体系。采用 0~100 分的评分制度，分数越高信誉度越高。这套信用评分体系包含了个人身份基本信息、住址、信贷记录、银行账户信息、保险信息、住房、电话和网络缴费情况、犯罪与个人不良记录等。

（3）行业协会。除了公共和私人征信体系外，德国还有会员制模式的行业征信协会。行业协会为其会员提供一个信用信息共享的平台。但是相比其他两种体系，行业协会的信息收集和使用都较为封闭，仅对内部会员企业开放。

总体来看，德国的三种征信模式是一种互补关系。德国公共征信系统仅采集消费者个人和企业的基本信息以及一定额度以上的正面信贷信息。基本信息主要用于确认消费者的身份和对企业经营状况的了解查询。根据《德意志联邦银行法》的规定，德国所有的信贷机构、保险公司、风险投资公司以及自有账户交易商等金融机构都必须每季度向德意志银行报告以上相关数据。而私营征信机构则主要负责采集个人和企业的信用信息，包括正面信息和负面信息。

2. 征信监管

（1）法律监管。为了规范征信业，保护消费者的个人数据，德国联邦政府出台了《联邦数据保护法》(BDSG)、《商法典》（HGB）和《信贷法》(KWG) 等多部法律。其中，《联邦数据保护法》是德国最主要的数据保护法规，自 1978 年推出以后，政府根据市场的发展以及欧盟的建议指令对该法案进行了数次修改。尤其在 2000 年以后，修改的频率保持在平均两年一次，为规范和监管个人数据信息的使用做出了重要贡献。根据《联邦数据保护法》，任何机构对于个人数据的征集、使用和处理必须取得数据主体的同意，或者取得相关法令的许可，在具有合法性的基础上进行。数据主体有权在任何时候无条件收回同意授权。征信机构对于个人数据的处理需要对数据主体透明公开，数据主体在任何时候都可以对数据进行查询。任何违反《联邦数据保护法》规定的征信机构的违法行为都会受到惩罚。

对于企业信用信息，根据德国《商法典》和《破产条例》的规定，企业破产必须到当地破产法院申请。符合该条例规定的企业，在经过破产法院审核批准后才可以进入破产程序。德国联邦各州须建立各自的破产目录中心，一切破产企业或消费个人将被列入破产目录，并予以公布。无偿还能力的消费者则可以到地方法院做代替宣誓的保证（Eidesstattliche Versicherung，EV），但是，任何做出此项保证的消费者在 3 年之内无权获得银行贷款以及进行分期付款等信用消费的资格。

（2）行政监管。在德国，德意志联邦银行和联邦金融服务监管局(BaFin) 是主要的信用活动监管机构。德意志联邦银行是德国唯一可以对金融机构行使信贷数据统计权利的机构,各类金融机构必须每月向联邦银行报送各类信贷业务数据的统计报表。此外,联邦银行还建有"信贷登记中心",通过信息共享的机制来控制银行业内部的信用风险。联邦金融服务监管局是由联邦银行监管局（BAKred）、联邦保险监管局（BAV）、联邦证券监管局（BAWe）整合而成的独立的联邦机构,受德国联邦财政部的直接管理。联邦金融服务监管局可以对德国超过2700家的银行、800家金融服务机构以及700多家保险机构的商业信用行为进行监管。此外,联邦政府及各州政府均设有个人数据保护监管局,负责对掌握个人数据的相关机构进行监督和指导。

（三）欧盟对征信业的监管

在欧洲,除了本国的法律之外,各国征信业机构还需要遵守欧盟《涉及个人数据处理的个人权利保护以及此类数据自由流动的指令》《消费者信用指令》和《资本要求指令》等法令的约束和管理。欧盟在"隐私权""隐私权保护"等方面出台了《保护隐私及跨国交流个人资料专责》《个人数据保护纲领》《欧盟数据保护指令》等法律法规,覆盖公共征信系统和市场化征信机构,强调个人是数据所有者,数据采集须预先得到同意。2016年4月,欧盟通过《通用数据保护条例》,进一步明确个人数据的定义、数据主体"同意"概念和隐私保护说明等内容,并首次提出个人信息被遗忘权和个人信息可携带权,是"个人信息保护"领域最为严格、管辖范围最宽、处罚最严厉的法律。与美国相对开放的方式不同,欧洲绝大多数国家对于个人信用信息的使用都有着严格的限制,其对于征信业的发展宗旨是通过各种立法与监管机构的设置,在欧盟的规范与协助下,妥善地平衡征信业机构对信息的获取、交换与个人隐私保护之间的关系。

三、日本征信体系建设模式

由于信用文化与欧美不同,日本征信体系形成了有别于欧洲代表性国家的公共征信模式,也不同于美国的市场化模式,是一种以行业协会主导与市场化运作并存的混合业态。在日本经济中,由于行业协会具有很大的影响力,征信业以行业协会为主,建立了信用信息中心的会员制模式,为协会会员提供个人和企业的信用信息互换平台,通过内部信用信息共享机制实现征集和信用信息使用。而企业征信则采取市场模式,私营征信机构自主经营、市场化运作[①]。

---

① 中国小额信贷联盟.为什么日本是亚洲征信最发达的国家？[EB/OL].http://www.chinamfi.net/News_Mes.aspx?type=16&Id=62857,2019-04-26.

（一）征信体系框架与服务机构

日本征信业起源于1892年日本第一家民间信用调查机构"商业兴信所"的建立。商业兴信所主要为银行提供企业的信用资料，其制定的《商业兴信所事业指南》是日本征信业的规章制度模型。这一时期是日本征信体系的萌芽时期，缺乏相应的制度管理，加上市场门槛比较低，出现了鱼龙混杂的局面，而随着"二战"的到来，日本征信业的发展也陷入了停滞，直到20世纪50年代以后才开始逐渐回暖，并进入了快速发展阶段，一直到90年代，形成了比较稳定的征信格局。目前，日本形成了以全国银行个人信用信息中心（BIC）、株式会社日本信息中心（JICC，2009年由消费信息金融行业联合中心JIC更名而来）和信用信息中心（CIC）三大信用信息中心为主的个人征信格局，而企业征信则被帝国数据银行（TDB）和东京商工所（TSR）两家机构所垄断。日本征信体系框架如图4-2所示。

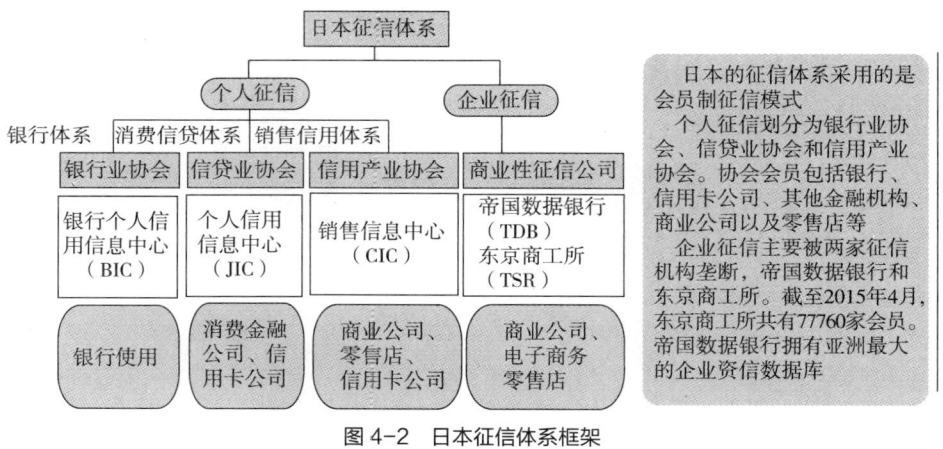

图4-2 日本征信体系框架

资料来源：中国小额信贷联盟．为什么日本是亚洲征信最发达的国家？ [EB/OL].http://www.chinamfi.net/News_Mes.aspx？type=16&Id=62857，2019-04-26.

（二）征信监管

在监管层面，日本并没有专门的监管机构，政府将自身的管理作用逐步弱化，而将法律的完善作为政府监管的主要目标。从20世纪80年代开始，日本政府相继颁布了《贷款业规制法》《个人信息保护法》《政府信息公开法》等多部法律法规用以保护消费者信息，规范征信市场的发展，同时也确立了三大信用信息中心为官方的个人征信机构。这点几乎与欧美相同，法律在征信监管中发挥着主要的作用，并且注重个人信息的保护。

第四章　互联网金融发展背景下征信体系建设的国际比较

日本征信监管主要依靠法律法规和协会监管发挥作用。法律法规除了上文提到的《贷款业规制法》《政府信息公开法》等之外，2000年日本战略本部设置了"个人信息保护法制化专门委员会"，并提出了《关于个人信息保护基本法大纲草案》。经过5年的准备和修改，2005年4月《个人信息保护法》全面实施。《个人信息保护法》共分为六章，该法以个人信息的保护和合法利用为宗旨，确立了个人信息保护的基本原则及方针，明确了国家及地方政府以及行业机构的责任义务。总体来看，日本非常重视法律在征信监管中的作用，有关信用管理的法律覆盖面也比较广泛。

在日本，行业协会对商业信用活动从业机构也发挥了很大的监管作用。首先，各行业协会都制定了各自的会员章程，依据会员章程对会员准入、退出等行为进行管理。所有会员享有平等的权利，承担同等义务。其次，会员间信用信息的共享一般采取"查询+数据报送"的并行方式，这样可以有效地避免会员查询的随意性，加强提供共享信息的及时性。此外，各信用信息中心会根据行业信贷业务的特点和风险控制技术的要求，对信息数据进行针对性的采集和处理，并按照统一的数据规范为行业会员提供共享和查询等服务。对于任何违反法律或者协会规章的会员，协会将对其进行处罚，包括通报批评以及取消会员资格等[①]。

四、国际典型国家征信体系建设模式比较及启示

（一）国际典型国家征信体系建设模式比较

市场主导型模式的征信体系依据市场化运作而实现，强力的市场竞争使该模式具有信息服务覆盖面广、信息数据来源广泛等优点。同时，在该模式下政府相关财政投入较少，可以将足够的财政资金运用到市场监管中去，加大监管力度。民营机构的积极参与也提高了征信市场活力，扩大了征信服务市场规模，进一步提高了市场经济的运行效率。不足之处在于激烈的市场竞争环境对于政府的监管要求较高，否则容易产生用户隐私泄露和重复建设浪费资源等问题。长期的市场竞争和筛选也对一国的经济文化要求较高，在一定程度上延长了征信体系的建设周期。

政府主导型模式的征信体系是以政府为中心建立，以私营征信机构为辅的征信体系，具有建设周期短、建设力度大的优势。以政府为主体建设征信体系可以保障信息安全并维护金融运行稳定性，私营机构可以对政府未涉及的征信领域进

---

① 零壹财经. 日本征信发展模式和监管纵览：行业会员制模式　以法律监管为主[EB/OL]. http://www.01caijing.com/article/10944.htm，2016-09-20.

行补充，与政府互相配合、合理分工，进一步完善征信数据，健全征信体系。不足之处在于政府前期财政投资较大，会对财政政策造成较大压力。同时，政府与民营机构的成本收益不好分配、职责分工难以权衡，也会在一定程度上加大金融风险，对征信体系的稳定性造成影响。

会员制模式征信体系独特的信息共享机制有利于会员降低收集用户信用信息的成本，并且遏制不同征信机构独立建设征信平台的混乱现象，在一定程度上扩大了信用信息的覆盖范围。不足之处在于该共享模式仅限于会员之间，难以覆盖到全社会，具有一定的局限性。

国际典型国家征信体系建设模式比较如表4-1所示。

表4-1 国际典型国家征信体系建设模式比较

征信体系模式	市场主导型	政府主导型	会员制
典型国家	美国	法国	日本
运作主体	市场化运作私营征信机构	中央银行、政府部门或金融监管机构	行业协会建立征信机构
特征	自愿性、营利性	强制性、非营利性	自愿性、非营利性
数据来源	金融机构、专业信用服务机构、公共服务机构	金融机构及其他被监管机构、公共服务机构	行业协会成员
开放程度	高	低	中等
优势	信息服务覆盖面广、信息数据来源广泛，竞争提高了征信市场活力、扩大了信用市场规模	政府主导建设周期短、力度大，能够打破大型金融机构信息垄断，保障信息安全并规避金融信贷风险	降低收集用户信用信息的成本，并且遏制不同征信机构独立建设征信平台的混乱现象
劣势	对政府监管要求较高，易产生用户隐私泄露和重复建设浪费资源等问题，市场竞争延长了征信体系的建设周期	政府前期财政投资较大，会对财政政策造成较大压力，数据收集的范围窄，更新速度慢	共享模式仅限于会员之间，难以覆盖到全社会，不以营利为目的，商业化程度较低
适用范围	市场经济体制成熟国家或地区	市场经济体制不成熟及私营机构不完备国家或地区	行业协会发达且在社会经济活动中影响大的国家或地区

资料来源：作者根据相关资料归纳整理。

（二）相关启示

通过对国际典型国家征信体系建设实践分析，可以得到以下启示：

第四章 互联网金融发展背景下征信体系建设的国际比较

1. 密切结合国情选择征信体系建设模式

在某种经济背景下一国或地区选择的征信体系建设模式，是社会经济发展现状的反映。美国最初的征信机构是为提高交易安全性和扩大经贸范围服务的，由商人组织自发集资筹建，与政府无直接关系，但随着征信业逐步发展，美国政府从监督管理和法律安排等方面有所介入。日本行业协会对其个人征信业有深远的影响和促进，所以采用会员制征信模式。与美国相比，法国、德国等欧洲国家征信法律重点是对个人权利的保护。由于政府法律对个人征信数据的保护，法国等欧洲国家私营征信机构发展受到限制。在特定经济环境中，征信体系建设模式的选择并非一成不变，随着国家经济发展、社会信用基础和法律安排等变化可以动态调整。我国征信活动实践是伴随改革开放和社会主义市场经济建设不断丰富和深化的，目前形成了政府主导与市场化运作相配合的建设模式，在网络应用普及和技术进步的支持下建设速度不断加快。在此过程中，应学习借鉴各种模式的优势，结合本国国情加以完善。

2. 高度重视法律法规对征信体系建设的支持和保障

征信活动在采集、分类、加工信用信息数据的过程中必然会涉及隐私权问题。随着互联网和大数据征信的发展，高质量的征信服务与隐私保护之间越来越难以平衡。只有以法律法规的形式将征信数据采集范围、征信内容、征信服务对象和征信服务方式等加以明确地界定和规范，征信体系建设才能有坚实的基础。美国、日本和德国等征信相对成熟的国家都从法律层面对征信中可能出现的问题给出了明确界定。尤其是美国，与征信业管理有关的法律就有20多部，此外还有规范信息公开范围的法律。我国应加快完善征信活动立法工作，完善相关法律法规，更好地发挥法律法规对征信体系建设的支持和保障作用。

3. 丰富征信产品种类，增强服务功能

国际先进国家在征信产品开发和应用方面的实践充分证明，提供多样化的征信产品和服务是征信体系不断完善的重要动力。例如，益佰利（Experian）公司提供信贷风险指数等多样化的个人征信产品和服务，最大化挖掘其数据价值；环联（Trans union）公司提供基础产品的同时深度开发信息增值产品，如风险评分、欺诈预警、信用价值评估、账户资产管理、利润评分等，并向机构客户提供策略咨询服务；艾可飞（Eqifax）公司提供个人信用评分产品和个性化定制的风险评估模型；等等。在互联网技术快速发展的时代，我国征信体系建设应该以大数据时代为契机，有针对性地开发各类征信产品和服务，更好地为市场经济建设服务。

4. 加强信息共享并完善评分机制

在英、美等国家的信贷业务中，注册借款人账号或注册互联网金融公司，都需要社保账号、关联银行账号、以往不良支付的历史记录等信息，信用信息共享程度较高。在英、美国家,信用评分决定个人或企业是否可以如愿实现信贷融资需求,信用污点还会让个人或企业付出相应代价,对其经济活动产生制约。信用评分越高,就表明风险越低,可享受的信贷利率就越优惠,反之则无法享受优惠甚至可能被淘汰出市场。在互联网金融快速发展的时代,对信用评价的要求更高,加强信用信息共享并完善评分机制尤为重要。

5. 完善征信监管与风险控制

在英、美国家,自律对征信行业的良性竞争、规范运营和保护消费者权益起到了很好的促进作用。我国也应建立相关的行业协会,开展专业教育培训、定期交流,为客户提供商账追收服务,为授信机构提供决策咨询服务,推动信用行业良性发展。结合互联网金融行业不断发展壮大的情况,成立互联网金融协会,加快制定互联网金融征信业标准,为协会成员提供多样化服务,针对互联网金融发展中出现的新情况和新问题,把互联网金融归入金融业综合统计体系,设立监测指标对其日常风险进行监测,化解金融风险。

第二节　互联网金融发展背景下征信活动典型案例及启示

随着互联网金融的迅猛发展,互联网、大数据和云计算等技术革新为征信模式和征信服务创新提供了强劲动力。无论是以环联为代表的传统征信服务机构,还是以 Credit Karma 为代表的互联网征信、以 ZestFinance 为代表的大数据征信等,都展现出未来征信活动和征信服务的发展方向。

一、传统征信机构的大数据征信转型——TransUnion 的实践及启示

（一）TransUnion 公司概况

TransUnion（TU,下文统称环联公司）成立于1968年,从最初的征信报告服务区域性提供商,到目前建立了全美消费者的综合数据库,在其五十多年的运营过程中,一直致力于为商业机构用户和个人消费者研发并提供风险和信息服务,通过技术和业务的创新来满足不断增长的征信服务需求。强大的数据分析和信息决策能力、通过收购补充数据库而提高的方案解决能力,连同多元化的盈利方式,使环联公司能够深入到行业的垂直领域,如医疗服务业和保险业等,针对客户的业务流程来提供信用信息解决方案。同时,环联公司也进入个人消费者市场领域,通过和其

第四章　互联网金融发展背景下征信体系建设的国际比较

他领域的龙头企业和创新企业合作来推广消费者信用信息解决方案和专业化服务。

(二) 环联公司的大数据转型战略[①]

随着大数据技术的蓬勃发展，信用风险变得更加复杂，环联公司利用自身技术和专业的优势制定了大数据转型战略，主动迎接全球征信业变革的挑战。一是加大技术投入。征信技术是推动征信机构发展的核心动力。环联公司以 IT 信息技术立家，有很多专利和大量技术专家。从 2012 年开始进行基础技术设施现代化，用最新的大数据分析技术提升征信技术水平，通过技术升级提高组织和处理大规模分散数据能力、提高转换速度、提供更好的可用性，加强产品开发能力，同时降低费用结构，保持核心信息安全。二是扩充征信数据来源。数据是征信机构的核心资产，更新数据源是征信的常规工作。环联公司作为专业的征信服务机构，既能综合处理全国消费者信用数据，又能处理多样的公共记录数据。环联公司在广度和深度上扩充征信数据源：提出趋势数据（Trended Data）概念来提供消费者风险画像轨迹；用公共记录来拓宽关注业务主题范围；整合可替代数据（Alternative Data）来更好地评估有银行账户和没有银行账户的消费者。三是增强征信服务能力。基于深厚的数据积累、专业化的征信技术和成熟的业务模式，环联公司不断增强征信服务能力，从业务领域上向金融行业的垂直领域和相近的行业延伸；从服务对象上从商业机构扩展至个人消费者；从地域上积极布局海外征信市场；在创新能力方面通过加大技术研发和兼并收购来提升征信专业水平。

(三) 环联公司的大数据技术应用

1. 基础大数据技术

环联公司自主研发了基础征信大数据技术，为快速执行技术应用和解决方案的更新提供了灵活性。环联公司目前已经利用 Ab Initio（大数据处理软件平台技术）、Hadoop（开源分布系统的基础架构，适合处理超大量的数据）、Netezze（IBM 基于数据仓库的分析技术）、Hadar 和其他一些大数据分析和可视化技术来应对海量的数据、分散的数据源和不同的数据格式。环联公司的大数据技术可以处理、组织和分析跨越多个运行系统、数据库和文件类型的海量数据，同时处理快速变化的结构化和非结构化数据，以及每天数十亿的交易和数以兆计的数据交换。环联公司的大数据技术提供了高度的适应性、高效率和客户定制化，对于环联公司的解决方案，配合一些专业技术（如图形化开发和业务规则环境），可以方便地

[①] 刘新海. 全球个人征信机构 TransUnion 的未来之路 [EB/OL]. 数据观, http://www.cbdio.com/BigData/2015-08/17/content_3712292_all.htm，2015-08-17.

和客户的工作流程整合起来。

2. 征信大数据匹配技术

环联公司正在研发以大数据为特征的下一代征信技术，希望通过下一代技术的转型继续提供面向企业和消费者的服务，使数据吞吐量增加，数据匹配能力提高，有较高的适应能力和较低的运营成本，保证更快的市场响应，如使数据建档、数据清洗、数据入库的速率提高10倍，由非IT人员自助完成，大幅度降低新产品的生产周期。环联公司的分析师利用下一代技术和数据匹配能力实时读取来自于不同数据源的数据并分析这些数据。一般来说，分析师能够在一天之内利用自服务的数据接口产生模型开发、模型验证和用于客户分析的数据样本。分析师配备有不同的建模和分析工具箱，如环联公司的研发团队在CreditVision解决方案中对一个新的贷款组合建模，使用大数据分析技术工具只需要不到一天时间，而传统工具和技术开发时间则是4~5周。

（四）环联公司的信用服务产品

大数据使环联公司的征信产品更加丰富、多元、及时和动态化，考虑不同客户群体的细分需求，提供更加个性化、更优客户体验的征信信息服务。大数据带来了相比传统征信机构更广阔的服务范围：环联公司的服务业逐渐由面向金融服务业转向如保险、汽车、医疗护理、电信、零售、出租审查、消费和法律执行等经济和社会领域。在每一个领域，环联都帮助顾客做出关于信用和风险管理的及时决策。基于特别的数据资源、分析和决策服务，环联研发的征信大数据产品和服务如下：

第一，面向金融机构的征信产品CreditVision。基于消费者的信用大数据，给机构客户提供一个消费者在一定时间窗口的风险变化趋势，不同于传统的征信报告只提供当月时点数据的服务，该产品基于30个月的时间序列数据，说明客户风险随时间变化的速度和严重程度，更精确地划分了风险。

第二，面向保险公司的征信产品DriverRisk。整合司机的历史上至少三年的违规记录和其他大数据，高效地识别司机违规的可能性，从独特的视角来考察司机的风险，可以降低保险公司的成本。

第三，面向商业机构的市场营销产品AdSurety。基于环联公司自身的大数据，利用O2O（互联网数据和数据库数据）匹配技术，帮助机构用户从包含1.35亿美国消费者网络中识别潜在顾客，显示其个人信息并且测算效果，增加了找到目标顾客的可能性。

第四，面向商业机构用户的决策分析产品Decision-Edge。这是一款软件即服务的产品，允许商业机构客户在和消费者交互的情况下识别并验证消费者用户，并对数据和预测模型的结果进行解释，根据机构客户定义的消费者用户标准来帮助其实现实时和自动化的决策。

（五）案例相关启示

环联公司的大数据战略转型对我国征信业发展具有一定启示意义。一是数据、技术和分析能力是征信机构生存发展的重中之重，征信技术不仅是征信机构的生命线，而且需要长期持续投入；二是兼并收购是征信机构走向全球化的成功模式，围绕着征信业务兼并收购的战略可以使征信机构飞速地扩张。目前国内市场化征信机构发展还受到诸如数据来源、法律法规、监管等一系列约束，在初始发展阶段不一定要大而全，可以考虑采用小而精的模式，如从金融行业的垂直服务领域入手，由点到面逐步发展壮大。

二、基于互联网的征信服务创新——Credit Karma 的实践及启示[①]

（一）Credit Karma 公司概况

Credit Karma 公司 2008 年成立于美国旧金山，基于互联网向消费者提供信用和金融管理服务，主要向个人消费者提供免费的信用评分和征信报告，同时也让消费者监控他们的征信报告和信用评分，并根据消费者的信用特征给他们提供金融工具和建议，以改善消费者的信用状况。公司通过为金融公司做广告，根据用户的信用特征和被批准使用这些产品的可能性，将定制化的产品广告推送至用户。Credit Karma 对传统的个人征信服务模式进行了颠覆性变革：向个人消费者提供免费的征信报告和信用评分。2015 年 1 月之前，这些征信报告和信用评分来自于美国第三大征信机构 TransUnion，自 2015 年 1 月起，美国第二大征信机构 Equifax 也开始提供报告和评分。消费者只需要登录 Credit Karma 的网站就可以享受这种免费的信用信息服务。一旦消费者成为 Credit Karma 的会员，就可以根据自己的需要跟踪自己的信用状况。Credit Karma 还提供免费的在线工具和信息来帮助消费者理解个人的信用评分，并根据信用情况给出一些信用管理建议来提高消费者的信用。

（二）主要产品和服务

Credit Karma 提供了一系列征信产品，表 4-2 列出了 Credit Karma 提供的五大类产品。前四种都是基本的征信产品，包括简版征信报告、信用评分、模拟信

[①] 刘新海. 看美国是如何做互联网征信的 [EB/OL]. 搜狐网, https://www.sohu.com/a/58803110_355147, 2016-02-15.

用分析和信用监测,这些都是直接从征信机构批发购买的产品和服务,第五种是 Credit Karma 的特色服务——信贷产品推荐。

表 4-2 Credit Karma 的产品和服务

产品和服务	主要内容	是否付费
简版征信报告	提供汇总版征信报告,基于征信报告细节容易理解的汇总信息,帮助消费者理解自己的信用历史,以及如何影响到自己的信用状况	免费
信用评分	用户一周在线免费查看一次自己的信用评分	免费
模拟信用分析	信用评分模拟器显示消费者特定信用活动可能在一定时期影响个人信用评分结果,模拟出消费者新的信用评分	免费
信用监测	免费征信报告信息变更的监测,帮助消费者避免身份被窃取,以及不正确的信息出现在征信报告上。当消费者征信报告出现一些重要变化时会收到邮件提醒	免费
信贷产品推荐	向消费者提供符合他们信用状况的信用卡和信贷产品,通过创建用户的财务信息以及分析用户资料来决定向用户推广何种类型广告	免费

资料来源:刘新海.看美国是如何做互联网征信的[EB/OL].搜狐网, https://www.sohu.com/a/58803110_355147, 2016-02-15.

Credit Karma 创业初期并未向消费者提供推荐金融产品的服务,仅提供基础的征信产品,之后根据用户需求推出了 Insight 的平台。这个平台允许用户绑定自己的银行卡、信用卡账户,同时允许用户在平台上查看自己的房屋贷款、汽车贷款、助学贷款等各种财务状况。Credit Karma 根据获得的个人消费者的信用信息(从传统征信机构获得)和个人金融信息(消费者自己提交至网站),通过数据挖掘和算法分析,推荐相应的金融产品。在移动互联网环境下,Credit Karma 推出了移动 APP,提供基于互联网平台的免费信用评分和信用的监测服务。Credit Karma 也与银行方面接洽,合作打造信用卡服务推荐及管理的搜索平台。随着新服务开发,Credit Karma 努力成为金融界的全方位信息平台。

(三)与传统征信商业模式的比较

传统征信机构的数据来源渠道多且复杂,主要包括各种授信机构、保险业、零售商、公用事业公司、雇主、法院、电信等;主要的产品和服务包括征信报告、信用评分、信用监测、防欺诈、风险决策、市场营销和个人身份防盗用等;主要的盈利模式是出售信用产品和服务给授信机构和个人消费者;服务的对象以机构为主。表 4-3 列出了以 Experian 为例的传统个人征信机构和以 Credit Karma 为例的互联网个人征信机构的比较。

表4-3 传统个人征信机构与互联网个人征信机构比较

	传统个人征信机构（Experian）	互联网个人征信机构（Credit Karma）
数据来源	多且杂，包括授信机构、数据代理商、公共事业部门	征信机构和消费者本身
征信产品和服务	征信报告、信用评分、信用监测、风险决策支持、市场营销等	简版征信报告、信用评分、信用监测、信贷产品推荐
主要服务对象	授信机构	个人消费者
是否收费	收费	免费
盈利模式	向授信机构和个人消费者收费	向金融公司收费

资料来源：刘新海.看美国是如何做互联网征信的[EB/OL].搜狐网，https://www.sohu.com/a/58803110_355147，2016-02-15.

（四）案例相关启示

由于我国目前个人征信机构处于发展初期，所以 Credit Karma 的商业模式不能完全模仿，但是一些商业理念和服务模式创新值得思考和借鉴。一是不仅要关注信用数据采集，更要关注数据的服务。征信是一个专业性很强的行业，主要的难点在于两端：输入端的征信数据采集和输出端的征信服务。数据是征信机构的核心资产，如果不能采集足够多的数据，征信机构就不能提供对外服务，但在重视征信数据采集的同时不能忽视征信服务模式的创新和研究，这决定着征信的价值和作用是否能够充分地发挥。二是不仅为机构服务，还要重视为个人消费者服务。目前在我国，除了央行征信中心免费给个人消费者提供每年两次的征信报告查询外，国内大部分个人征信机构都把业务的重点定位于和信贷机构的合作，而对个人消费者本身的需求重视不够，缺乏相应的产品和服务。作为个人征信的信息主体，同样需要征信服务，每一个消费者只有了解自己的信用状况，才能管理好自己的信用，进而才能管理好自己的财富。

三、依托大数据技术的征信探索——ZestFinance 的实践及启示

（一）ZestFinance 公司概况

ZestFinance，原名 ZestCash，是美国一家新兴的互联网金融公司，2009年9月成立于洛杉矶，由互联网巨头谷歌（Google）的前信息总监道格拉斯·梅瑞尔

（Douglas Merrill）和金融机构 Capital One 的信贷部高级主管肖恩·卜德（Shawn Budde）联合创办。ZestFinance 的研发团队主要由数学家和计算机科学家组成，前期的业务主要通过 ZestCash 平台提供放贷服务，后来专注于提供信用评估服务，旨在利用大数据技术重塑审贷过程，为难以获得传统金融服务（Underbanked）的个人创造可用的信用，降低他们的借贷成本。

（二）ZestFinance 的大数据信用评价实践[①]

ZestFinance 的基本理念是认为一切数据都和信用有关，在能够获取的数据中尽可能地挖掘信用信息。ZestFinance 对大数据技术的应用主要从大数据采集和大数据分析两个层面为缺乏信用记录的人挖掘出信用。

1. 大数据采集技术

ZestFinance 以大数据技术为基础采集多源数据，一方面继承了传统征信体系的决策变量，重视深度挖掘授信对象的信贷历史；另一方面将能够影响用户信贷水平的其他因素也考虑在内，如社交网络信息、用户申请信息等，从而实现了深度和广度的高度融合。

ZestFinance 的数据来源十分丰富，依赖于结构化数据的同时也导入了大量的非结构化数据，另外还包括大量非传统数据，如借款人的房租缴纳记录、典当行记录、网络数据信息等，甚至将借款人填写表格时使用大小写的习惯、在线提交申请之前是否阅读文字说明等极边缘的信息作为信用评价的考量因素。类似地，非常规数据是客观世界的传感器，反映了借款人真实的状态，是客户真实的社会网络的映射。只有充分考察借款人借款行为背后的线索及线索间的关联性，才能提供深度、有效的数据分析服务，降低贷款违约率。

ZestFinance 数据来源的多元化体现在以下方面：首先，ZestFinance 进行信用评估最重要的数据还是通过购买或者交换来自于第三方的数据，既包含银行和信用卡数据，也包括法律记录、搬家次数等非传统数据。其次，网络数据，如 IP 地址、浏览器版本甚至电脑的屏幕分辨率，这些数据可以挖掘出用户的位置信息、性格和行为特征，有利于评估信贷风险。此外，社交网络数据也是大数据征信的重要数据源。最后，直接询问用户。为了证明自己的还款能力，用户会有详细、准确回答的激励，另外用户还会提交相关的公共记录的凭证，如水电气账单、手机账单等。多维度的征信大数据使 ZestFinance 能够不完全依赖于传统的征信体系，对个人消费者从不同的角度进行描述和进一步深入地量化信用评估。

[①] 刘新海，丁伟. 大数据征信应用与启示——以美国互联网金融公司 ZestFinance 为例[J]. 清华金融评论，2014（10）：93-98.

2. 大数据分析模型

ZestFinance 的信用评估分析融合多源信息，采用了先进机器学习的预测模型和集成学习的策略，进行大数据挖掘。首先，数千种来源于第三方（如电话账单和租赁历史等）和借贷者的原始数据将被输入系统；其次，寻找数据间的关联性并对数据进行转换；再次，在关联性的基础上将变量重新整合成较大的测量指标，每一种变量反映借款人的某一方面特点，如诈骗概率、长期和短期内的信用风险和偿还能力等，然后将这些较大的变量输入到不同的数据分析模型中去；最后，将每一个模型输出的结论按照模型投票的原则形成最终的信用分数。

3. 与传统征信的比较

将这种基于大数据技术的信用评估体系和传统信用评估相比，主要区别体现在以下方面：一是从服务的人群来说，新的信用评估体系可以服务没有被传统征信体系覆盖的人群，即没有征信记录的人群；二是从数据源来说，这种新的信用风险评估体系大量采用非传统的信用数据，包括互联网上的行为数据和关系数据，传统的信用数据的比重仅占到了 40%，甚至完全不用传统的信贷信用数据进行风险评估；三是从关注的侧重点来看，传统的信用评估模型更关注授信对象的历史信息，致力于深度挖掘，而新的信用评估体系更看重用户现在的信息，致力于横向拓展；四是信用量化评估的方式也发生了改变，新的信用评估体系抛弃了只用很少变量的 FICO 信用评分模型，基于大数据技术，不仅采用机器学习的模型，而且使用更多变量，一方面可以使信用评估的决策效率提高，另一方面明显降低了风险违约率。

（三）案例启示

利用大数据技术的信用评估方法在现实中有着很大的市场需求，ZestFinance 的大数据征信是完善和更新传统征信系统的积极探索，而不是替代品。虽然以 ZestFinance 为代表的新兴信用评估体系还不够成熟，但是为征信业的变革注入了活力，特别是对我国的征信体系建设有一定启示。一是互联网的海量信息可以成为征信体系的新数据源。ZestFinance 的大数据实践的重要方面就是大量地利用互联网上的数据作为征信的数据源。我国是世界上互联网人口最多的国家，拥有海量而且丰富的互联网数据资源，通过分析互联网上这些信用主体的基本信息、交易行为信息和金融或经济关系信息，同样可以挖掘出这些信用主体的信用状况和水平。二是大数据技术可以使"一切数据皆信用"成为可能。以大数据为代表的 IT 新技术应用，给征信体系建设带来了新思路，原来海量庞杂、看似无用的数据，经过清洗、匹配、整合和挖掘，可以转换成信用数据，而且信用评估的效率和准确性得到了一定程度的提升。国内征信体系的建设应当关注大数据技术的应用和发展，并加大投入和实践应用。

第五章 电商小贷模式的征信活动实践与典型案例

Chapter 5

电商小贷属于小额贷款，是指电商企业利用互联网、云计算等信息化手段，对其长期积累的平台客户交易数据进行专业化的挖掘和分析，通过自建小贷公司或与银行合作的方式，向其平台上的小微企业提供信贷服务。电商小贷的征信活动主要是指电子商务企业收集平台用户海量的交易数据、社交网络的用户信息和行为习惯、物流和资金流等各种数据，并通过云计算实时分析处理这些数据，然后基于自身构建的信用评分系统、金融风险评估和风险计算模型，对用户信用进行评分。目前，国内电商小贷可以归纳为三种模式：一是以阿里小贷、京东小贷、苏宁小贷为代表的直接放贷模式；二是以慧聪、唯品会为代表的与银行合作放贷模式；三是与网贷平台合作的小额贷款。下面对电商小贷模式的征信活动实践和案例展开分析和讨论。

第一节 电商小贷发展概况

一、电商小贷的发展背景

随着互联网技术的发展和人们消费观念的转变，电子商务在我国发展迅速。国家统计局电子商务交易平台的调查数据显示，中国电子商务交易总额已从 2008 年的 3.14 万亿元增长至 2018 年的 31.63 万亿元（见图 5-1），网上零售规模从 2008 年的 0.13 万亿元猛增到 2018 年的 9 万亿元，中国已成为全球第一大网络零售大国。

eMarketer 发布的《2019 全球电子商务报告》显示：中国在 2019 年成为全球最大的电子商务市场，电商销售额达到 1935 万亿美元，是美国（5869.2 亿美元）的三倍多，中国电商销售额于 2013 年首次超过美国电商销售额，从此之后差距迅速扩大。从全球电商市场占比来看，中国达到 54.7%，销售总额几乎是第二至第六名总和的两倍。

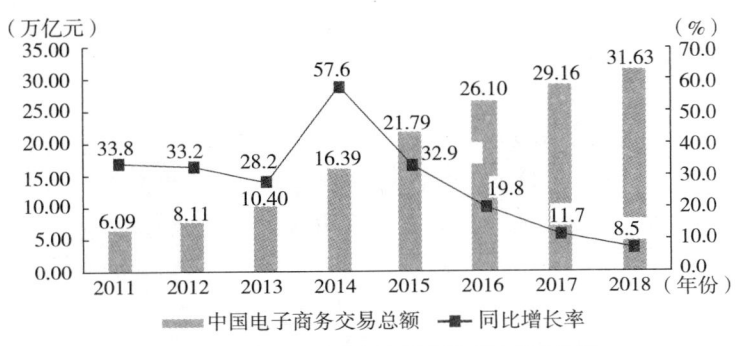

图 5-1 2011~2018 年中国电子商务交易总额

资料来源：商务部电子商务和信息化司 . 中国电子商务报告 2018[M]. 北京：中国商务出版社，2018.

电子商务的发展不仅拉动了国内就业，提高了消费者生活质量，而且培育了大量的小微企业。在我国，90% 以上的电商是小微企业，然而，电子商务平台虽为小微企业开启了交易平台，但却不能解决这些企业面临的融资难的困境。小微企业因为高成本、高风险、低收益、抵押物缺乏、无外部担保等因素拿不到银行授信，很难从传统金融机构获得融资支持，而这恰恰为电商平台开展小额信贷业务创造了市场空间。近年来，互联网金融发展为小微企业解决融资困境提供了新思路，大数据、云计算、区块链等技术的产生和发展，催生了电商小贷、第三方支付、P2P 网贷、众筹融资等互联网金融模式，给电商小微企业融资带来了新的契机。

二、国内外电商小贷发展概况

（一）国外电商小贷发展概况

国外电商平台发展小额贷款业务主要通过收购的网络银行来进行，服务对象主要是个人客户。以 eBay 为例，在 2002 年收购 PayPal 并开始进军金融领域。eBay 的贷款业务于 2004 年开始，当时 eBay 与 GE Money Bank 合作发行联名信用卡开展消费信贷。2008 年 eBay 收购 BML，由 Web Bank 为客户提供延期支付服务。这些贷款业务都围绕个人支付行为，并没有商户融资服务，旨在拓展客户支付渠道，增强在支付领域的竞争力。

亚马逊公司在 2011 年启动"亚马逊借贷"（Amazon Lending）项目，该项目与美银美林银行合作，主要覆盖美国、英国等，截至 2017 年 6 月，发放贷款超过 30 亿美元，仅在 2017 年发放的贷款就达 10 亿美元。亚马逊仅受邀请卖家可参与该项目，贷款额度在 1000 美元至 75 万美元之间，贷款期限为 3~12 个月，利率一般在 6%~14.5% 之间，还款由亚马逊每月从借款人账户中直接扣除。此外，2018 年，亚马逊印度站与多个第三方贷款合作伙伴推出了一个类似的项目，名为卖家贷款网络 (Seller Lending Network)。2019 年 7 月 18 日 Amazon 虽然关闭了其中国电商业务，但仍在积极寻求中国市场的增长，推出一项新的贷款服务，以支持其在中国庞大的卖家社区。"亚马逊贷款推荐计划"适用于在亚马逊美国站点开店且符合条件的部分中国卖家，以邀请制的方式帮助部分卖家解决资金需求。

日本乐天集团是日本电商市场排名第一的平台，并占据了 27% 的市场份额，乐天集团的网贷也是针对个人的信贷业务。乐天集团曾于 2006 年与东京都民银行达成合作协议，面向中小企业和个人提供贷款，开设"东京都民银行乐天支店"，但该业务于 2008 年底关闭。2009 年 2 月，乐天收购了日本诞生的第二个网络银行 eBANK Corporation，于 2010 年 5 月将其更名为乐天银行，乐天银行依靠乐天集团庞大的用户优势，并充分利用消费者群体产生的消费数据，开发出了个人贷款、住宅贷款、电子货币等金融产品，目前成为日本最大的网络银行。乐天银行在 2009 年 4 月推出了"超级贷款"，这款产品是面向个人的融资信贷产品，贷款对象是消费者或者个体工商户，不向企业法人开放，但是法人代表可以以个人的身份向乐天银行申请贷款，贷款不限制用途，最高额度为 500 万日元。对除了个体户和法人代表以外的一般消费者，200 万日元以下的贷款不需要提供收入证明，无论是否有正式工作都可以从乐天获取贷款。

（二）国内电商小贷发展概况

1. 国内电商小贷的模式

（1）以自有资金进行小额贷款。这种贷款运行模式没有银行参与，而是由电商平台旗下的小额信贷公司负责贷款产品开发设计以及贷前、贷中、贷后的管理。主要流程如下：商户先向电商平台提出贷款申请，然后旗下小贷公司会根据平台上的一系列信息以及一些外部信息对商户进行评价和审核，确定其授信额度后即可发放贷款。

在这种模式下，商家与电商平台可以建立长期稳定的信贷关系。一方面，电商平台在此过程中能不断积累海量用户的信用信息，不断扩大其自身的征信数据库，从而提升其大数据征信的准确度；另一方面，平台上的小微企业能在短时间内多次申请贷款,以维持商铺的经营。目前国内这种模式比较普遍,如阿里小贷、苏宁小贷、京东小贷(见表5-1)。在这种模式下,客户的信用评价基于电商自建的征信体系进行,因此小贷公司掌握了贷款审批和发放的控制权,方式灵活的同时也会面临较大的资金压力,一般在发放区域上有所限制。

表5-1 代表性电商小贷平台

名称	阿里小贷	苏宁小贷	京东小贷
成立时间	2010年6月	2012年12月	2013年9月
注册地	浙江、重庆	重庆	上海
注册资金	6亿~10亿元	3亿元	2亿~3亿元
目标客户	阿里B2B、淘宝、天猫平台商家	苏宁集团产业链上的小微企业	京东自营及POP开放平台的供应商
业务类型	信用贷款、订单贷款	供应链金融、小额信贷、消费贷	供应链金融、网上信用贷款

资料来源:作者根据网站公开资料整理。

(2)与银行合作的小额贷款。该种模式主要是将电商平台与金融机构的业务连接起来,双方以合作的方式共同服务于电商平台的客户。主要流程如下:电商平台的商户向平台提出贷款申请,电商平台基于自身能搜集到的征信信息进行计算分析,然后将客户信息和信用额度提供给银行,银行对此商户进行信用评价和贷款审核,如果审核通过,该银行就会根据平台提供的额度向商户发放贷款。在该模式中,电商平台只是信息的传递者,只需要与平台对接产品需求,完成前期开发工作,由金融机构来完成剩下的产品设计、流量筛选、流量运营、资金方对接、贷后管理等信贷环节。这种模式始于阿里巴巴,早在2007年阿里巴巴就联合中国建设银行和中国工商银行推出网络联保贷款服务,当时建立的网络贷款是电子商务小额贷款的雏形。

目前国内跨境电商小贷逐渐发展起来,跨境B2B出口平台敦煌网与中国建设银行于2019年12月6日上线测试的"电商贷"就属于该种模式。"电商贷"是中国第一个在跨境出口电商领域运用大数据精准帮扶小微企业"走出去"的普惠金融信贷产品,客户申请贷款时无须提供抵押物,只需提供身份信息和店铺在一个或者多个平台上的经营数据,平台根据敦煌大数据信息对该客户进行授信。"电商贷"主要针对跨境电商小微企业,额度达200万元,年化利率低至5%,同时还有极速审批、实时放款、无抵押担保、全线上操作的优点。这种模式的小额贷款有利于电商平台降低自身风险,避免由贷款政策和资金运转带来的管理难题。此外,贷款审批和放贷由银行负责,能为电商小贷提供额度更高、时效更长的授信，同时也能使电商平台的分析数据和征信体系被认可和使用。但是这种模式有银行的参与，不免会造成贷款过程审批较严格、操作较死板。

（3）与网贷平台合作的小额贷款。这种模式的主要流程如下：电商平台将借款人在平台上的交易数据发送给网贷机构，网贷平台将这些数据输入信用评估模型中得到借款人的信用评分，以此来判断是否应该给借款人发放贷款、发放多少额度。通过审批的借款人就可以在网贷平台上发标融资。

这种模式的优点是可以提高电商平台用户对平台的忠诚度，同时对P2P网贷机构来说，通过与电商合作可以获得贷款客户的真实经营数据，有助于网贷机构对其信用风险的准确评估，从而省去了大量的审批流程和时间，及时有效地解决了商户的融资需求；缺点是电商平台收集的数据质量有待评估，加之国内线上小微企业毕竟占少部分，网贷平台真正能用来做风险管控的数据比较有限。国内这种模式的电商小贷较少，2014年外贸电商平台敦煌网联手网贷机构拍拍贷、e云贷合作推出的"敦煌个人小额信用贷款"项目属于该种模式。

2. 国内电商小贷典型平台发展情况

（1）阿里小贷。阿里小贷是国内电商小贷的成功典范。2010年6月，国内电子商务领域的第一家小额贷款公司——浙江省阿里巴巴小额贷款公司正式成立，并开始以自有资金为阿里巴巴等平台上的小微企业提供贷款。2011年6月，阿里成立了重庆市阿里巴巴小额贷款公司，进一步推动了电商小额信贷的快速发展。2014年6月，阿里对其金融业务进行重整，成立了蚂蚁金服，而小贷业务被划归到蚂蚁小贷中继续为个体经营者、小微企业服务。蚂蚁金服旗下网商银行的数据显示，截至2018年12月，网商银行及其前身阿里小贷已经累计为超过1300万小微企业提供了2万亿元以上的贷款支持。2019年1月，阿里巴巴宣布与美国支付公司Kabbage合作，向美国中小卖家提供小额贷款服务。美国卖家可以通过Alibaba.com网站或者阿里巴巴APP进行免费申请，需要提交银行账户、会计软件和支付方式等详细信息，若贷款申请通过，订单将可以获得高达15万美元的信贷资金，而卖家有6个月的时间来偿还这些贷款，每月的利率为1.25%。

（2）京东小贷。京东商城于2012年开展金融业务，最初主要采取与银行合作的方式进行其融资服务，并从多家银行获得了50亿元的授信业务。2013年，京东商城取得小额贷款牌照后，放弃与银行合作开始独立提供融资服务。京东体系内的融资渠道主要为4家小额贷款公司：上海京汇小额贷款有限公司、北京京汇小额贷款有限公司、重庆京东同盈小额贷款有限公司、重庆两江新区盛际小额贷款有限公司。京东共推出了"京保贝""易贷""动产融资""京东快银""京小贷""企业金采"6种融资产品，平台主要通过信用贷款、存货质押等方式为平台商户提供融资服务。2018年5月，京东金融改组成为个人和企业两大服务群组。

其中，业务服务群组主要由供应链金融部、金融科技业务部、农村金融部农村信贷部、保险业务部与支付业务部等B端业务部门组成。2018年11月，京东金融正式更名为京东数字科技。

（3）苏宁小贷。2012年底，重庆苏宁小额贷款有限公司成立，并正式推出苏宁小贷。2013年，苏宁内部正式成立金融事业部。2015年，金融业务从部门独立出来成为苏宁金服，金融业务独立运作。2017年，苏宁的金融服务营收增势最猛，营业利润在营业收入中的占比达到81.07%。苏宁打造了以账速融、货速融、信速融、票速融为代表的"链速融"系列产品，还面向中小微企业推出了"乐业贷"，为其提供在线化、低门槛、低利率的贷款服务，解决融资贵、融资难等问题。苏宁小贷及苏宁商业保理发放的贷款及垫款在刚起步时量不大，随着苏宁小贷运营逐渐成熟，在2013~2019年上半年期间其发放的贷款规模逐年增加，2018年发放贷款及垫款137.57亿元，较上年同期增长83.3%；2019年上半年发放贷款及垫款174.33亿元，较上年同期增长26.72%。

三、电商小贷的风险及管控策略

（一）电商小贷模式面临的风险

1. 法律风险

作为小额贷款公司的电商小贷，其相关的法律法规只有2008年出台的《关于小额贷款公司试点的指导意见》《小额贷款公司改制设立村镇与银行暂行规定》等。电商小贷的法律风险主要表现在：一是由于电商小额贷款业务属于以电商为核心的互联网金融，作为新生业态的小额贷款公司的法律定位还很模糊，缺乏直接针对性的法律，交易主体的权利和义务不明确，电商小额贷款业务在发展过程中可能会无意识触碰法律红线；二是电商小贷公司涉及电商和小额贷款领域，在业务开展过程中会遇到很多问题，如电商开展小贷业务涉及商户的隐私，容易产生法律纠纷。

2. 技术风险

电商金融以互联网技术为依托，一旦计算机网络系统出现了问题，其潜在的技术风险就会暴露出来，在互联网带来的全球化背景下，技术风险甚至会导致整个体系的崩溃。电商小贷的技术风险主要表现在：一是由计算机病毒带来的风险，一旦病毒开始随着网络进行传播，其影响范围、传播速度将会无法控制，严重的情况下可能会使整个电商平台交易受到影响；二是数据安全风险，电商平台拥有最核心的资源即海量的数据资源，若后台技术水平落后、安全管理不到位，极易造成这些海量数据的丢失，从而给平台和用户带来损失。

3. 流动性风险

一方面，小额贷款公司是由自然人、企业法人与其他社会组织投资设立的，不吸收公众存款，经营小额贷款业务的有限责任公司或股份有限公司由于不能吸收公众存款，资金来源主要为股东缴纳的资本金、捐赠资金以及不超过两个银行业金融机构的融入资金，且从银行业金融机构获得融入资金的余额不得超过资本净额的50%。因此，小贷公司面临融资杠杆率低、资金来源渠道收窄、盈利水平低、目标客户群体受限且风险高等问题。而在放贷金额较大的情况下或者坏账较多的情况下，小贷公司很容易发生资金链的断裂。另一方面，传统银行在流动性风险管理方面较为严格，在流动性覆盖率、存贷比、资本充足率等流动性指标上有明确规定，并形成了完善的风险管理机制，而电商小贷信贷业务并未如传统信贷一样纳入银行的监管体系，内部还未形成完善的风险管理体系，外部没有央行的支持，一旦发生流动性风险，小贷公司凭借自身很难应对。

4. 信用风险

信用风险是互联网金融背景下电商小贷面临的最大风险。同传统信贷一样，电商小贷也要对借款人的信用资质进行评估，然后确定与之对应的利率和条件。电商小贷的信用风险主要体现在：一是电商平台的信用识别风险。电商小贷一般很难采集到借款人的财务数据，因此信用风险识别能力受到削弱，加之商家信息的不准确性，对借款人的要求较低，一旦网店商家放弃未来收益，就会存在违约的风险。二是信用协议保存的风险。申请传统银行的贷款通常需要签订书面形式的借贷文件，而对于电商小额贷款来说，借贷行为是在线上进行的，需签订书面的协议，并以电子合同的形式保存下来。电子合同虽然简洁方便，但也面临着较大的风险，一方面容易销毁和修改，另一方面取证较困难，若发生经济纠纷，其内容所包含的交易信息完整、可靠和真实性存在争议。

（二）促进电商小贷健康发展的对策

1. 监管应更加合理有效

首先，完善电商小额贷款的相关法律法规政策，同时市场需建立电商金融的行业章程和规范，引导电商金融行业的健康发展；其次，构建市场自律、法律约束、主管部门有效监管的监管体系，推动电商小贷沿着科学、合理、健康的方向不断发展创新。

2. 提高大数据风控技术水平

近年来，大数据智能风控技术的出现让金融机构有能力对客户的信用情况作出判断，有效地控制了金融风险和打击了欺诈行为。我国的电商金融虽然发展迅速，但是对于大数据的风控应用还处于起步发展阶段。面对风险，电商平台要加强内部系统独立保护，增加多道防火墙，同时要对第三方系统的进入加强管控，建立数据共享的监督控制体系，加大对公司内部自主大数据挖掘技术和程序的研发投入力度。

3. 共享信用评价结果

电商金融应该与行业协会、政府相关部门协同发展，建立受到监管机构和使用用户广泛认可的小微企业信用评价系统。电商平台通过搜集用户大数据信息，将这些数据挖掘、分类、整合，建立可分享性的信用评价系统，把可以公开的大数据资源共享给社会公众，加强对小微企业金融领域的支持。

4. 加强电商金融化发展

电商金融化实际上是电商平台信息积累的结果，电商平台在长期运营中沉淀了客户交易数据和信用记录，电商的金融服务后台和云服务平台会基于这些信息形成信息流。与此同时，电商平台上的每笔交易都形成了完整的资金流，信息流与资金流完成对接后就形成了电商平台的金融业务，在一定程度上替代和创新了传统银行具有的支付和信用功能。电商金融化未来发展趋势是电商与银行的密切合作，目前金融科技行业正在加速发展，以阿里巴巴、京东、腾讯等为代表的巨头企业纷纷聚焦在金融科技平台和技术服务建设领域，以此实现与银行等金融机构的深度业务合作。

第二节　电商小贷征信活动实践

一、电商小贷的征信模式

（一）电商小贷授信的特点

信用风险是信贷机构风险控制的重要内容，因此信用风险管理成为信贷机构经营管理的重中之重，与传统信贷相比，电商平台开展金融业务时间较短，信用风险管理难度更大。

1. 以信用授信为主

电商小贷授信模式以信用授信为主，只有大额授信业务才会要求小微企业增添抵押质押或担保措施。电商小贷授信体系建立在线上，通过大数据技术和信息共享可以掌握小微企业资信状况，降低了融资方和资金方的信息不对称。电商小贷的这种授信方式与商业银行普遍要求担保或抵押质押的非信用授信存在差别。

2. 专注小微企业和个人客户

电商平台一般采用计算机自动批量授信模式，零售业务是电商平台的主要业务。而传统的商业银行还停留在人工授信审批模式上，较为烦琐、成本较高，因此商业银行的授信对象主要是现金流量较大的中小微企业，而电商平台主要服务于广大小微企业和个人。

3. 高效的工作效率

电商平台小额贷款业务大都在线上进行，绝大部分电商平台均采用大数据、云计算等信息技术来完成授信审核与风险评估工作，可实现计算机系统自动获取融资方商品交易数据、客户评价、物流信息、社会行为等信息并评估相应信用风险，缓解了传统融资中因信息不对称和审批流程复杂等所导致的问题，提高了授信管理效率和授信决策准确度。

4. 批量化营销

依靠大数定律的电商小额授信模式要求业务的批量化、流程化和规模化，只有业务规模化开展，才能让电商平台稳定地处于风险和收益的均衡点。电商小贷授信模式明确了行业筛选和企业筛选机制，建立了相应的审批体系，能够批量化拓展客户群，实现了业务快速拓展。

（二）电商小贷征信典型模式：应用大数据技术征信

大数据与征信紧密联系，一方面，与征信对象相关的各种社交数据、交易数据等都可以用来做信用评价；另一方面，征信的过程实际就是将碎片化的信息挖掘出来，通过专门的技术刻画出企业或个人的信用画像，从而完成整个过程。大数据征信的数据来源主要是公开在互联网上的数据、用户授权数据和第三方合作方提供的数据，特点是数据量大、较低的价值密度、来源渠道广、增长速度快等。电商小贷公司发放贷款通常依据电子商务平台数据库中所积累的海量网店商家的信用数据以及交易行为等数据。因此，电商小贷的征信模式属于大数据征信。而传统银行的征信通常是依据现金流等财务数据来评估，小微企业难以提供完整的各类财务报表，这也是小微企业难以从传统金融获得贷款的主要原因。表 5-2 是传统金融机构、线上信贷、线上线下结合信贷以及电商小贷在服务小微企业融资时，信用风险监管、流程监管、是否应用征信数据等的对比。

表 5-2　传统金融机构和互联网金融平台服务小微企业融资对比

对比项目	传统信贷机构（大型国有银行）	线上信贷（拍拍贷）	线上线下结合信贷（宜信）	电商小贷（阿里小贷）
信用风险监管	实行独立、垂直、集中的信用风险管理模式，信贷业务前、中、后台分离	纯信用，无担保，完全依托互联网	线下资信调查与线上管理结合，部分产品有担保引进 FICO 公司进行信用风险管理战略合作	纯信用，无担保，依托互联网供应链

第五章 电商小贷模式的征信活动实践与典型案例

续表

对比项目	传统信贷机构（大型国有银行）	线上信贷（拍拍贷）	线上线下结合信贷（宜信）	电商小贷（阿里小贷）
流程监管	标准化信贷管理流程，覆盖客户调查、评级授信、贷款评估、贷款审查审批、贷款发放及贷后监控等全流程	与公民身份证查询中心联网；对客户身份、收入资料在线甄别；配合以社交网络大数据分析技术进行贷前管理，贷中、贷后无具体措施	贷前、贷中、贷后管理部门设置齐全。借款人提供线下的央行征信报告	依托淘宝、阿里巴巴、支付宝等电子商务交易平台和支付账户监控
是否应用征信数据	在线调用借款人的征信数据，对借款人信用记录有全面了解	借款人提供线下的央行征信报告	借款人提供在线央行征信报告	芝麻信用中自身征信系统中的数据
年化利率水平	短贷平均5.07%；中长贷平均6.19%	13%~24%	16.8%~27.6%	18%
不良率	0.94%	3.45%	不详	约1.1%

资料来源：中国人民银行征信中心与金融研究所联合课题组.互联网信贷、信用风险管理与征信[J].金融研究，2014（10）：133-147.

电商企业凭借着平台的优势，运用大数据和征信系统来进行信贷的审批和发放，因此这种模式很难复制，阿里巴巴集团通过卖家在阿里巴巴、淘宝、天猫、支付宝等一系列平台上的销售数据、评价和投诉等信息来进行信用评级；苏宁根据供应商的库存和账期来进行信用评估；京东将平台上的电商卖家的交易记录与资金周转状况作为其信用评价依据。

二、国内外电商小贷征信活动实践

（一）国外电商小贷征信活动实践

1. 与商业银行合作

中国平安旗下的平安金科2013年8月与eBay合作推出"贷贷平安商务卡"，这款产品为eBay上的中国卖家提供无抵押、无担保的信用贷款，方便卖家资金周转。在审核流程上，首先eBay卖家必须通过eBay平台的授权，其次向平安银行提供自身经营状况信息，平安银行据此对商户的经营状况和还款能力进行综合评估，其申请流程简单，只需在网上填写基本信息，到银行提交相关申请材料，若材料齐全一天就可放款。

2. 企业自建征信系统

美国的 Kabbage 在 2009 年上线之后快速发展，开始只是向 eBay 网店提供服务，后来业务范围扩展到 Yahoo、Amazon、Shopify 和 Etsy 等电商平台。Kabbage 公司开创了"网商贷款"的新模式，用"大数据"重构信用体系，高效地整合了交易数据、物流公司配送数据以及社交网络行为数据，将互联网每个角落的信息充分转化为个体信用，开辟了互联网金融的新时代。国内阿里小贷的决策依据主要依靠淘宝平台上积累的大量商家数据，然而阿里小贷平台并没有向第三方开放，而 Kabbage 则给电商小额贷款提供了一个崭新的视角，通过第三方的平台数据也能提供金融服务。Kabbage 基于网商的经营情况、在社交网络上与客户互动情况等信息开发了一套信用评级体系，即 Kabbage Score，Kabbage 是第一家将社交网络分析纳入信用评价的金融服务机构。2011 年，Kabbage 推出了 SocialKlimbling 商家信用评分体系，鼓励客户将自己的账户与 Facebook 和 Twitter 账户关联起来，商户在社交网络的好友数、对方的评价、在社交网络的关注度以及点"赞"都会纳入商户信用评分的指标中，并以此作为确定授信额度和借款利率的依据。

3. 与P2P网贷平台合作

2014 年宜信与 eBay 联合推出"商通贷"金融服务产品，帮助中国卖家进一步拓展贸易商机。该产品的特色在于从申请借款、信用评估，到放款、还款，整个借款流程全部在线上完成，利用店铺综合经营情况作为征信依据，为商户提供无抵押、无担保的信用贷款。宜信利用大数据技术为 eBay 的中国卖家提供融资信息服务，内部构建形成了信用数据知识图谱，除了可以提供借款人借贷相关的垂直搜索服务外，还可在贷前、贷中、贷后的各个交易环节提供数据参考。

（二）国内电商小贷征信活动实践

1. 接入央行征信、百行征信系统

央行征信中心主要的服务对象是银行等金融机构，而百行征信的主要服务对象是各网贷公司、网贷中介机构和消费金融公司等互联网金融从业机构。中国人民银行在 2006 年小额贷款公司试点的起步阶段即开始推动小额贷款公司接入征信系统，与商业银行强制接入征信系统不同，根据《中国人民银行办公厅关于小额贷款公司接入人民银行征信系统及相关管理工作的通知》规定，小额贷款公司接入征信系统实行自愿原则。为维护参与征信系统建设各方的共同利益，小额贷款公司接入征信系统与商业银行一样都要经历接入准备、试报送数据、开通查询用户三个阶段。苏宁小贷是首批接入百行征信的机构之一，苏宁小贷向百行征信系统全面、准确、及时地报送征信信息，百行征信对报送信息进行系统的整理、保存和加工，并向接入机构提供相关增值服务。苏宁金融与百行征信携手进行信息共享、风控技术及应用场景的深度合作，利用自身的技术能力和丰富的金融场景完善个人、企业征信系统。

2. 电商内部自建征信系统

电商小贷自建征信系统主要依托账户管理、交易数据、资金流水等分析借款人潜在风险，并通过大数据深度挖掘将小贷借款人进行分层管理，及时进行动态贷后信用管理。这种模式要求贷款人必须具有巨大、真实且实时的交易数据资源，且对借款人账户具有一定的控制能力。目前国内最具代表性的是阿里小贷，尽管阿里小贷的资产不良率较低，但阿里成功的经验无法复制，而且阿里小贷的服务对象也仅限于支付宝、淘宝或者阿里巴巴等电子商务或支付平台用户，具有明显的边界特征。

阿里内部资信体系的建设得益于其"平台"和"大数据"优势。图 5-2 为阿里金融的征信模式，诚信通平台为平台企业建立了信用档案，充当着一个信用量化平台，支付宝平台则是信用中介，两者都是阿里金融征信的数据来源渠道。这些海量数据报送至阿里金融征信系统，系统通过数据挖掘、机器学习、云计算等数据处理技术将数据进行处理，并能够形成信用报告等信用产品。

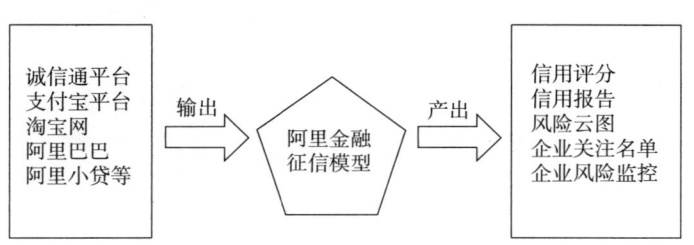

图 5-2　阿里金融征信模式

资料来源：冉禹 . 我国互联网金融征信体系建设研究 [D]. 安徽大学硕士学位论文，2017.

3. "线上+线下"相结合模式

神州数码慧聪小贷为贷款实行实地征信，亲自上门与客户讲解贷款费用，并提示客户还款注意事项，放款后要求渠道商派专人一个月后上门送借款合同并跟进了解客户企业经营情况。慧聪集团的线上企业信用管理平台可以从企业方和资金方两端实现价值，通过慧聪集团的海量数据信息化处理，还原企业客户的真实信息，为企业方提供信用档案、信用评分、信用诊断、信贷融资解决方案等服务，在企业端建立服务模型，同时构建以信贷融资为导向的信用管理平台，提高小微企业在金融机构的融资通过率。慧聪集团企业信用管理平台通过慧聪集团导入、第三方公开数据、爬虫、客户提交这四种方法获取海量数据,从背景特征、经营表现、资产负债、财务状况、信用和风险五大维度还原企业客户完整且真实的画像(见图5-3)。

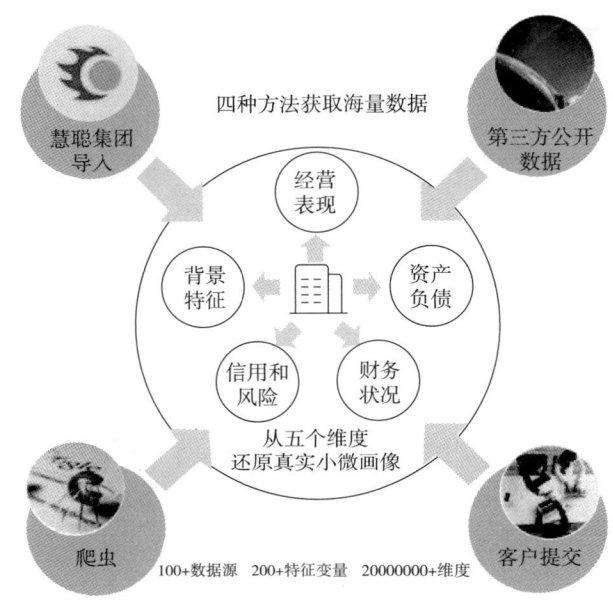

图 5-3　慧聪小贷企业信用管理平台

资料来源:搜狐网.慧聪集团开启金融科技之路 [EB/OL].https://www.sohu.com/a/325975846_451672,2019-07-10.

第三节　电商小贷征信活动典型案例分析

一、阿里小贷征信活动案例分析

(一) 阿里小贷征信历程

阿里是电商小贷的先行者,阿里电商平台上拥有商户的各类交易信息以及个人信息,阿里小贷通过大数据技术和云计算技术将自有信息与外部数据进行挖掘、整合、分析,从而得到商户的资信状况与信用等级。

2002年阿里巴巴的B2B业务平台推出了"中国诚信通",主要为从事国内贸易的中小企业提供会员制网上贸易服务,通过建立在阿里巴巴上的"摊位"直接销售产品、宣传企业和产品等以解决网络贸易信用问题,在此期间阿里平台积累了大量真实的企业数据与信用资源。到2004年3月,阿里巴巴推出"诚信通指数",建立了交易双方的信用状况量化综合评分体系,将诚信通会员身份认证、诚信通档案年限、交易状况、客户评价、商业纠纷、投诉状况等纳入"诚信通指数"统计系统。阿里巴巴开始对商户数据进行量化评估并建立信用评核模型,为开展小贷业务打下了基础。然而,对于小微金融服务来说,诚信通指数的信息有限。阿里巴巴曾于2007年联合中国建设银行、中国工商银行向会员企业提供网络联保贷款,无须抵押,由3家或3家以上企业组成一个联合体共同向银行申请贷款,同时企业之间实现风险共担。但最终贷款的审批通过率仍低至2%~3%,阿里巴巴与两家国有大行的合作于2010年终止。

2010年、2011年浙江小贷公司、重庆小贷公司相继成立,阿里小贷应运而生,面向阿里巴巴B2B业务、淘宝和天猫三个平台上的小微企业推出了无抵押、无担保的"纯信用"贷款产品,服务对象主要是诚信通会员、淘宝和天猫卖家等,贷款产品主要有:阿里信用贷款、淘宝/天猫订单贷款、淘宝/天猫信用贷。

图5-4为阿里小贷的运行机制,阿里云通过收集、整合和处理平台上的信息,再将这些整合的信息放入特有的风险评级模型中,从而利用丰富的数据资源建立企业信用和风险控制体系。阿里小贷形成的"电子商务平台+中小微企业"信用关系改变了传统银企信用关系,使中小微企业不再过度依赖企业的财务报表和抵押担保品,改变了传统信用关系中繁杂的贷款程序以及严格的风控体系。阿里小贷通过这种新型的信用关系,免除了传统信用关系中大量的人力资本投入,突破了时间、地域限制,能够瞬间触达大量、分散的中小微企业,大大缩短了放贷时间,降低了放贷成本,降低了小微企业的信息不对称程度,并成为其核心优势和运营关键。

（二）阿里征信体系的数据来源

阿里巴巴的数据来源十分丰富,主要依靠阿里巴巴商贸平台、大淘宝电商平台、一达通、支付宝、新浪微博这五大平台,除了使用自己平台上的数据信息之外,还会参考外部有关信用信息,使阿里巴巴征信数据库有了极具参考价值的信用数据来源。阿里小贷利用大数据技术、云计算,把平台上贷款企业的各项信息进行挖掘、整合,从而得出其信用程度、资信状况等,再决定给其的贷款额度、利率和期限等。阿里小贷征信系统搜集所有与网店经营有关的数据,包括卖家的身份信息、商品交易量、用户满意度、现金流、库存情况等。此外,非结构性数据也被作为信用评估的考量标准,如认证信息、聊天记录、口碑评价、投诉纠纷情况等。

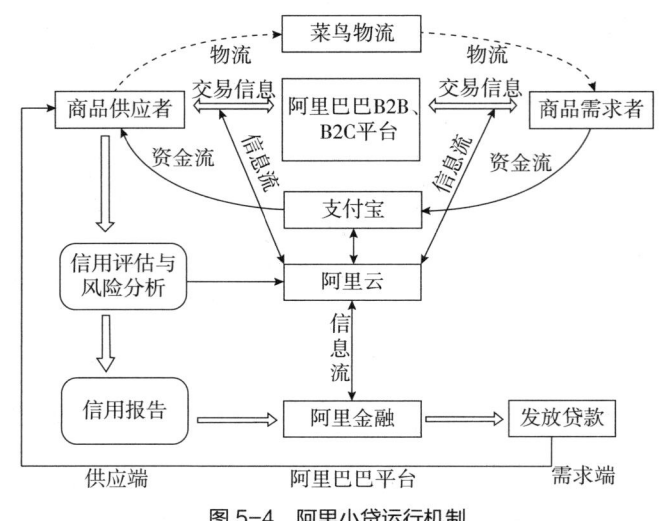

图 5-4　阿里小贷运行机制

资料来源：陈丽萍. 阿里金融小微贷款案例分析 [J]. 时代经贸，2013（18）：77–78.

虽然阿里内部平台沉淀了海量的小微企业和个体卖家的信息，但与征信系统较为完善的国家相比，这些数据仍然是有限的，这就需要从外部获取与卖家信用相关的扩展数据，将多渠道来源的数据进行整合，形成多角度、多维度的评估，使评级结果更具科学性和可靠性。阿里小贷早期要求贷款人自行提供相关资料、调查购买第三方征信数据，以及从海关、税务、电力、水力等部门获取数据等。此外，阿里巴巴还通过与其他平台合作的方式来获取更丰富的信息，如 ERP 企业管理软件"管家婆"、全国统一的企业增值税发票开具软件"航天金税"等。

总体来看，在阿里小微金服内部有一个"数据车间"，这个"车间"汇总了平台内外部的数据，数据分析人员首先将这些数据进行整理加工，然后将这些数据导入信用评分模型中，并不断进行优化，由此建立起内部信贷模型。与传统信贷的信用评价模型相比，阿里小贷的模型更为丰富，其中主要包括客户分层模型、收入预测模型、破产概率模型、风险预警模型等。

（三）综合信用评价

阿里小贷提供两种不同类型的贷款服务：淘宝贷款和阿里巴巴贷款。其中，淘宝贷款主要面向天猫、淘宝以及聚划算的卖家，分为订单贷款和信用贷款；阿里巴巴贷款主要面向阿里巴巴的会员。在信用评价的模式上，阿里小贷根据贷款产品的不同而各有侧重。阿里信用贷侧重企业财务情况、诚信通指数、企业征信等；淘宝（天猫）信用贷款侧重网店经营数据、网店人气、交易流水、支付宝资金流水、服务评价、线上活动行为、企业主个人征信等；淘宝（天猫）订单贷款则是看重订单金额、保证金金额、资金和交易流水、企业主个人征信等。

1. 基于电商平台交易的评分

eBay 在 1996 年创建的信用评价体系，成为事实上的电商平台行业标准。淘宝网则一直紧跟 eBay 的脚步，在 eBay 的框架上不断完善自己的信用评价体系。例如，eBay 的 Feedback Forum（互评机制），淘宝叫作"信用评价"；eBay 的 Detailed Seller Rate（卖家评分），淘宝叫作"店铺评价"。淘宝 B2C 及 C2C 平台的交易信用机制采用的是动态信用评价机制：动态地搜集平台商户与商品交易、服务相关的评价信息，以综合图表的样式呈现给消费者。在淘宝评价信息提供的 4 个维度里，可以从评价对象上分为"店铺评价"（店铺评分及店铺服务质量对比）和"信用评价"（卖家信用评价及卖家信用总体情况）两个层面来进行分析。

2. 基于自有征信系统的评分

（1）芝麻信用。随着 2015 年以来阿里巴巴大力推广芝麻信用服务，芝麻分进入了公众的视野和生活中。芝麻信用的主要工作就是将用户在互联网上留下的碎片印记集合起来，通过设定评分标准与算法模型算出综合得分。2016 年 7 月 19 日，芝麻信用宣布已经通过企业征信业务经营备案，研发了小微企业信用洞察"灵芝"系统，聚焦小微企业提供企业征信服务。

芝麻信用的数据源主要有工商数据、司法数据、海关数据、企业纳税数据等来自政府的数据；运营企业数据、合作机构反馈数据、企业经营数据等来自商业伙伴的数据；淘宝和天猫（C2C/B2C）、阿里巴巴（B2B）、支付宝等来自蚂蚁金服的数据。"灵芝"系统将这些多维度的数据转化为对小微企业信用状况的评价，包括五大信用产品：企业信用报告、风险云图、信用评分和指数、关注名单、风险监控预警。其中，主要产品是企业信用评分，即对企业或个体经营者的经营状况和信用状况的综合评分，该评分具有数据采集的广谱性、评价方法的先进性、结果应用的广泛性三大特点，表现为 1000~2000 分，分值越高代表信用风险越低。企业信用评分可以帮助金融机构和企业对客户、合作伙伴等进行分层及差异化管理，利用量化评估指标建立相应的风险策略。企业信用评分主要通过以下五个维度进行评估：是否良好健康、有无虚假经营行为；有无逾期未还负债、是否涉及金融纠纷；关联公司的资信情况、合作伙伴上下游情况；公司规模、荣誉资质、百年老店法定代表人等基本信息；法人代表的信用状况对中小微企业的信用产生较大的影响，在获得法定代表人授权的前提下，会考虑法定代表的个人信用。企业信用评分可以通过诚信经营、按期还款、良好用户口碑、稳定经营、不上法院老赖名单等方法提高。

（2）阿里企业诚信体系。阿里诚信体系萌芽于 2003 年。当时，阿里巴巴推出内贸网站 1688.com，公司把为中小企业提供的最重要产品命名为诚信通，意指诚信等于财富，让诚信的商人先富起来。2008 年，很多银行把阿里巴巴的数据纳入了给中小企业提供融资贷款的风控体系。到了 2011 年，阿里巴巴实现了从一个信息展示平台向交易平台的转型，并开始介入企业的供应链。阿里巴巴旗下所有平台的数据已经实现了互通，如淘宝、天猫、Alibaba.com、1688.com 这些平台的数据能够互相反映、互相引证，让中小企业的很多数据在诚信体系里面发挥越来越多的作用。2016 年 6 月 16 日，阿里巴巴正式推出企业诚信体系服务，以贸易服务为核心，依托十几年的数据积累，推动企业诚信体系建设，为生态体系内的中小企业提升协同效率，降低获取订单、融资等服务的成本。

企业诚信体系由电子通行码、信用评级、信用报告、风险云图四个部分组成。其中，电子通行码是面向企业经营主体的身份标识，承载着具有公信力的诚信体系和丰富的权益服务。信用评级则基于企业基本信息、法定代表人、贸易行为、金融行为、商业关系五大维度的信息为企业提供信用评级，级别分为 AAA、AA、A、BBB、BB，信用等级将成为企业在阿里巴巴平台、第三方合作平台上经营的企业搜索排序、流量分配、营销活动机会是否优先的判断标准。每月更新一次的信用报告则包含企业工商信息、经营状态、交易行为、金融行为、上下游贸易伙伴关系和投资情况等商业信息，能够让金融机构或者合作企业根据企业当前的信用状况做出决策。风险云图通过投资关系、经营关系、行业地域关联等多个维度对企业关联风险进行评估，不仅罗列出目标企业所有的关联企业和个人，还能计算出风险概率，量化目标企业的关联风险大小，预警关联企业潜在的信用分险。

3. 基于传统财务指标的评价

在传统信贷过程中，财务数据是金融机构审核的项目。尽管阿里小贷的互联网金融实行多维度审核，包括结构化和非结构化数据，但财务数据依然是其中重要的一部分。加入财务数据可以改善阿里小贷的数据模型，提高贷前的审核广度，增加贷中的验证深度，跟踪贷后的经营情况，加强风险防控。在这种模式下，阿里小贷对商家的经营状况掌握得更加深入，甚至可以跟踪每个快递的成本，一定程度上也防止了商家在提交资料中出现的虚报等造假行为。

阿里之前的数据模型无法调用商家的财务数据进行验证，更多地采用销售数据。财务数据包括商品成本、利润、周转率以及人力和快递成本等，而销售数据主要以销量、销售额、流水等为主，却掌握不到商家的利润、总成本等具体数据。为了拓宽信息渠道，阿里主要采取两种方式：首先，对客户进行在线视频调查，这种方式是电商小贷公司通常采取的方式；其次，将实地调查工作委托给借款人所在地的第三方机构，具体流程是第三方机构的调查员对平台的借款企业进行实地考察，对小微型企业还原其简易的财务报表，第三方机构将调查后的数据信息上传到后台。

(四) 阿里小贷征信的风险管理

1. 阿里小贷的水文模型

阿里小贷由气象系统"水文模型"获取灵感，建立了一套动态预测客户周期性用款需求的模型，被称为"阿里小贷的水文模型"。利用自建的客户数据库和搜索引擎，阿里可以主动出击，筛选出当季有资金需求的优质低风险客户，进而向其精准推送信贷产品，而无须如传统金融机构一般逐个拜访客户，这为阿里节约了大量宣传与业务拓展费用。将该模型放到小微信贷中，主要有两方面重要意义：一是完善风险管理，在更详尽数据的基础之上进行授信，减少特殊因素对授信判断的影响。水文模型能平滑各种特殊因素对于授信对象的影响，帮助授信单位在最全面的因素上来考量授信对象，以做出最准确的授信或判断。二是通过模型进行预判，包括对小微企业自身经营的走向以及小微企业资金需求的节点和量的判断。结合水文模型，通过该店铺自身数据变化以及同类店铺数据变化，系统就能判断出这个店铺未来的变化，结合该店铺以往资金支用数据以及同类店铺资金支用数据，甚至可以判断出该店铺资金需求的额度。

2. 全自动信贷工厂流水线

阿里为小贷业务打造了全自动信贷流水线，创新性地将"批量化""自动化""标准化""动态可监控"引入小微企业授信全过程中，模拟工业自动化标准作业流程以及模块化的管控手段。通常，银行每位客户经理能够管理100家小微企业，而阿里小贷力争最终每人管1000家以上，成为真正的信贷工厂，实现贷款的批量化生产。

在阿里后台的操作屏幕上，可以看到生产线上每个环节客户的滞留情况、风险状况以及推进速度。通过模拟工业化作业流程，采用各模块专业控制手段，有效降低了运作成本。阿里小贷的小额授信、快速放款、随借随还的特点也令小微商家资金周转率大大提高。典型的淘宝小商户是没有库存的，前一晚上收齐订单，可以向阿里小贷申请一笔订单贷款，第二天就去批发市场拿货、发送快递。买家确认收货后货款到账，系统自动扣取相应金额还贷，完全用不到小商户的自有资本。

阿里小贷一般无须线下调查（阿里巴巴企业贷除外），其中视频调查是能够取得成功的关键性技术之一。在略显喧闹的工作平面上，上百位信贷调查员通过互联网与小微企业客户进行面对面交流。利用这种技术，信贷员足不出户就可以帮助小微企业恢复或重新编制财务报表，要求他们在线提供个人银行流水、水电费单等票据，通过在线调查方式来判断企业的财务状况与运营能力。这样既可以为客户节省时间与交通成本，也可以为阿里小贷节约线下审核成本。

3. 自主研发的数据平台

阿里拥有一个自主研发的大数据平台，就是阿里云。阿里巴巴最新的财报显示，2019年阿里巴巴云计算业务营收达到了52亿美元，同比增长64%。阿里云飞天大数据平台拥有中国唯一自主研发的计算引擎，经过多年发展，目前已成为全球集群规模最大的计算平台，支撑海量数据存储和计算。阿里小贷是"飞天"平台的第一批用户，并借助阿里云上的数据服务来进行信贷管理。随着业务的发展，数据挖掘项目对阿里历史数据的需求越来越大，有些项目甚至需要从2003年淘宝成立以来卖家的所有数据中去挖掘信息，这对数据跨度和质量提出了很高的要求。阿里小贷构建了大型数据仓库，研发ODPS（Open Data Processing Service）将Data Engine与运行于云梯1上能支持1500台服务器的莫邪合并，将莫邪作为ODPS的数据处理引擎。2012年初，集团开始将数据魔方、淘宝指数、Tcif等重要业务从Hadoop集群迁移到ODPS集群上，在一定程度上解决了一直困扰阿里小贷的数据共享问题。阿里小贷数据仓库每天处理上PB的数据量，包括店铺等级、收藏、评价等几百亿个信息项，运算上百个数据模型，甚至需要测评用户对假设情景的掩饰和撒谎程度。用户能否申请贷款、能贷到多少钱，完全依靠的是大数据平台为其计算出来的信用值。

二、京东小贷征信活动案例分析

（一）京东小贷征信概况

京东小贷业务具有代表性的有京保贝和京小贷。其中，京保贝是面向自营供应链，通过全面分析京东自营平台的上游供应商，选取交易信用评级较高的一些电商卖家提供供应链保理服务，用于缓解京东自营供应商的资金问题。京保贝的信用评价源于京东对于供应链体系的全程把控，凭借的是对供应商在交易历史、商品销售情况长期数据的分析，为供应商提供保理融资。京小贷产品面对的是京东开放平台商家，其模式类似阿里小贷，主要凭借商户交易数据与服务评价以及京东"白热度"征信评分等计算借款商户的综合信用指数。

在风控上，京小贷延续了原来京保贝的一些理念，而且是业内不多的基于交易数据的风控技术之一。融资需求方只要轻点鼠标申请此项业务，自动化风控系统就高效运转，两秒钟之后就可以计算出这一贷款申请是否可以放款。基于京东平台积累的大数据优势，京小贷在风控体系上还创新出了"天平模型""浮标模型"等用于商家信用评价和风控的辅助手段。比如，"天平模型"实现了对不同行业商家更为统一、公平的准入标准,并可定期测量跟踪商家经营状况的变化;"浮标模型"则是通过预测店铺的季节性销售对资金的需求,用以提前发现商家需求,及时修正贷款额度,并能预测店铺的生命周期,来提高贷后预警的可靠性。

2019 年 8 月,京东又推出了快银 BOSS 贷,主要依托于京东体系内外部小企业生态数据,如企业基本信息、企业经营信息等,进行多维的数据自动交叉验证;并通过大数据平台、机器学习、风控建模与策略分析、反欺诈技术、OCR 识别等多种技术和手段综合评估客户的信贷资质,向符合条件的小微企业主提供用于满足企业日常生产经营所需的小额信用贷款。

(二)京东小贷征信数据

京东大数据征信体系以京东电商庞大的数据作为基础,同时覆盖了京东生态体系内的所有有效数据,使征信数据来源呈现多元化、多层化特点。由于京东采用严格限定借款人资格的方法,因此京东的借款人必须是京东平台供应链上的企业或是 POP 开放平台合作商,京东金融信用评级的第一步就是对京东供应链上企业或是 POP 开放平台合作商的资格认定。信用评级的第二步就是收集自主征信信息和平台内部数据,贷款人在完成第一步即取得京东贷款人资格认定之后,需要提供相关审核资料,完成申请之后,系统会根据贷款申请自动将平台上关于该贷款人的各项信息进行匹配,整合各项结构化以及非结构化数据,用作信用评级的依据(见图 5-5)。

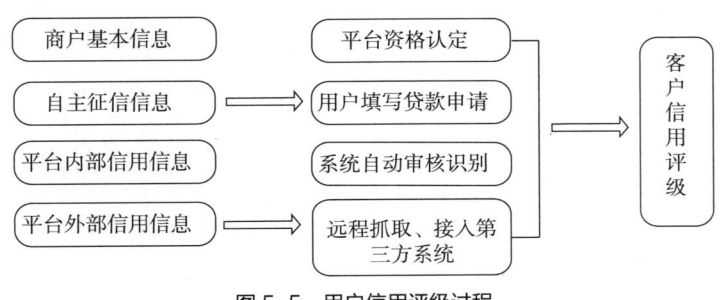

图 5-5 用户信用评级过程

资料来源:刘旭彤. 京东供应链金融运作模式研究 [D]. 湖南大学硕士学位论文,2016.

京东金融的客户群划分为两部分:一部分是京东商城的供应商,规模较大,甚至有的已经被央行纳入了征信,因此,在对这一部分客户进行信用评级时,京东会适当考虑央行征信中心的信息;另一部分则是 POP 开放平台的合作商户,这一群体大部分是个体商户和自主创业者,他们的信用信息并没有完全被纳入央行的征信体系,所以在对这一群体进行信用评级时,主要考虑平台上的经营状况和交易信息等，而央行的征信数据则作为辅助参考。

目前京东的数据主要来源于本身海量商品交易数据、用户行为数据、知识架构体系以及京东调研。其中，用户的行为数据是最关键的数据，包括登录、搜索、浏览、下单、配送、评价、客服，覆盖完整的电商流程。知识架构体系则是从基础数据挖掘产生的画像数据，包括用户画像、商品画像、小区画像和商家画像。除了内部平台产生的信息，用户在外部互联网上留下的数据信息也是京东用户评价的对象。京东可通过对有效的外部数据进行评价，整理出与信用有关的信息。例如，通过网络爬虫的抓取技术，基于社交网络的人际脉络对平台网商进行综合分析；通过整合开展合作业务的商业银行系统数据，对各项业务的金融风控点进行判断。

（三）京东小贷征信体系

1. 电商平台信用评级

2019年2月21日，京东上线覆盖平台20万商家的"京信用"，通过严格的考核评价体系，真实反映商家的信用等级，并对商家做出相应的支持和限制，推动商家为消费者提供更为优质的购物体验。"京信用"是反映商家在京东经营过程中守信合规程度的模型，从经营历史、违规记录、商品品质、商品页面、金融履约五个维度对商家进行考核，分值范围是550~1100分。各个商家的信用分是通过上述5项考核指标得分加权求和后，在所属主营二级类目下进行排名，根据排名率转换出来的。"京信用"中影响商家信用最关键的两大因素是商品品质和违规记录。店铺在售商品在国家监督部门抽检、京东抽检、消费者投诉等情形中被认定为质量不合格商品，消费者反馈存在不满意体验，都会影响京信用得分。违规记录行业排名率也是重要考核因子，"京信用"考核店铺近一年违规扣分情况，店铺在同一场景重复违规情况越多，对"京信用"分值影响越大。另外，若商家在京东开设多家店铺，其中一家违规严重，关联店铺信用也会受到影响。

2. 京东企业征信平台

京东"蓝鲸征信"是京东企业金融旗下于央行备案开展企业信用服务的专业机构，专注企业信用评估体系建设和互联互通的企业大数据战略等创新服务，助力金融机构和非金融机构更好地评估、量化、防范目标客户的信用风险。京东"蓝鲸征信"通过采集工商信息、司法判决信息、企业知识产权、企业金融负面信息等多维度预判信息，同时深挖关联企业图谱，打破信息"孤岛"，捋顺企业与企业关系、企业与人关系、人与人关系，解决企业间信息不对称问题。通过多维度打通数据，利用大数据处理、OCR技术、数据挖掘、机器学习等先进手段，搭

第五章 电商小贷模式的征信活动实践与典型案例

建了不同场景风控模型，实现多维评分及风险因素实时追踪、经营指标趋势准确分析，还原企业真实"全景画像"，同时通过丰富应用场景和垂直挖掘行业深度建立一站式查询平台，提供信用业务系统解决方案。

3. 信用风险评分模型

除了拥有海量数据外，京东金融还拥有核心技术团队来支撑着整个京东金融大数据征信生态建设。京东打造出内部命名为"四大文明"的京东金融大数据模型体系（见图5-6）。一是"司南"风险控制模型体系，囊括了申请评分模型、欺诈评分模型、套现识别模型、交易监测模型、催收评分模型等十几个模型，每一个模型都还将持续进行优化和迭代，帮助识别和管理金融业务的风险；二是"火药"量化运营模型体系，从价格敏感度模型、用户活跃度模型、消费购买力模型到信贷需求潜力模型等，构成了最具爆发力的运营推广、收益定价等核心竞争力；三是"活字"用户洞察模型体系，通过这套体系可以实现识别、发掘、认识用户，从个人资产评估、身份特征画像、履约历史的评估、用户行为偏好甚至用户关系网络的构建，支撑起对用户的画像和社交关系的构建，帮助提升精准识别、社群管理等用户运营效率；四是"造纸"大数据征信模型体系，京东金融打造了信用评分产品"白热度"，依托大数据征信已经完成了超过一亿的用户评分，白热度从身份特征画像、个人用户评估、履约历史评价、关系网络评估、网络行为偏好及信用风险预测六个维度刻画用户，为用户进行风险评估时提供更多有价值的参考。

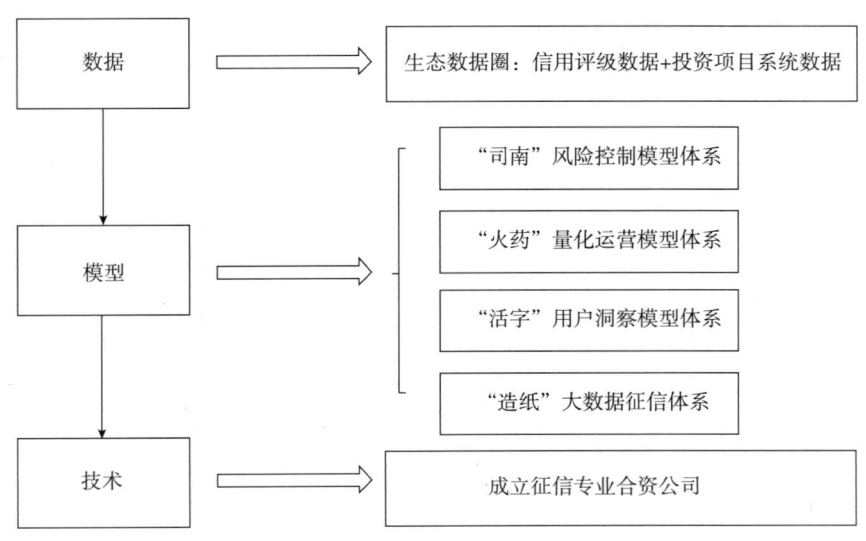

图5-6 京东征信生态链

资料来源：刘彬斌.电子商务平台供应链金融的风险研究[D].江西财经大学硕士学位论文，2019.

此外，京东通过投资美国大数据分析和征信领域的创新公司，整合各方优势资源，共同完善京东征信生态链。2016年11月，京东金融与ZestFinance合资设立的金融科技子公司ZRobot宣布开业，并发布了旗下两款产品——"漫网"和"盘古信用模型"，分别作用于反欺诈和信用风险评估，帮助客户在贷款审核、授信、调额等环节识别风险。

4. 企业服务云平台

2017年11月，京东金融发布了面向金融行业的企业服务云平台——京东金融云，它是全球首个提供FaaS（Fintech as a Service）的企业服务云平台。京东金融云FaaS服务有两大特点：其一，FaaS服务层的所有模块都是从京东金融自身的金融科技业务中分解出来的，如智能营销、智能风控、智能客服、智能投顾、智能支付、智能交易、智慧农业、资产证券化等，更加贴近金融业务核心、贴近场景和贴近用户，符合金融机构业务迭代、模式升级需求；其二，京东金融将核心金融科技能力进行标准化、模块化、积木式、嵌入式的输出，服务于金融机构场景拓展、获客、客户运营、反欺诈、风险定价、资产交易等核心价值创造环节，不仅能为客户降低成本、提高效率，改善用户体验，还能够随需组合，与客户自身优势相补充、相融合，共同创造新的商业价值和社会价值。

第六章  **P2P 网贷模式的征信活动实践与典型案例**

Chapter 6

P2P 网贷指个体和个体之间通过互联网平台实现的直接借贷。最常见的模式为：由互联网信贷公司提供第三方平台，借贷双方自由竞价，最后撮合成交。在这个过程中，资金借出者借出资金，收取利息，并承担一定风险；资金借入者借入资金，并付出成本，即利息；互联网信贷公司提供交易平台，收取平台手续费用。P2P 网贷本质上属于民间借贷，是互联网金融创新的一种业态。P2P 平台发展在一定程度上缓解了中小企业融资难的问题，促进了资金融通和经济发展。然而，我国 P2P 平台发展仍处于初级阶段，在法律制度和运行机制等各方面仍有很多不足，有很多现实问题亟待解决，如监管不到位、信用体系不完善、平台运作不规范等。当前，网贷行业正在进行治理整顿，严格备案、清退转型和打击犯罪，促进行业整体规范发展。下面结合 P2P 网贷行业发展及其征信活动实践展开分析和探讨。

第一节　P2P 网贷发展概况

一、P2P 网贷兴起的背景

经济学家罗纳德·麦金农（Ronald Mckinnon）在 1973 年出版的《经济发展中的货币与资本》一书中提出，在发展中国家，金融抑制是出现民间借贷的根源。金融抑制就是指政府通过对金融活动和金融体系的过多干预抑制了金融体系的发展，而金融体系的滞后又阻碍了经济的发展，从而造成了金融抑制和经济落后的恶性循环。民间借贷的出现是借贷市场对金融抑制的一种理性反应，在金融抑制体制下，中小企业和个人的投融资需求得不到满足，民间借贷由此产生。网贷是民间借贷在互联网形式上的一种延伸。P2P 网贷的理念起源于尤努斯（Muhammad Yunus）教授在 1983 年创立的格莱珉银行，格莱珉银行的核心业务是小额无抵押的信用贷款，以贫困人群为对象，帮助其脱离贫困。格莱珉银行自创建以来，已经帮助了超过一半的借款者摆脱贫困困扰。这一小额借贷模式便是国际上最初的 P2P 金融的雏形，自全球第一家 P2P 平台 Zopa 在英国成立以来，P2P 网贷行业在全球各地迅速发展。美国 Prosper 平台成立于 2006 年，Lending Club 成立于 2007 年，我国第一家 P2P 网贷平台拍拍贷成立于 2007 年。随着互联网的普及和发展，我国 P2P 平台开始如雨后春笋般快速发展。总体而言，促进 P2P 发展的因素大致如下：一是互联网技术的发展及普及；二是信贷配给和金融排斥的存在；三是政策环境的推动。

二、P2P 网贷的国内外发展概况

（一）P2P 网贷在国外的发展概况

P2P 网贷行业兴起于英国，盛行于美国，但是真正将 P2P 网贷模式发扬光大并进行模式创新的却是亚洲，其中中国和印度最为典型。除了上述几个国家的规模较大之外，爱尔兰、德国、俄罗斯、澳大利亚、日本、韩国、新加坡、印度尼西亚、菲律宾、墨西哥等国都或多或少出现了 P2P 平台及相关产业，当前在全球经济系统中采用了 P2P 网贷模式的国家已经遍布七大洲各个国家。

P2P 网贷发展较为迅速也相对成熟的市场主要集中在美国、英国、中国、印度、澳大利亚等几个国家，这几个国家 P2P 网贷行业发展的历史和背景有以下特点：一是英、美等国家的网贷市场由于征信体系较为成熟，因此 P2P 借贷市场发展颇为火热，虽然有很多借款人可以从银行获取贷款，但是 P2P 网贷的竞价机制以及放贷效率使一部分人会放弃银行贷款而选择 P2P，以便赢得更好的利率和更快的执行速度。二是中国 P2P 网贷市场快速发展的原因与英国和美国截然相反，主要在于中国征信体系不发达，部分人群并没有进入到中国人民银行征信数据库，因而无法从传统的金融机构获得贷款，而这部分人群也存在贷款需求，从而直接导致国内 P2P 网贷浪潮的来临。三是印度是亚洲除中国之外的最大的 P2P 网贷市场，其小微企业融资问题与中国类似，得以迅速发展的主要原因之一也是解决了诸多小微企业融资难的问题，在印度市场中，P2P 借贷也衍生出很多面向小微企业借贷、票据贴现等平台。

从国外比较完善的社会信用体系来看，P2P 网贷平台主要分为三种模式：第一种是以美国 Prosper 为代表的纯中介模式，在整个交易过程中只是提供交易平台的角色，并不参与其他的交易活动；第二种是以英国 Zopa 和美国 Lending Club 为代表的复合型模式，在提供中介服务之余还承担参与利率定价、监督借款者的角色；第三种是以美国 Kiva 为代表的非营利性模式，以扶贫和帮助资金贫困企业为目的，提供住房和农业贷款等服务。

（二）P2P 网贷在国内的发展概况

自 2007 年以来，我国网贷行业经历了探索、扩张、爆发和调整四个阶段，以时间划分来看：一是探索阶段（2007~2010 年），这一阶段我国的网贷平台只有不到 10 家，且绝大多数平台以纯线上的无担保经营模式为主。由于网贷理念刚刚引入我国，大部分的网贷从业人员缺乏民间借贷和金融从业经验，使早期的 P2P 网贷行业发展缓慢，风险水平较高。二是扩张阶段（2011~2012 年），这一时期一些有民间借贷经验的创业者开始陆续进入 P2P 网贷行业，而软件开发公司也为 P2P 行业开发出较为成熟的平台运营模板，用户量和从业者规模不断扩大，促进了 P2P 行业的发展。三是爆发阶段（2013~2015 年），2013 年商业银行银根紧缩，大量小微企业筹资无路，使对 P2P 网贷平台感兴趣的创业者看到了潜在的市场需求，众多借款者也纷纷踏入网贷平台寻求融资。这一时期，我国 P2P 平台数量和成交规模均大幅增长，随着行业"井喷式"发展，问题也逐渐暴露出来，一些平台以 P2P 为幌子进行自融、虚构融资项目、诈骗等。四是调整阶段（2016 年至今），这一阶段的主基调是规范整顿，国家鼓励互联网金融创新的同时也注意防控发展中的风险。2016 年 3 月 25 日，中国互联网金融协会（NIFA）在上海黄浦区召开第一次会议，通过了《中国互联网金融协会章程》《中国互联网金融协会会员管理办法》《中国互联网金融协会会费管理办法》等基础制度，签署了《中国互联网金融协会会员自律公约》《互联网金融行业健康发展倡议书》，标志着政府开始规范 P2P 网贷行业发展。2019 年 1 月，《关于做好网贷机构分类处置和风险防范工作的意见》提出工作方向是以机构退出为主，不符合规范要求的机构能退尽退、应关尽关，加大整治力度。2019 年 3 月，《关于启动网贷信息中介机构运营数据实时接入的通知》规定符合规范要求的网贷平台应在 6 月前完成实时数据接入。直至 2020 年，P2P 网贷行业仍以风险防控为主调，坚持市场出清为主。

1. 国内P2P网贷平台典型模式

我国借鉴国外经验形成的具体运作模式主要有四种：一是类似 Prosper 平台的纯信息中介模式，拍拍贷是此类模式的代表，平台只起撮合借款人和出借人的作用，本身不为投资者提供任何形式的本息担保，也不会通过第三方融资担保机构或抵押担保方式为投资者提供保障。二是债权转让模式，该模式在国内为宜信公司首创，由平台向借款人贷款形成债权关系，再由平台将债权分拆打包成固定收益类理财产品销售给出借人，与Lending Club运营模式类似。这一模式下，平台不再充当单纯的中介角色，而是参与了资金转移的过程，成为"居间人"，运作模式较为复杂，风险和监管难度也较大。三是提供担保模式，可分为第三方担保模式和平台自身担保模式，国内大部分主流平台为吸引投资人都采用了某种形式的担保。四是"线上+线下"相结合的O2O模式，邦帮堂等平台采用此种模式，P2P网贷平台在线上主攻理财端，吸引出借人，并公开借款人的信息以及相关法律服务流程，线下强化风险控制、开发贷款端客户，P2P网贷平台自己或者联合合作机构（如小贷公司、产业园区）审核借款人的资信、还款能力。

2. 国内P2P网贷平台发展现状

上文已经对我国网贷平台发展阶段进行了介绍，当前处于调整阶段。2019年不合规平台出清工作开始，许多地区全面取缔中小型网贷平台，一些大型平台面临转型。政府等监管部门多次强调对P2P网贷平台的整治仍以清出市场为主，引导平台退出和转型。网贷之家的数据显示，2019年底，网贷平台数量由2018年的416家降至343家（见图6-1），成交量9649.11亿元，比2018年减少46.24%，总体呈现缩量状态。

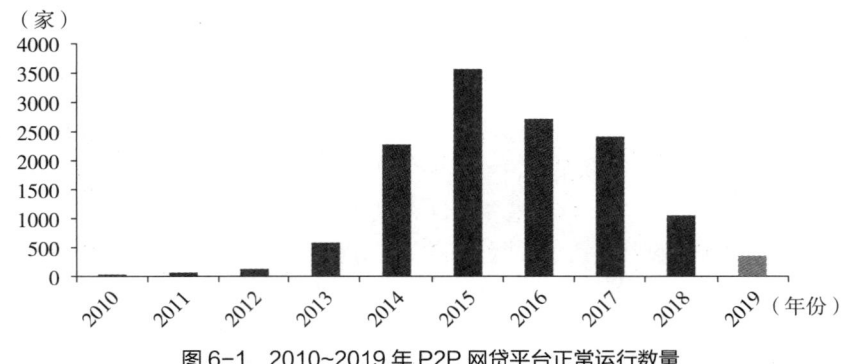

图6-1 2010~2019年P2P网贷平台正常运行数量

资料来源：网贷之家. P2P网贷行业2019年年报正式发布[EB/OL].https：//www.wdzj.com/news/yc/5533101.html，2020-01-01.

如图6-2所示，截至2019年底，位于正常运行平台数量前三位的地区为北京、广东和上海，运行数量分别为94家、69家和28家，排名第四位的浙江运行平台有15家，以上四个地区平台数量均跌破百位，但四地的数量之和占正常运行平台总数量的 60.06%，可见行业出清力度之大。而排名靠后的几个地区，湖南、云南、甘肃、四川、重庆、山西、河北的平台数量已经为 0，宁夏、黑龙江、天津、西藏仅有 1 家平台保持正常运行。

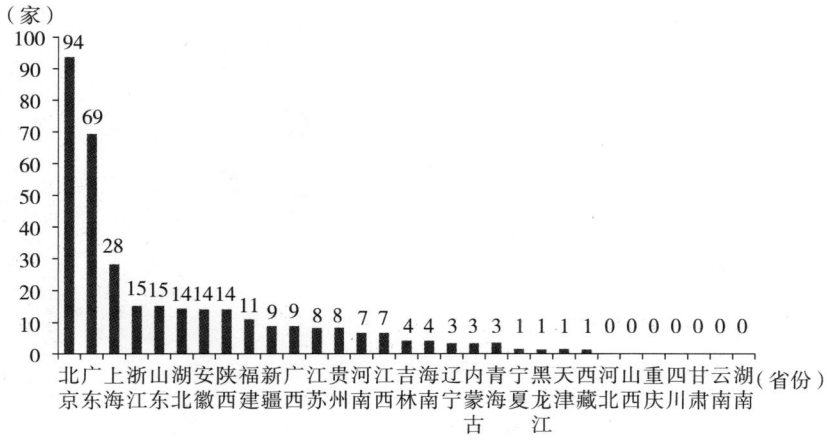

图 6-2　2019 年各省 P2P 平台正常运行数量

资料来源：网贷之家. P2P 网贷行业 2019 年年报正式发布 [EB/OL].https : // www.wdzj.com/news/yc/5533101.html，2020-01-01.

2019 年，共有 732 家网贷平台退出市场，但是与 2018 年相比，下降的平台数量有所减少，呈现平稳缩量的状态（见图 6-3）。

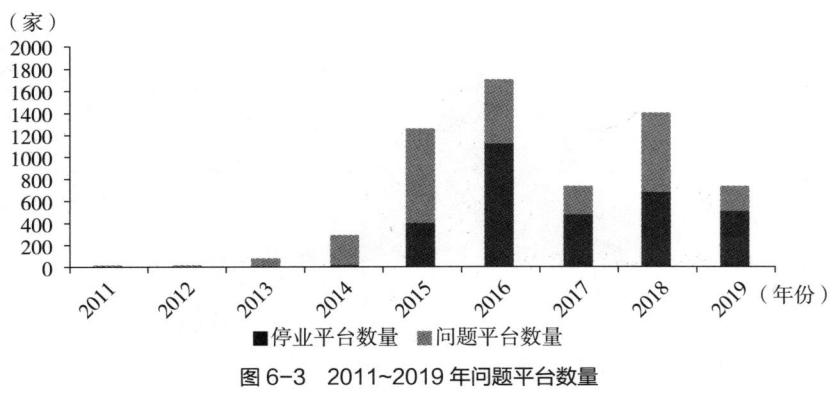

图 6-3　2011~2019 年问题平台数量

资料来源：网贷之家. P2P 网贷行业 2019 年年报正式发布 [EB/OL].https : // www.wdzj.com/news/yc/5533101.html，2020-01-01.

截至 2019 年底，网贷行业成交总量为 9 万亿元，其中 2019 年 P2P 平台全行业交易总量为 9649.11 亿元，相比 2018 年 17948.01 亿元的交易总量减少了 46.24%，创 2014 年来历史新低（见图 6-4），单月成交量呈上半年高走、下半年下跌的走势，这与监管部门"三降"、平台退出或转型相关。

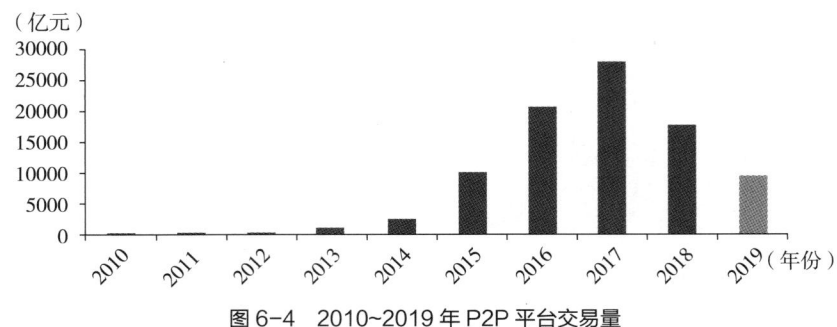

图 6-4　2010~2019 年 P2P 平台交易量

资料来源：网贷之家．P2P 网贷行业 2019 年年报正式发布 [EB/OL].https：//www.wdzj.com/news/yc/5533101.html，2020-01-01.

如图 6-5 所示，2019 年，网贷行业总体贷款余额为 4915.91 亿元，比 2018 年下降了 37.69%，产生这一现象的原因同样是由于监管方面的"三降"要求之一是降低贷款余额，以及随之而来的 P2P 平台转型、退出市场、停止发标导致贷款余额下降。

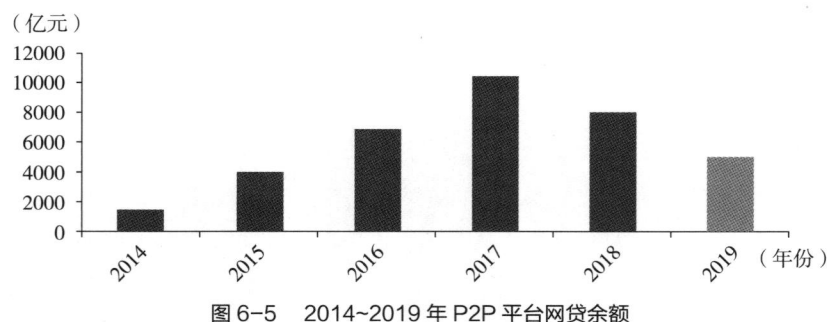

图 6-5　2014~2019 年 P2P 平台网贷余额

资料来源：网贷之家．P2P 网贷行业 2019 年年报正式发布 [EB/OL].https：//www.wdzj.com/news/yc/5533101.html，2020-01-01.

如图 6-6 所示，从各地区 P2P 贷款余额来看，北京、上海、广东位于国内的前三甲，分别为 2709.02 亿元、1118.38 亿元、576.92 亿元，占全国 P2P 平台贷款余额的 89.59%，浙江位列第四，其他省份 P2P 网贷平台贷款余额所占比例不多，说明我国 P2P 网贷平台的成交量以北上广地区为主导。

第六章 P2P网贷模式的征信活动实践与典型案例

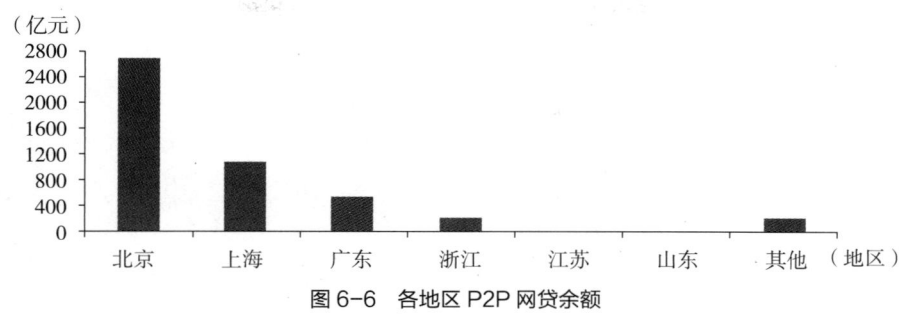

图6-6 各地区P2P网贷余额

资料来源：网贷之家.P2P网贷行业2019年年报正式发布[EB/OL].https://www.wdzj.com/news/yc/5533101.html，2020-01-01.

三、P2P网贷的风险及管控策略

P2P网贷的风险主要集中于网贷平台，由于我国P2P网贷平台运作模式发生了较大变化，因此相应的风险也与国外平台有所区别。我国P2P网贷平台面临的风险主要来自于三个方面：一是法律和监管缺失的风险；二是信用体系不完善的风险；三是平台运作不规范的风险。P2P网贷既经历了平台跑路等负面事件带来的阵痛，又看到了一系列监管条例和合规标准出台给行业所带来的曙光。

（一）P2P网贷平台面临的风险分析

1.法律和监管缺失的风险

我国法律政策与P2P的快速发展不相适应，虽然《中华人民共和国民法通则》（以下简称《民法通则》）、《中华人民共和国合同法》（以下简称《合同法》）等法律在一定程度上能够对其进行必要的约束，但还缺乏专门的规则对其性质、责任、合规要求等进行界定，因此面临着比较大的法律风险。与之对应，缺乏规则也使监管层面临一系列现实问题。在过去很长一段时间里我国P2P网贷面临"三无"问题，即无准入门槛、无行业标准、无机构监管。监管是P2P等金融创新健康发展不可缺少的保障，通过制定相应规则、明确合理边界，网贷行业才可能有序发展。由于缺乏监管，P2P网贷行业存在大量信息不透明造成的道德问题，各类平台良莠不齐，不规范平台非法集资、卷钱跑路的情况不在少数，给借款人带来损失的同时也给整个行业发展带来不利影响。2016年监管文件陆续出台，尤其是8月出台的《网贷信息中介机构业务活动管理暂行办法》确立了P2P网贷的合法地位，随后与监管细则配套的监管办法也相继出台，如资金存管、备案指引等。此外，国务院组织14部委在全国范围内对包括P2P网贷行业在内的互联网金融行业进行专项整治。随着监管政策逐步落地以及专项整治工作的开展，合规性调整成为行业发展的主旋律。

2. 信用体系不完善的风险

与发达国家P2P平台基于较为完善的社会信用体系的情况不同，我国的信用体系建设还不完善，征信系统还在建设深化的过程中。目前，中国人民银行征信中心的数据主要服务于商业银行的信贷业务，对于P2P网贷平台的服务还不充分，P2P网贷的数据还没有被纳入征信系统，也没有征信系统的使用权。因此，网贷平台难以便捷地掌握借款人的信用信息，加之我国P2P行业的进入门槛较低，部分网贷公司从业人员的素质不高，对借款人的信用状况进行评价可能存在偏差，容易造成潜在的坏账风险。另外，各网贷平台的数据尚未实现共享，存在同一借款人在多个平台进行借贷的"一人多贷"现象，以及同一借款人注册多个账号"骗取贷款"的情况，这可能造成借款人违约风险增大。虽然部分P2P网贷平台采取了线下调查方式对借款人的真实信用状况进行调查，但此举在减少坏账风险的同时也增加了平台运行成本，对于那些实力不强的P2P网贷平台而言并不适用，缺乏对借款人征信数据的掌握，平台信用风险也会不断上升。因此，信用体系不完善的现状既影响贷款效率，也将影响贷款质量。

3. 平台运作不规范的风险

很多P2P网贷平台没有把借贷的信息交换与资金交易两项职能分开，P2P网贷平台普遍采用在银行和第三方支付平台开设的账户对借贷资金支付进行中间账户操作，但中间账户的资金和流动性情况处于监管真空，均由P2P网贷平台自行管理，容易诱发平台"卷款跑路，挪作他用"的道德风险。若将资金投入限制性行业或用于其他不正当目的，则会诱发变相揽储、非法集资、发放高利贷等风险。国内部分P2P平台采取了以自有资金为投资者本金提供担保的方式，甚至为投资者提供本金与利息的担保，以此吸引投资者进入。在发生借款人违约风险时，平台先行垫付后再向借款人追偿，这给平台运作带来了压力，如果出现借款人大面积违约事件，平台可能面临因无法垫付资金而倒闭的风险。

(二) 完善我国P2P网贷平台风控体系的对策

1. P2P网贷平台风控体系基本框架

P2P网贷平台风险控制体系构建要遵循全面风险管理原则、内外风控相结合的原则、与资源条件相适应的原则。在这些原则的指导下构建的风控体系包括外部风险控制体系和内部风险控制体系。外部风险控制体系包括监管体系和自律体系，内部风险控制体系包括风控理念与管理架构、风控技术手段两方面（见图6-7）。

第六章　P2P 网贷模式的征信活动实践与典型案例

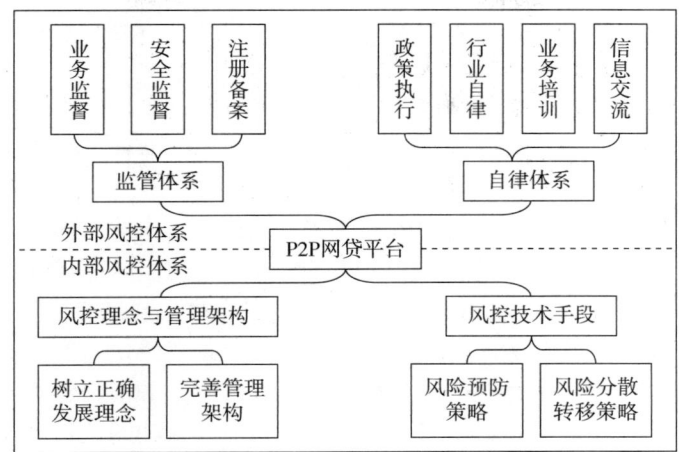

图 6-7　P2P 网贷平台风控体系基本框架

资料来源：作者根据相关资料整理绘制。

2. P2P 网贷平台风险控制体系构建的建议

（1）加快监管体系建设。P2P 平台不能建立资金池；落实实名制原则，投资人与融资人都要实名登记避免违反反洗钱法规；明确 P2P 机构不是信用中介，也不是交易平台，而是信息中介；行业应有一定的行业门槛，对从业机构的注册资本、高管人员的专业背景和从业年限、组织架构也应该有一定的要求；投资人的资金应该进行第三方托管，不能以存款代替托管；P2P 平台不得为投资人提供担保，不承担系统风险和流动性风险；走可持续发展道路，不要盲目追求高利率融资项目；P2P 行业应该充分披露信息，开展必要的外部审计；P2P 投资者平台应该推进行业规则的制定和落实，加强行业自律的作用；坚持小额化，支持个人和小微企业的发展的原则等内容落实到具体的监管规则中去，使 P2P 网贷平台发展有法可依。此外，监管部门还应积极推动 P2P 网贷平台加入到个人征信体系的建设中来，加强征信体系对行业发展的支持。

（2）完善自律体系建设。从我国金融行业监管现状来看，行业自律的作用不容忽视，其是政府监管部门与行业发展之间的纽带和桥梁，行业自律组织既可贯彻相关监管政策执行，还可及时掌握行业发展最新的数据和动态。可以考虑在人民银行支付清算协会牵头成立的"互联网金融专业委员会"的基础上，积极整合其他相关自律组织，形成全国性的行业自律组织。行业自律组织重点在以下几方面发挥作用：首先，形成和制定行业发展的统一服务标准和规则，引导 P2P 平台规范发展；其次，探索建立 P2P 网贷平台的登记备案制度，促进 P2P 行业阳光化发展；最后，推动建立 P2P 平台发展的投资者保护基金，或促进其他风险分担机制的设计和推广，增强 P2P 平台自身对于风险的承受能力和行业自救能力，既保护金融投资者的合法权益，也保障行业的健康发展。

（3）P2P 平台要加强自身建设。P2P 平台作为金融信息服务平台，其主要职责是提供相应的信息中介服务，保证借贷双方信息的准确性，实现资金的有效配置。因此，P2P 平台应树立建设"百年老店""做大做强"的发展理念，把功夫下在强化平台实力、把控借贷双方资质、进行技术研发等方面，以此防范风险的积累和爆发。首先，平台应重视高层次专业人才的引进。作为一种金融创新，P2P 平台的风险控制体系与方法仍处于探索阶段，高层次的专业人才比较缺乏。这也是部分 P2P 平台产生大量坏账，无法持续运行最终倒闭的重要原因之一。从目前市场上风险控制水平良好的平台来看，拥有高水平的信贷管理团队、吸引专业人才和来自传统金融机构的风控精英，是平台取得成功的关键。行业整体的健康发展能够发挥示范效应，吸引更多的人才进入这个领域，形成人才与行业发展的正向反馈机制。其次，应加大技术研发的力量。P2P 平台所有业务需要在网络上完成，网络的安全性、平台使用的友好性、交易数据的完备性、对客户信息的隐私保护等都需要不断加强，防止破坏行为的不利影响。另外，交易平台的虚拟性使 P2P 平台要承担更多的技术风险，必须加大技术研发的力量来妥善解决这一问题。

（4）完善 P2P 平台风险识别与预防措施。首先，要健全针对借款人信息的审核体系，有效降低来自借款人的信用风险。在平台自身征信系统和征信技术开发建设的基础上逐步建立行业信用信息共享机制、提升行业的整体风控水平是重点工作。可通过黑名单共享、判断是否存在一人多贷等方式，让 P2P 企业在提供借款时有更多参考指标，提高借款效率与风控水平。此外，解决互联网金融企业不能接入央行征信系统的现状，也能在很大程度上降低 P2P 机构的审贷成本，提高审贷质量和服务效率。其次，建立对投资人合规性的审核机制，有效控制违法洗钱的风险。由于目前 P2P 平台对投资者合规性的审核严重不足，P2P 网贷极有可能成为不法分子进行洗钱的场所和工具，P2P 平台需要加强对投资者合规性的审核工作机制。具体而言可从两方面着手：一是对于大额资金建立合法性调查机制；二是加强贷款业务过程中的投资者洗钱风险甄别。

（5）提高平台风险化解与转移的能力。P2P 平台发展中面临的风险不可能完全消除，在风险产生后采取有效的化解和转移措施，可在一定程度上缓解平台的风险。大量出现的平台倒闭和跑路事件背后，存在着部分平台对于发生的风险处置不力的因素。P2P 平台可从逾期借款支付机制和坏账风险的转移机制两方面采取措施。首先，建立科学有效的逾期借款支付机制。平台可以通过建立合理的账款催收机制、拨备一定数额的风险准备金等方式建立应对逾期风险的机制。其次，强化坏账风险的转移机制。一旦发生坏账，平台要在客观分析原因的基础上，综合运用各种手段进行坏账风险的转移，包括通过与保险公司合作、加强与担保机构合作等方式进行风险转移。

第二节　P2P 网贷征信活动实践

一、P2P 网贷的征信流程

本节分析和讨论的 P2P 网贷征信是指在 P2P 平台进行网贷的过程中，对借款者的信息进行采集、加工、处理、保存和披露，目的是帮助资金贷款者识别、判断信用风险。P2P 网贷征信建立在大数据的基础上，网贷平台征信能够提高风险评估水平，减少信息不对称风险，帮助平台以及投资者识别风险，进行投资决策。P2P 网贷平台征信过程大致分为三个环节，即数据采集、数据挖掘和征信报告（见图 6-8）。

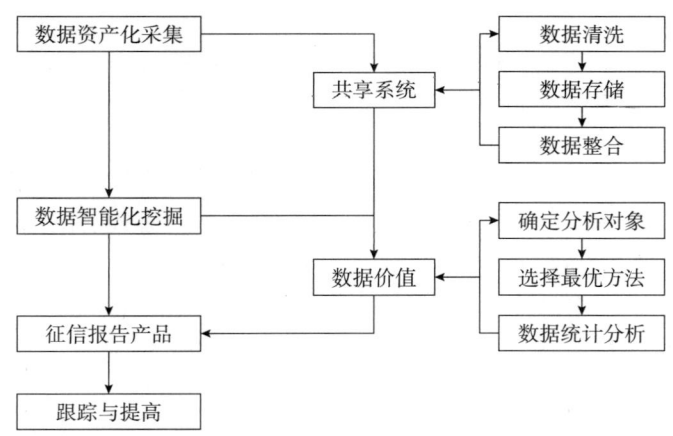

图 6-8　P2P 网贷的征信流程

资料来源：王书斌，谭中明．数据驱动下 P2P 网络借款征信共享机制研究 [J]．西南金融，2018（6）：59-67．

一是数据采集。数据采集是 P2P 网贷平台征信的第一个步骤。网贷平台首先对客户信息进行采集，包括借款者的家庭情况、资产收入、以往借款历史和信用状况等硬信息，以及借款者相貌、社交言论等软信息，然后对这些信息进行第一次清洗，清洗后的数据再交由征信系统进行第二次清洗，在第二次清洗的过程中，数据价值体现出来。清洗后的数据被检验的次数越多，其提供决策信息的贡献度越大，且越可靠。

二是数据挖掘。数据挖掘指数据智能化挖掘，一般包括数据分类、分类特征选择以及相关性分析。通过人工智能等方法对信息进行交叉验证，以提供可靠信息帮助资金借出者做出正确的决策。目前人工智能技术发展迅速，决策树、神经网络、支持向量机、贝叶斯分类算法等智能识别技术可以为 P2P 网贷平台征信系统提供知识和决策支持，帮助使用者进行风险评估。

三是征信报告。征信报告通过数据驱动技术进行风险测算，根据使用者的需求，利用数据挖掘技术，围绕某一特定主题进行数据挖掘，挖掘借款者的隐性特征、预测信用状况、评价潜在风险，为网贷平台和投资者提供有价值的数据报告。

二、国内外 P2P 网贷征信活动实践

（一）国外 P2P 网贷征信活动实践

国外先进国家的 P2P 网贷征信活动基于本国已经较为完善的征信体系开展，能够有效控制风险，为小微企业和个人消费者提供高效的金融服务。

1. Prosper

美国的 Prosper 平台成立于 2006 年 2 月，是一家单纯的借款中介平台，平台方只负责撮合借贷双方在线上完成交易，是一种类似于拍卖模式的运营模式。借款者（个人信用积分在 640 分以上的）通过 Prosper 平台提交自己的借款信息，主要包括借款额度、期限以及愿意支付给贷款方的最高利率（通常借款者的借款额度在 2500~35000 美元之间，贷款期限为 1~5 年），Prosper 平台对借款项目进行审核，审核通过之后便可以将借款信息发布于平台网络之上，而众多的贷款者（投资者）通过在线上降低利率进行竞拍，这种竞拍模式使每一笔交易以最低的成本完成。而借贷完成后，Prosper 平台分别向借款者和贷款者收取 1%~3% 以及 1% 的服务费。

Prosper 采用 Experian 征信公司的 FICO 信用评分，根据 FICO 评分和 Prosper 自身评分，Prosper 平台会对借款者进行严格的审核，并将借款者的信用分为 AA、A、B、C、D、E 以及 HR（High Risk）七个不同的等级，等级越靠前，信用水平越高，而借款者所对应的借款利率也越低，相应地，在这一信用水平进行放贷投资的贷款者的收益率也会较低。Prosper 平台将借款者的信用等级进行审核、归纳，供贷款者根据自身的风险偏好进行投资。Prosper 的借款利率随时

间有一定的波动性,收益率则相对固定,Prosper 平台上不同信用等级所对应的借款利率与投资者的收益率如表 6-1 所示。

表 6-1 Prosper 平台上不同信用等级所对应的借款利率与投资者的收益率

借款者信用等级	借款利率（%）	投资者收益率（%）
AA	6.05~7.96	4.32
A	8.19~11.33	5.05
B	11.56~14.06	6.06
C	14.59~18.27	8.34
D	19.00~22.68	10.98
E	23.44~27.04	12.58
HR	27.75~31.25	11.25

资料来源：Prosper 官网。

2. Lending Club

Lending Club 是美国最大的 P2P 网贷平台，Lending Club 对借款者的审核较 Prosper 更为严格，只有个人信用积分达到 660 分以上才能成为平台的借款用户，借款者的借款额度在 1000~35000 美元，借款期限一般为 2~5 年。Lending Club 采用的是债权转让的经营模式。当有借款需求的借款者在平台发布借款信息之后，平台对借款者进行严格的审核，审核通过之后由 Lending Club 的合作银行 Webbank 向借款者发放贷款，而有投资需求的贷款者通过购买 Lending Club 平台的票据而成为平台的债权人。

Lending Club 平台的借款利率是由平台方与合作银行 Webbank 共同制定的。平台将借款者的信用分为 A、B、C、D、E、F、G 七个不同的等级，每个级别又包含 1、2、3、4、5 五个子级。当前 Lending Club 等级贷款中，A、B 两类贷款占比较大，C、D 两类贷款占比不断增多，E、F 和 G 三类贷款的占比最小，且呈现不断缩小的趋势。Lending Club 除了在运营模式上与 Prosper 有些不同以外，其他的指标选取都有相似之处。Prosper 与 Lending Club 的比较分析如表 6-2 所示。

表 6-2 Prosper 与 Lending Club 的比较分析

对比项目	Prosper	Lending Club
主要业务	个人信贷业务	小微企业贷款
定价模式	信用等级	信用等级
贷款最低信用积分	640	660

续表

对比项目	Prosper	Lending Club
贷款金额范围	2500~35000 美元	1000~35000 美元
利率范围	6.05%~31.25%	6.48%~29.99%

资料来源：Prosper 官网、Lending Club 官网。

Lending Club 有着比较完善的网贷征信体系。借款人向 Lending Club 提出借款请求后，平台向美国的三大征信机构（Experian、Trans Union 和 Equifax）购买该申请者的征信信息，并根据提供的信用得分情况决定是否向借款者放贷以及借款利率是多少。平台也会将借款者借款后是否及时还贷的真实情况反馈给征信机构：若借款者违约，平台会将违约情况反映给征信机构，以进一步完善该借款者的信用信息，降低该人的信用分数。Lending Club 还与 Facebook 合作，以获取借款人除征信机构提供的信用信息以外的其他补充信息，即利用社交网络进行个人征信，获得更多有利信息。随着 Lending Club 平台上借款者的增加，填写的信息越来越丰富，Lending Club 逐步建立了自己的评分体系，并不完全依赖 FICO 评分。

3. Zopa

Zopa 是英国也是全世界第一家 P2P 网贷平台，自 2005 年成立以来采用纯线上的运营模式提供个人信贷业务。Zopa 的运营模式与 Prosper 较为相似，只专注于个人小额信贷业务，其借款人的借款额度较低，为 1000~2500 英镑，借款期限主要集中在 3~5 年。就平台风险控制而言，为了降低信用风险，贷款人的钱通常会被分散给 50 个以上的借款人。平台不仅披露风险指标，还披露这些指标是如何计算出来的，使出借人了解其所面临的潜在风险，而借款人也可以了解到自己应承担多少借款成本。出借人也可以在网上查到自己所借出的钱的去向，所有流向具有一一对应的关系，并且清楚知道回报收益多少，真正做到了 P2P。

Zopa 平台可以直接使用国家金融征信系统，并且征信的使用权限较高，平台信用评分和评级可以直接关联征信系统，随时获得借款者的信用记录，如信用卡、贷款记录等。Zopa 对借款者要求严格，借款者必须提供详细的个人信息，并且要有稳定的工作收入。若借款者不按约定使用借款，则会对借款者有其他方面的要求。Zopa 平台根据借款者提供的信息，结合购买的第三方机构提供的信息，将借款者信用分为五个等级：A*、A、B、C、Y，其中 Y 是特别为 20~25 岁的年轻人设定的专属等级，因为此年龄段的消费人群往往收入低、消费水平高，信用记录少，但是有较好的收入前景。此外，Zopa 与 Prosper、Lending Club 的不同之处在于平台成功引入了第三方管理运营保障基金来保障贷款人的利益，保障基金来源于借款者按照约定缴纳的准备金。当借款者出现违约时，平台方可以用保障基金来偿还借款者的本息。

4. Kiva

美国 Kiva 成立于 2006 年 1 月，是美国主要的非营利性 P2P 平台，其服务范围是全球经济发展落后的地区和国家，通过与当地的微金融机构合作，为放款人提供机会支持当地的经济发展和小微企业融资。Kiva 的运作原理非常简单：首先，各小额贷款机构通过走访等形式获得贷款申请者的基本信息，公布在 Kiva 网站上。网站模仿网上商店的做法，根据偿还前期贷款的情况、经营时间和贷款总金额等项目把申请者分级。其次，在放款人选择完放贷对象，将资金转移给 Kiva 网站后，Kiva 会把资金以免息或很低的利息借贷给相应的小额贷款机构，然后这些机构再以一定利息将资金借贷给需要的穷人。Kiva 平台与多种机构合作，包括微金融机构、大学、非营利性机构等，通过多种渠道获取借款人信息，达到间接控制违约风险的目的。Kiva 将这些合作机构分为三个等级，不同等级的机构对应不同贷款额度，具体情况如表 6-3 所示。

表 6-3 Kiva 对合作伙伴的风险控制

关系程度	伙伴关系类型	12 个月内允许贷款额度（美元）
低	实验伙伴关系	≤50000
中	基本伙伴关系	≤400000
高	完全伙伴关系	≤4000000

资料来源：胡园园. Kiva 风控体系对完善我国 P2P 监管政策的启示 [J]. 金融市场，2016（2）：28-31.

Kiva 对不同程度的伙伴关系实行差别化对待，对于完全伙伴关系的申请者，要求合作机构遵循"斯玛特客户保护原则"（Smart Campaign），目的是保证其承担起一定的社会责任，同时 Kiva 会进行实地考察，评估项目风险；平台对基本伙伴关系的申请者并不进行风险评估；对于实验伙伴关系的申请者，平台不做严格审查，也没有最低的标准要求，但是对其有总量的控制，以减少局部的风险暴露。Kiva 利用互联网技术以及小额信贷风险控制机制，突破了平台与借款者的限制，通过各个等级的合作机构对借款资金及时跟进，虽然没有利用征信系统这一方式，但也在一定程度上减少了信息不对称风险。

（二）国内 P2P 网贷征信活动实践

目前虽然国内已经出台相应法律法规，P2P 网贷平台接入征信系统已提上日程，但征信系统发展尚不健全，网贷平台依靠现有资源开展征信活动，所采取的模式主要有线上模式、线上线下混合模式、线下模式以及第三方机构合作模式。

1. 线上模式

从借款者提出申请、审核借款者资格到交易达成，所有过程均通过互联网完成。资金利率由交易双方决定，网贷平台只担任中间人的角色，通过收取服务费赚取利润，所有风险均由平台使用者承担，因此这种模式下的信用风险很高。以拍拍贷为例，这种类型的网贷平台可定义为信贷中介机构，采用"竞拍模式"开展业务。此模式代表性的平台是拍拍贷。

2. 线上线下混合模式

该模式是在线上募集资金，在线下寻找借款者。征信环节有两个渠道：一是要求借款者填写具体信息，并自行到中国人民银行打印其征信的信用报告，或者在网络上登录个人信用信息服务平台查询信用信息并向网贷平台提交信用报告；二是在工作人员陪同下进行实地认证，保证个人信用信息的准确性。这种模式的缺点是信用风险较大，个人征信报告可能有造假的嫌疑，另外也会增加借款人的借款成本（查询本人信用报告 3 次及以上的，每次收取 25 元）。此模式代表性的平台是人人贷。

3. 线下模式

部分平台除了前期信息收集在互联网平台上进行外，其他审核、定价和交易等均通过线下进行。借款者在互联网平台上提出借款申请后，平台工作人员线下与借款者面对面交谈并进行实地考察，以评估其资产及信用情况，来决定借款利率。这种模式大大降低了信息不对称风险，相应的信用风险也降低；但由于线下平台人员与借款者见面的成本过高，而单笔借款规模平均在 4 万~5 万元之间不等，导致平台可获收益不多。此模式代表性的平台是宜信。

4. 第三方机构合作模式

第三方机构包括担保公司、典当公司和小贷公司等，P2P 平台与这些第三方机构合作，让他们为借款者提供担保。这种模式将风险转移给第三方机构，市场开发和客户维持很大程度上依赖于第三方机构的实力和资质。但是，与担保机构合作要求 P2P 平台支付给第三方机构一笔费用，这增加了平台的运行成本。此模式代表性的平台是有利网。

（三）国内 P2P 网贷征信服务平台

目前我国专门为 P2P 网贷平台提供征信服务的征信机构有上海资信有限公司、北京安融惠众征信公司和百行征信公司。

（1）上海资信有限公司。上海资信有限公司成立于 1999 年 7 月，是一家集个人征信系统和企业征信系统为一体的网络金融征信公司，简称 NFCS，其主要收集消费贷款、网贷和消费金融等的信用信息，利用挖掘和整合技术加工整理后向合作机构提供共享信息、征信增值产品的服务。

（2）北京安融惠众征信公司。北京安融惠众征信有限公司（以下简称"安融征信"）成立于2012年8月，注册资本5000万元，是按照《征信业管理条例》和《征信机构管理办法》相关法规、规范和标准而设立的专业第三方信用服务机构。2013年3月，安融征信推出了民间信贷信息共享服务平台——MSP小额信贷信息共享服务平台，致力于实现小额信贷领域的同业信贷信息共享，打破数据孤岛，解决信息不对称问题，防范共债风险。MSP平台已经成为国内最大的民间小额信用信息共享平台，主要服务于小额信贷服务机构、消费金融公司、电商平台以及银行、保险行业等。

（3）百行征信公司。百行征信公司成立于2018年3月，由互联网金融协会作为发起人，芝麻信用、腾讯信用等八家信用机构作为联合发起人创办，核心业务是提供征信服务。百行征信公司和数据提供商之间呈现互利互惠的关系：一方面，各数据提供商为百行征信公司提供精确无误的信用历史数据，确保百行征信公司有数据基础，打破"数据孤岛"的现象；另一方面，百行征信公司为数据提供商提供征信服务产品，帮助其应对诈骗以及贷款环节中的风险控制问题。百行征信公司的部分数据接入机构如表6-4所示。

表6-4 百行征信公司的部分数据接入机构

机构分类	接入机构名称
综合互联网巨头	蚂蚁金服、度小满金融、京东金融
网络小贷公司	重庆百度小贷、重庆三快小贷、重庆苏宁小贷、深圳中安信业小贷、吉安分期乐小贷、重庆西岸小贷、买单侠、蝶彩小贷、好易借、微粒贷、随行付、正合普惠、成都40多家小贷公司集体接入
P2P借贷平台	陆金所、拍拍贷、宜人贷、人人贷、玖富、微贷网、乐信、狐狸金服、网信普惠、信而富、合众e贷、桔子理财、你我贷、51人品、和信贷、积木盒子、小赢网金、PPmoney、向上金服、广信贷、轻易贷、麦子金服、达人贷、爱投金融、钱牛牛、洋钱罐、铜板街、汇中网、黄金钱包、铜掌柜、恒信易贷、极光金融、叮咚钱包、邦帮堂、挖财财米、嘉石榴、百善金饭碗、小花钱包、中业兴融、乾贷网、博金贷、果儿金融、点融、融资易、麻袋财富
消费金融公司	捷信消费金融、招联消费金融、中银消费金融、马上消费金融、中原消费金融、苏宁消费金融、唯品金融、国美金融、美家时贷
汽车金融公司	一汽汽车金融、东风标致雪铁龙汽车金融、佰仟金融、广汽汇理、易鑫、美利金融、元宝365
互联网银行	亿联银行、微众银行、新网银行、富民银行
金融科技公司	微神马、众联商务

资料来源：张晶，李育冬.从百行征信看我国个人征信的市场化发展[J].征信，2019（12）：54-60.

第三节　P2P 网贷征信活动典型案例分析

一、拍拍贷征信活动案例分析

（一）拍拍贷信用风险控制流程

拍拍贷平台属于典型的纯线上经营模式，借款者授权、借款者申请借款、贷前审核、撮合交易、贷后管理等全部流程均在网上完成。纯线上的经营模式使得拍拍贷平台的贷前资料审核困难且伴随着较高的信用风险。因此，拍拍贷平台设计出一套完善的征信体系有效控制信用风险（见图 6-9）。用户在拍拍贷平台上根据要求填写完个人信息后，平台通过第三方认证的方式进行身份认证和注册，然后使用大数据信息进行欺诈和反欺诈核查。拍拍贷网贷平台成立于 2007 年，已经积累了大量的用户数据，为建设自身的征信体系提供数据基础。

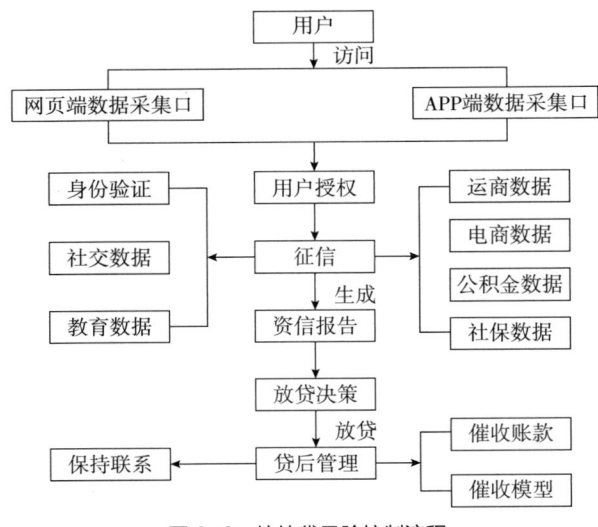

图 6-9　拍拍贷风险控制流程

资料来源：毛珊. 拍拍贷 P2P 借贷平台财务风险控制研究 [D]. 华北水利水电大学硕士学位论文，2019.

（二）拍拍贷的征信系统

互联网大数据可以对使用者进行全方位、多角度的深入分析，拍拍贷平台利

第六章　P2P 网贷模式的征信活动实践与典型案例

用大数据技术，对借款者进行两千多个方位的数据采集，对个人的参考因子达四百多个。拍拍贷要求借款者填写信息时提供身份证信息、学历信息、驾驶证信息等，同时将这些信息交予合作的第三方权威机构（包括安全部信息中心、教育部学习信息中心、驾驶人车辆信息中心等）进行认证，并将认证结果反映在信用等级报告中。除了和这些权威机构合作外，拍拍贷平台还与网络社交平台、电子商务平台以及第三方支付平台等建立紧密的合作关系，建立征信系统。例如，腾讯公司旗下的微信、QQ 等社交软件平台已成为互联网使用者进行日常交流的必备软件之一，很多其他行业和领域软件的入口也都是通过微信或者 QQ 的第三方平台进行登录，腾讯公司通过各种渠道直接或者间接地掌握了互联网用户的行为信息。与腾讯公司进行合作，能够了解平台用户的社交背景、联系人背景和其他潜在社会信息，能够利用大数据对该用户的行为信息进行分析，反映借款者的信用特质，为网贷征信提供一定参考。再如，淘宝和支付宝分别是全国最大的电子商务平台和第三方支付平台，又同属于阿里巴巴，直接与阿里合作可以获得大量消费和支付信息，也能反映出借款者的信用水平。拍拍贷平台通过自建的大数据征信系统在一定程度上发挥了减少贷前审核风险的作用。拍拍贷大数据征信体系如图 6-10 所示。

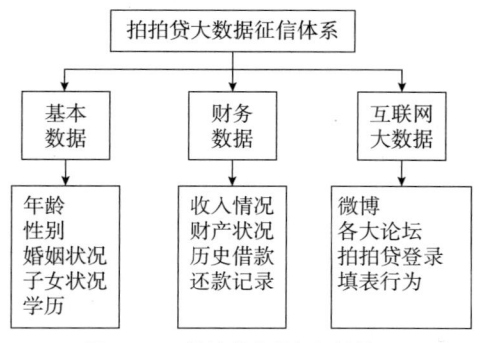

图 6-10　拍拍贷大数据征信体系

资料来源：张杰等. 互联网金融发展与小微企业融资创新 [M]. 北京：经济管理出版社，2017.

2015 年，拍拍贷平台推出了具有自主知识产权的风险控制系统——魔镜风控系统。该系统旨在降低平台的信用风险，对借款者进行更严格的风险控制。魔镜风控系统不仅能对借款者进行信用认证，还能对每笔贷出的款项进行风险定价。在借贷交易成交之前，风控系统会对该项贷款进行风险评估，并将风险分为 AA、A、B、C、D、E、F 七个不同等级，从 AA 级到 F 级风险依次上升。该系统对借款者的信用水平把控更加严格，要求借款者提供更为全面的个人信息，还要公布更多认证，有利于提升信用评级，影响借款者能否成功借款、借款额度、借款利率等。应用魔镜风控系统，对于借款者来说，每笔借款金额和借款期限都有详细记录。如果借款者能够按时还款，成为平台稳定的借款者，逐渐积累良好的信用，在降低成本的同时也更容易获得借款资格；对于出借者来说，该系统能够为其是否出借资金提供参考意见。对于拍拍贷平台来说，一方面借款者按时按量还款，在提高借款者信用资质的同时，能够减少平台整体的违约风险，提高平台风险控制水平；另一方面平台信用水平的提升又能够吸引更多的资金出借者在平台上进行投资，提升平台的资金实力和市场竞争力。

二、人人贷征信活动案例分析

人人贷平台采用线上线下相结合的模式。借款者通过手机或者网络平台的客户端在线上填写个人信息资料并提交征信报告，由第三方合作机构实地考察进行初审，形成个人征信报告，再交由人人贷进行复审，若复审通过，则会在网站上发布借款项目。人人贷征信模式如图 6-11 所示。

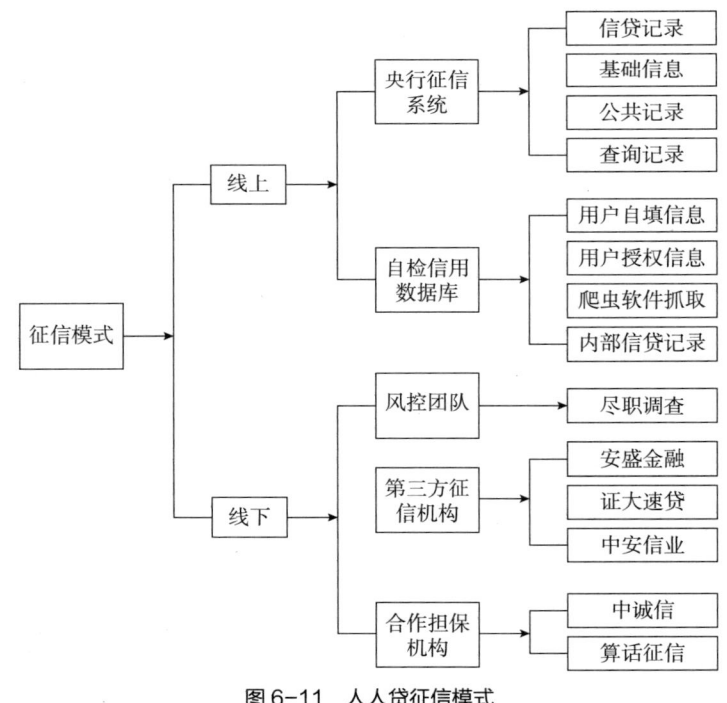

图 6-11　人人贷征信模式

资料来源：陈新枝. 征信在 P2P 网贷信用风险管理的应用研究——以人人贷为例 [D]. 上海国家会计学院硕士学位论文，2017.

第六章 P2P 网贷模式的征信活动实践与典型案例

（一）采用央行征信系统

借款者在申请贷款时，人人贷平台会要求借款者进行面部识别验证、身份证信息验证以及手机运营商验证，然后借款者会获得一个 ID 账号，在 ID 账号中，借款者要按照要求去央行征信部门查询个人信用报告并通过客户端提交报告。拍拍贷之所以选择央行的征信报告作为个人评分模型的主要信息来源，是因为央行征信系统的信息来源是银行、电信、税务、法院等权威部门，它们提供的信息都是规范、标准化的，生成的个人征信报告具有权威性、可比性。

（二）建立内部征信系统

首次在人人贷平台借款的用户，其征信信息采取央行的个人征信报告即可。若在平台上进行多次借款，平台则需要建立自身的征信数据库，这对于有不良信用记录的借款者尤为重要，能有效防止信用风险。如表 6-5 所示，人人贷建立自身征信数据库除了借款者申请借款时填写个人基本信息资料（包括姓名、性别、出生年月、家庭住址、免冠照片、手机号码、社交账号、第二及第三联系人、学历证明、婚姻情况、身体健康状况）之外，还通过人人贷 APP，经借款者同意授权后读取借款者的手机信息，如通讯录、位置信息和图片等。若借款者借款后发生违约，人人贷可以通过读取手机通讯录联系借款者频繁联系的手机号码来寻找失联的借款者，或通过手机定位上门催债。人人贷还与第三方机构合作，运用爬虫技术挖掘借款者在网络平台上的行为信息，包括社交、消费以及理财信息，从不同维度考察形成"个人行为特质"。此外，借款者在人人贷平台的以往交易情况也是征信信息的重要部分。

表 6-5 人人贷征信数据库信息来源和对应指标

来源	信息归属一级指标	信息归属二级指标
用户自填信息	用户基本信息	身份证信息
		职业信息
		联系信息
		银行卡信息
		学历信息
		婚姻状况
		健康状况
	用户认证信息及第三方关联账户	用户认证信息及第三方关联账户

续表

来源	信息归属一级指标	信息归属二级指标
手机APP获得授权	用户基础信息	联系信息
	个人行为特质	社交影响
		消费习惯
		理财行为（含其他网贷平台的借贷记录）
爬虫软件抓取	个人行为特质	社交影响
		消费习惯
		理财行为
内部借贷记录	个人信用类指标	网贷信用历史

资料来源：陈新枝.征信在P2P网贷信用风险管理的应用研究——以人人贷为例[D].上海国家会计学院硕士学位论文，2017.

（三）线下风控团队进行调查

在通过互联网技术征信后，人人贷平台为确保网络征信信息的真实性，在线下组建风控团队进行实地考察。借款人向集团旗下的有信门店提交申请材料后，有信客户端接到贷款申请后会针对该借款项目成立项目小组，对借款人的实际情况进行实地走访和实际调查，只有借款人的实际情况符合人人贷平台的要求，才会将借款申请发布到网贷平台上进行项目招标。风控团队线下调查包括：①借款人身份验证：验证借款者个人基本信息，如身份证信息、真人是否与提供的照片相符、籍贯等。②借款者财产信息验证：核实房产证、行驶证、机动车登记书以及其他财产证明原件。③工作信息核实：去借款者提供的工作地址进行走访，检查借款者银行工资收入流水；若借款者是小型企业老板，则要检查其营业执照、税务登记证书等，并对借款者所有企业实地走访，了解实际经营状况。④家庭情况调查：核实借款者婚姻状况是否与所提供的资料相符，并确认家庭成员关系。⑤周围走访：可对借款者的邻居、联系人等进行访问，了解借款者的口碑和信用，作为辅助信息。

（四）与担保机构合作

与人人贷平台合作的担保机构有安盛互联网金融、正大速贷小额贷款和中安信业，这几家均为小额贷款公司，与人人贷平台的经营模式相符。这些担保公司在为借款者担保之前，会先对借款者进行信用调查，担保公司的信用调查与拍拍贷平台风控团队的线下核实工作并不完全相同，合作担保公司派出的人员是人人贷平台的外部人员，担保公司的政策环境、风险控制流程以及内部环境与人人贷也不尽相同。担保机构会将符合信用要求的借款者推荐给人人贷平台，人人贷对合作机构推荐的借款人及其借款项目进行复审，复审通过后会发放贷款。与担保机构合作具有诸多优势：①担保机构向平台推荐借款人及借款项目并为其承担担保责任，与无抵押担保项目相比，投资者有了担保公司的承诺，确保投资标的能够收回，增加投资者信心，能够促进投资者在更短的时间内投放资金，缩短资金在借贷双方间的流通。②担保机构为了使其举荐的借款人和借款项目按时按量还款，避免承担连带责任，必定会在贷前尽职做好征信工作，再加上人人贷平台自身的征信系统作保障，这样便起到了"双保险"的功能，最大限度减少了信用风险，增加了贷款的安全性。③担保机构和小贷公司在征信流程、信用风险管理、实践模型经验方面具有更专业的经验，也具有其他的合作资源，比人人贷平台自身更高效。

（五）与第三方征信机构合作

人人贷平台联合中诚信征信公司、P2P网贷公司、融资租赁公司、投资管理公司、消费信贷机构等发起了征信联盟，在取得借款人书面授权后，人人贷可以直接查询个人信用信息。2016年，人人贷还与算话征信签署"全面战略合作协议"。这些都有助于人人贷多方面拓宽征信获取渠道，实现信息交叉验证，有效提高信息质量，减少信用风险。与第三方征信机构合作的优势显而易见：虽然人人贷建立了内部的征信体系，但相对于专业的征信机构来说稍有逊色，毕竟"术业有专攻"，征信公司具有海量的信用数据，如中诚信征信公司已经与商业银行合作了十几年，这期间积累的信贷数据是人人贷无法相比的；同时，在征信技术方面，专业的征信公司水平更高。

第七章 众筹融资模式的征信活动实践与典型案例

Chapter 7

众筹一词源于英文 Crowdfunding，由众包（Crowdsourcing）引申而来，后者指个人或企业突破雇员与供应商的界限，从大量人群中获取人力、技术、观念或者服务。众筹获取的是资金，实质上是面向资金的"众包"。《牛津词典》对众筹的解释是"通过互联网为某个项目或企业向众人筹集小额资金的做法"。国际证监会组织（IOSCO）将众筹界定为想要募集资金的个人或企业通过互联网网站，从大量个人投资者或机构投资者处获得部分资金来满足项目、个人或企业资金需求的活动。与传统依托于商业银行等金融机构的融资方式相比，众筹具有形式灵活、门槛较低、面向大众、注重创新等特征，可分为债权众筹、股权众筹、回报众筹以及捐赠众筹等具体形式。任何金融服务都需要以征信为基础，众筹作为金融创新工具同样需要征信来保驾护航，下面对其征信活动实践和典型案例进行分析和探讨。

第一节 众筹融资发展概况

一、众筹融资的发展与分类

（一）众筹融资的发展

众筹的雏形最早可追溯至 18 世纪，当时大多文艺作品依靠一种叫作"订购"（Subscription）的方法来完成。例如，贝多芬曾通过这种方式来筹集资金，在作品完成之后，提供资金的订购者会获得一本写有他名字的书，或是协奏曲的乐谱副本，或者可以成为音乐会的首批听众。除此之外，当时还有教会捐赠、竞选募资等类似的情况，但上述众筹现象既无完整的体系，也无对投资人的回报，不符合商业模式特征。现代意义的众筹融资方式则来源于众包。众包是企业将本应由自己员工完成的任务，通过互联网平台外包给大众，集合大众的力量来完成该任务。众筹和众包的区别在于：众包中的大众自己直接承接并完成项目，进而获得资金回报，而众筹融资方式中的大众只提供资金支持，不参与项目的完成，在项目结束后获得项目回报；众包筹集的是劳动力，而众筹筹集的是资金。二者的共同点是都利用网络，其对象都是普通大众。

众筹作为一种商业模式最早起源于美国，据全球著名调查公司 Massolution 调查和估计，自 2009 年开始全球众筹融资规模每年以最低 70% 的增长率增长，众筹融资的规模不断扩大，采用众筹融资方式的国家开始遍布全球，众筹融资的具体运营模式也开始不断发展。可以看出，无论是国外还是国内，众筹商业平台起步大多是文化创意产业融资。例如 Kickstarter，作为美国众筹平台的第一巨头，目前仍是以插画、音乐、设计等与文艺相关的项目为主。众筹融资模式的兴起很大程度上得益于信息化时代下技术的发展与进步。众筹网站作为综合型平台，集信息发布、资金交易、社交网络和创业服务于一体。网络人文艺术与智能软硬件已成为创新创业的热点，当前人们对商品的诉求已经从数量转向品质，这种品质不仅包含着质量的提升，更意味着消费者追求与众不同的个性化商品。

（二）众筹融资的分类

随着众筹的发展，众筹模式可以依据对众筹投资者最终所获产品（简单感谢、产品寄送、直接现金支付和股票发行）进行分解与组合。基于此，可将众筹分为捐赠众筹、奖励众筹、债权众筹和股权众筹四类。这四种类型的众筹融资投资者利益关系强度依次递增，进而其运营复杂程度也依次递增。相较其他三种众筹融资模式，股权众筹运营流程最为复杂，周期也相对较长。

1. 捐赠众筹

捐赠众筹是专注于公益慈善事业的非营利性众筹。项目发起人在众筹网站发布项目，投资者选择感兴趣的项目进行捐赠活动，捐赠众筹和其他三类众筹相比，特殊的地方在于投资者不以获取利益为目的，也不要求返还本金。而捐赠众筹与传统慈善捐赠的区别在于：捐赠众筹项目发起人的资金不像传统慈善捐赠那样只能用于慈善事业，其资金使用情况不受限制。由于捐赠众筹具有非营利性的特点，因此获得支持的可能性更大，这也有利于非营利性组织的发展。国外捐赠众筹模式已较为成熟，在我国，鉴于担心捐赠资金去向不明等原因，捐赠众筹并不普遍。

2. 奖励众筹

奖励众筹也称为产品众筹、回报众筹，以商品或服务预售为主，其回报形式仅限于实物资产或其他特殊权利，目前在众筹融资行业中占据主体地位。一般的预售模式下投资者的回报大多是融资项目的产品，但也有可能是以低于市场价格购买产品的权利。此外，奖励众筹中投资者可能会收到价值小于所投资金额的回报。奖励众筹更像是预购，如电影众筹，投资者投入一定资金，待项目融资成功运转完成就可获得相对应的电影票和首映式入场券。创业者可以在众筹网站上展示宣传材料，并且根据不同的出资额级别设定不同的产品回馈数量级别，出资人阅读后对有意愿出资的项目转款，创业者募集目标完成后利用资金生产，并按事前约定的产品额度向出资人发货。奖励众筹的实质是预购行为，对经济总量影响有限，在国内发展潜力较小，但是在电子科技产品方面、影视产品和游戏产品众筹方面得到快速发展。

3. 债权众筹

债权众筹是按投资前确定的收益率返还本金和利息的融资方式，按贷款对象不同进一步可以分为个人信用贷款、中小企业贷款等类型。筹资者在众筹网站上展示宣传材料，并且根据不同的项目以及借款金额和借款期限设置不同的借款利率。出资人阅读后对有兴趣的项目转款，到期收回本金利息。债权众筹的典型模式是 P2P 网贷。

4. 股权众筹

股权众筹是指筹资者通过互联网众筹平台，以出让股权或众筹项目固定比例权益作为回报，面向普通投资者公开募集资金的一种融资方式。股权众筹的运转特点主要包括：①以网络为媒介。借助网络传播速率快、成本低、受众人群广泛的特点，把网络策略和大数据结合，便利中小型公司完成融资活动。②融资参与者多是中型、小型以及微型公司。中小型以及微型公司在创业初始阶段较难达到苛刻的融资标准，而股权众筹并不需要公司支付高昂的审计费用、保荐费用，也不需要支付违约费用，是较好的融资平台，因此能够吸引大量的中小微型公司。③面向大众投资。相较于其他融资类型，股权众筹对于投资者标准较低，使普通群众有机会参与。④投资风险较高。由于股权众筹属于权益类投资，周期较长，面临的不确定性较大，因而增加了投资风险系数[1]。

---

[1] 蒋卫华. 我国股权众筹运转模式风险状况及监管模式创新研究[J]. 经济体制改革，2017（5）：142-148.

二、众筹融资的国内外发展概况

(一) 国外众筹发展概况及典型平台

早在2001年国外就开始出现面向艺术家及其粉丝的众筹平台ArtistShare，被称为"众筹融资的先锋"。2005年之后，众筹平台如雨后春笋般出现，如Sellaband（2006）、SliceThePie（2007）、IndieGoGo（2008）、Spot.Us（2008）、Pledge Music（2009）、Kickstarter（2009）、AngelList（2010）、Wefunder（2011）等。在欧美影响力较大的众筹平台Kickstarter和Indiegogo属于回报众筹，投资者预先把资金支付给融资者，来获得优先得到产品的权利以及融资者的其他馈赠，产品类型包括各类硬件产品、音乐、漫画和其他创意产品等，其魅力在于一方面满足了消费者优先获得独特产品的心理，另一方面测试了市场反馈，使融资者获得了早期开发和生产的资金。随着回报众筹的发展，股权众筹也开始出现，AngelList和Wefunder属于典型的股权众筹平台，使普通大众能够通过互联网进行小额的股权投资。股权众筹的产生背景在于2008年全球金融危机之后，各国资本市场监管趋严，IPO数量大幅度减少使小微企业融资愈加困难，股权众筹所具有的"公开、小额、大众"的特点被认为是解决小微企业融资难的重要途径。随着美国《初创期企业推动法案》（简称JOBS法案）的出台，全球代表性发达国家及发展中国家都在股权众筹合法化方面进行了积极探索，如意大利在美国之后通过了类似的关于股权众筹的Decreto Crescita Bis法案；英国和德国已经将股权众筹融资看作合法的融资模式，进一步激发这一金融创新的活力，也为小微企业融资开辟了新的渠道。此外，众筹对资本市场发展和经济增长都具有一定现实意义：首先有利于缓解小微企业融资难的问题，鼓励创新创业；其次有利于引导民间金融走向规范化，拓展和完善多层次资本市场；再次有利于分散融资风险，增强金融体系的弹性和稳定性；最后有利于创造就业机会，促进技术创新和经济增长。

国外典型股权众筹平台包括英国的Crowdcube平台、美国的Kickstarter和AngelList平台、澳大利亚的ASSOB平台等。

1. 英国Crowdcube平台

Crowdcube平台成立于2011年2月，致力于为初创企业募集资金。为提高融资效率，Crowdcube制定了一套标准化流程：融资方首先提出申请并制作融资计划书，对项目相关情况进行细致描述。Crowdcube进行真实性审核后，安排项目正式上线。投资者根据偏好对项目进行筛选，并可通过Crowdcube以及Facebook、Twitter等社交网络，与融资者直接交流以做出投资决策。根据规定，投资者最低出资额为10英镑，无最高额限制。募集期满后若融资成功，

Crowdcube 与其合作律师事务所将会同发起人完善公司章程等法律文件，并发送给投资者确认，投资者确认后，资金将通过第三方支付平台转账到融资方账户，投资者收到股权证明后即完成整个融资流程。若募集期未满而投资总额已达到融资目标，发起人可以增加目标金额继续融资。Crowdcube 免收会员费、项目发起费，但融资成功后将向融资方收取 500 英镑的咨询管理费以及融资总额的 5% 作为手续费。

2. 美国 Kickstarter 平台

该网站成立于 2009 年 4 月，通过网络平台面对公众募集小额资金，让有创造力的人有可能获得他们所需要的资金。Kickstarter 的运作模式非常简单，项目、创意的提供者即资金的需求方在平台上进行申请，Kickstarter 会对项目进行审核，通过后放在网站上向公众展示并筹集资金。Kickstarter 仅仅把自己定位为一个平台，将项目发起人和支持者联系起来，并没有对募集资金进行监管。对于那些成功募集的项目，Kickstarter 会将全部筹款划拨给发起人账号，不承担风险。文化创意产业融资是 Kickstarter 平台起步的主要内容，其众筹的项目包含艺术、电影、新闻、工艺品、时尚、设计、漫画等 15 个品类。在 Kickstarter 众筹平台上，资金需求方通常会设立一个筹资期（一般是 30 天）和筹资目标，如果募资超额即项目众筹成功，相关投资人可以根据不同的投资额度获得相应回报，而 Kickstarter 会收取募集金额的 5% 作为佣金；如果募资达不到目标额则宣告项目众筹融资失败，所募的资金将自动返还支持者账户。

3. 美国 AngelList 平台

AngelList 成立于 2011 年，现已为上千家初创企业成功融资，总额超过 3 亿美元。2012 年，美国股权众筹市场迅速膨胀，AngelList 抓住时机完善了线上服务内容，使投资者可以一站式完成股权投资，良好的客户体验有效提升了 AngelList 平台的知名度。2013 年，AngelList 在平台上推出"联合投资"（Syndicates）模式，由一名专业投资者作为项目领投人，并负责联合其他投资者跟投，项目筹资成功后，由领投人负责管理股权资金，监督项目实施，以帮助跟投人盈利。作为回报，领投人可以从跟投人最终的投资收益中提取 5%~15% 的佣金（Carry），而 AngelList 则收取 5% 的服务费。这种"联合投资"模式与风险投资（VC）的机制颇为相似，不仅能够激励领投人发挥专业技能和人际资源，而且可以降低非专业跟投人对项目的顾虑，进而使整个融资流程更加高效。"联合投资"上线不久，AngelList 又推出"拥护者投资"（Backers）模式，该模式的运作主要是基于普通投资者对领投人的信任。具体而言，某个领投人公开表示愿意出资进行股权投资，但是投资项目不确定，如果其他投资者信任该领投人，即可进行跟投，筹资成功后，回报机制与 Syndicates 基本相同。

4. 澳大利亚 ASSOB 平台

ASSOB 成立于 2007 年，是全球最大的股权众筹平台之一。ASSOB 融资方筹集的资本金额在 50 万~500 万澳元之间，出让的股份所占到的比例平均是 21 个百分点。ASSOB 平台筹集资本时，必须要选定一个能够完全信任、有能力的人来辅助这件事情，此人除了懂得法律知识以外，还应具备相应的工作能力。另外，ASSOB 平台除了提供基本的信息展示服务外，还能根据需要提供通过尽职调查、专业知识指导及众筹股份的二次转售服务等增值服务，ASSOB 平台拿出成功筹资总额的 1.5% 作为报酬，并收取申请费 990 澳元、一次性管理费 3960 澳元、每月项目维护费 458 澳元。

（二）众筹融资的国内发展概况

中国众筹融资起步较晚，但发展速度较快，在互联网金融整顿治理过程中正在逐步走向规范化。2011 年，国内首家众筹网站"点名时间"成立，先后完成了《十万个冷笑话》《大鱼·海棠》等国内原创动漫作品的众筹项目，引起社会广泛关注。同年成立的天使汇则是专注于早期创投服务的天使合投平台。2013 年众筹网成立，成为当年中国互联网众筹行业最为重要的一个事件，其在 2013 年做了很多常识普及工作，把"众筹"概念推到了"风口"。2014 年下半年，阿里巴巴发布了淘宝众筹；腾讯系发布了京东众筹；百度内测了百度众筹，并率先推出了消费板块；平安发布了平安前海众筹；苏宁、国美则在 2015 年初陆续推出了自己的众筹平台。随着"大众创业、万众创新"政策的推动，众筹仍在不断升温，也得到监管层重视，未来具有广阔的发展空间。

根据人创咨询的统计数据，截至 2019 年 12 月底，我国处于运营状态的众筹平台共有 67 家。其中，股权型平台有 23 家，权益型平台有 25 家，物权型平台有 8 家，综合型平台有 7 家，公益型平台有 4 家。这里分别选取了 5 家股权型众筹平台和 5 家权益型众筹平台作为分析样本，5 家股权型众筹平台分别是第五创、聚募网、众筹客、人人创和合伙吧，5 家权益型众筹平台分别是小米众筹、苏宁众筹、淘宝众筹、京东众筹和摩点网。

1. 股权型众筹平台发展概况

（1）股权型众筹典型平台。合伙吧于 2017 年 3 月正式上线，其致力于上线 10 亿美元以上的独角兽项目，力求解决有钱没项目和有项目没钱的问题，为投资人分享股权投资盛宴。截止到 2019 年初，先后帮助 100 位投资人成为蚂蚁金服、乐视汽车、京东金融、腾讯游戏、顺丰速运的股东，享受项目成长收益。合伙吧率先采取一个项目注册一个公司的模式，帮助投资人以股东身份入股，将投资门槛降低到 1 万元。合伙吧将其资金先投向股权基金，该基金是由中国证监会核准成立的，托管银行将资金监管起来，之后才将其投向标的项目，周全的设置将客户的资金风险降到了最低。

第五创是深圳创五板网络科技有限公司旗下的股权众筹平台，于2015年3月正式上线。作为全国首批专注实体商业的股权众筹平台，第五创在项目风控方面成立专业的项目风控部门，为投资人寻找最优质的项目，并建立安全的网络支付系统，组建最强的团队，致力于打造成"中国最负责任的众筹服务平台"。

众筹客是专注于同城吃喝玩乐的众筹平台，众筹客平台上线的项目包括唱吧麦颂KTV、美丽频道（原美联社）、沙漠里种出的大米——沙米等。众筹客平台上的项目5000元起投，年化收益在30%以上，风险用户自担。众筹客相比于全国性的股权众筹平台，区域小且信息量集中，同城投资者带动力度也更大。

聚募网是杭州募聚网络有限公司旗下网站，致力于帮助初创企业通过互联网进行非公开股权融资，旨在解决小微初创企业融资难、成本高、门槛高的问题。

（2）股权型众筹平台融资情况。第五创、聚募网、众筹客、人人创和合伙吧5家股权型众筹平台在2019年12月共成功19个项目，成功项目数最多的平台是第五创，有13个项目。5家平台成功项目总融资额约为8292.91万元，成功项目融资额最高的平台是人人创，为7121.97万元。5家众筹平台成功项目总投资人次为384，其中成功项目投资人次最多的平台是人人创，为191。具体情况如表7-1所示。

表7-1 典型股权型众筹平台发展概况

序号	平台名称	成功项目数（个）	项目融资额（万元）	项目投资人次
1	人人创	2	7121.97	191
2	第五创	13	1008.94	149
3	聚募网	1	108.00	41
4	合伙吧	3	54.00	3
5	众筹客	0	0.00	0

资料来源：人创咨询.2019年12月中国众筹行业月报[EB/OL].http://www.zhongchoujia.com/data/32391.html，2020-02-19.

2.权益型众筹平台发展概况

（1）权益型众筹典型平台。苏宁众筹是国内唯一一个实现在线上平台、线下实体门店同步开展众筹产品体验的全渠道平台。该平台包含六大品类，涵盖科技、设计、公益、农业、文化、娱乐，首次上线共计24个项目，分布在科技、公益、农业三大品类。苏宁众筹对品牌商不设门槛，并将在金融、运营推广、产品生产各个环节对小企业进行特别扶持。在苏宁众筹未上线前期，苏宁主要以众包方式进行项目的扶持。苏宁早在2014年7月就推出了众包平台，提供从创意、作品、产品、商品到用品各个阶段所需众包服务的总体解决方案，聚焦于 3C、家电以及互联网化智能硬件产品。

淘宝众筹在 2015 年 3 月 14 日创造了一项众筹人数的世界纪录，在三亚玫瑰谷爱情地标建设的众筹项目中，多达 27 万人参与众筹，共募集资金超过 350 万元。截至 2015 年 3 月，淘宝众筹共有 877 个项目上线筹款，累计金额过亿元，由于科技类产品的高价值，其在淘宝众筹上占到 90% 的资金比例，其中估值过亿的科技类商家已超过了 20 个。摩点众筹于 2014 年 6 月在北京成立，是专注于文化创意领域的众筹社区，致力于帮助创作者募集资金，让新鲜有趣的好创意成为现实，是中国首个游戏动漫众筹平台。

京东众筹于 2014 年 7 月 1 日正式上线，在新消费升级时代下，京东众筹不仅是一个为用户提供"与众，不同"的趋势性产品体验的品质生活平台，更是一个为创新创业企业发展提速的筹资与孵化平台。京东是中国最大的自营式电商平台，而京东众筹是京东金融的第五大业务板块，是互联网金融属性的业务平台。在保护出资人利益上，京东金融会对筹资人背景及诚信度进行严格的审核和筛选，也会对筹得的资金实行监控，做到专款专用。

（2）权益型众筹平台融资情况。小米众筹、苏宁众筹、淘宝众筹、京东众筹和摩点网 5 家权益型众筹平台在 2019 年 12 月共成功 404 个项目，成功项目数最多的平台为京东众筹，为 144 个。5 家众筹平台成功项目融资额约 1.58 亿元，成功项目的总支持人次约 69.52 万。具体情况如表 7-2 所示。

表 7-2 典型权益型众筹平台发展概况

序号	平台名称	成功项目数（个）	项目融资额（万元）	项目投资人次
1	小米众筹	22	11213.14	440429
2	淘宝众筹	129	2069.22	143722
3	京东众筹	144	1196.21	60083
4	摩点网	91	842.62	47272
5	苏宁众筹	18	522.15	3784

资料来源：人创咨询.2019 年 12 月中国众筹行业月报[EB/OL].http：//www.zhongchoujia.com/data/32391.html，2020-02-19.

3. 我国众筹融资发展的法律环境

在众筹融资的类型中，股权众筹的发展越来越受到监管部门关注，这里重点对股权众筹发展的法律环境进行回顾和分析。2014 年 6 月，证监会对互联网众筹企业进行实地调研，表示将结合调研情况并借鉴其他国家先进的监管实践经验，探索及构建适合我国众筹融资活动的监管方式。同年 11 月 19 日，国务院常务会议指出要开展股权众筹融资试点。12月18日,证券业协会发布了《私募股权众筹融资管理办法(试行)(征求意见稿)》,其中明确指出"本办法所称私募股权众筹融资是指融资者通过股权众筹融资互联网平台(以下简称股权众筹平台)以非公开发行方式进行的股权融资活动。"该文件被视为首个规范股权众筹的规范性意见,由于征求意见稿所涉及的一些关于股权众筹的制度安排,包括非公开发行性质、投资者门槛、众筹平台门槛等,与普惠金融的发展理念存在一些方向性的争议,因此管理办法并未形成正式文件出台。2015年3月,国务院办公厅印发了《关于发展众创空间推进大众创新创业的指导意见》,鼓励地方政府开展互联网股权众筹融资试点,增强众筹对大众创新创业的服务能力。同年7月,中国人民银行等十部委联合发布《关于促进互联网金融健康发展的指导意见》,明确股权众筹"主要是指通过互联网形式进行公开小额股权融资的活动"。同年8月,证监会在《关于对通过互联网开展股权融资活动的机构进行专项检查的通知》中细化了股权众筹的定义。具体而言,股权众筹是指创新创业者或小微企业通过股权众筹融资中介机构互联网平台(互联网网站或其他类似的电子媒介)公开募集股本的活动,具有"公开、小额、大众"的特征。同月,"私募股权众筹"概念被中国证券业协会在"关于调整《场外证券业务备案管理办法》个别条款的通知"中修改为"互联网非公开股权融资"。至此,我国股权众筹融资在监管政策演进下,由私募转向公募。虽然监管思路得以明确,但公募股权众筹的具体细则和配套政策仍处于制定过程中,现实中大部分平台仍在进行私募性质的股权众筹融资。2015年4月20日,第十二届全国人民代表大会常务委员会第十四次会议上,全国人民代表大会财政经济委员会正式提出了《中华人民共和国证券法》(以下简称《证券法》)修订草案,草案中包含允许互联网等众筹方式公开发行证券。2016年10月,《股权众筹风险专项整治工作实施方案》将公开发行、虚假宣传、欺诈发行等八项内容列为股权众筹发展的整治重点;对于"股权众筹"范围的界定也从"宽泛化"走向了"特定化",未来的股权众筹将特指公募股权众筹,而现有的"私募股权众筹"将用"私募股权融资"代替。股市的波动导致《证券法》修订的进程延缓,但没有改变国家鼓励创新的基本立场。相关政策方面在肯定了以股权众筹为代表的互联网金融创新意义的同时,也为规范众筹融资发展指明了方向,留足了空间。

三、众筹融资的风险及管控策略[①]

(一)众筹融资的风险

尽管众筹在全球市场得到了快速的发展和长远的进步,但作为一种创新型的

---

① 张杰,张泽伟,刘丽娟.完善我国股权众筹融资的监管制度研究[J].经济纵横,2016(10):117-121.

融资行业，不可避免面临一系列来自监管、市场环境和行业内部的困难和挑战。相较于回报众筹，股权众筹发展中面临的风险更具有代表性，下文主要结合股权众筹的发展进行论述。

1. 监管所依据的法律法规不完善

我国对股权众筹融资尚未出台专门的法律，缺乏针对性的监管法则，仅以"试行办法""指导意见"等形式出台了一些规范性或指导性文件。虽然中国证券监督管理委员会针对股权众筹出台了相关意见，工商部门也开展了非法集资专项检查，但对股权众筹尚未形成职责明确的监管体系和执法依据，在具体问题解决或案件审理中仍可能面临无法可依的情况。

2. 股权众筹平台的规范性有待加强

股权众筹在我国发展迅速，既有依托大型电商企业设立的股权众筹平台，也有互联网公司的自建平台，还有依托移动社交如微信、微博、QQ空间等形成的平台。由于缺乏市场准入规范，其中可能存在一些未备案或资质不够的不合规平台，易形成运营方面的潜在风险。在资金管理上，有些股权众筹平台推出了类似"投付宝"这样的第三方托管机制，而有些平台则自身持有资金并进行管理，资金管理方式的不规范增加了资金运用的风险。股权众筹平台担负着对融资项目审核的责任，但在项目审核缺乏外部监管，信息披露制度不完善的情况下，易出现弄虚作假、编造项目筹集资金的行为。还有些平台以高回报率吸引投资人，易产生非法集资等风险。

3. 股权众筹投资者利益保护存在不足

虽然在股权众筹领域尚未出现类似P2P网贷跑路、诈骗那样的恶性事件，但并不意味着对投资者的保护已经到位。客观来看，股权众筹是一种更为专业的投资方式，融资项目从初创期到成熟期往往需要一段较长的时间，投资者能否获得预期回报面临诸多不确定因素。从现有很多平台采用的"领投＋跟投"运作模式来看，在投资者的利益保护方面存在不足。首先，普通投资者由于专业性的局限容易受到宣传信息的误导而对项目产生错误的估值；其次，投资后由于地理间距的存在难以有效监督项目的实际运作；再次，领投人与普通投资者之间利益绑定相对薄弱，主动维护普通投资者权益的动力不足，甚至存在与项目发起人合谋损害普通投资者利益的可能；最后，平台运作水平良莠不齐，一旦制度设计存在缺陷，很容易造成普通投资者的损失或产生法律纠纷。

（二）股权众筹风险管控的国际经验借鉴

在一些发达国家和地区，股权众筹已发展成为一个较好的投融资渠道，也是各国金融监管的重点。

1. 将股权众筹发展纳入法律框架约束之下

股权众筹发展较好的国家都及时将股权众筹这一金融创新纳入法律框架的约束之下，有的出台了针对性的法律，有的则对原有法规进行微调，与本国监管制度有效衔接，从而保证创新与监管的平衡。例如，美国在《工商初创企业推动法》（JOBS 法案）出台前，股权众筹主要在私募发行框架下进行，接受美国金融业监管局（FINRA）和美国证券交易委员会（SEC）监管。2012 年 JOBS 法案出台，其中第三章创设了"众筹公开发行豁免"制度，在增加发行的便利性、降低发行成本和信息披露义务、帮助新兴成长企业顺利低成本出售证券实现融资三个方面体现出创新。再如，英国对股权众筹监管并未制定新的规则，主要是在《2000年金融服务与市场法》的监管框架之下进行微调。

2. 以股权众筹平台为核心环节开展监管

从世界各国来看，无论采取何种监管框架，对股权众筹平台的监管都是核心环节，主要从平台准入、平台功能、项目推介三个方面予以规范和约束。在平台准入方面，从事股权众筹业务的中介机构需要在金融监管或证券监管机构取得许可。例如美国、加拿大和意大利等实行注册制，在美国，股权众筹中介机构必须在 SEC 注册为集资门户或经纪—交易商；英国、新西兰等实行许可制，英国股权众筹中介机构必须获得 FCA 的许可，才能向合格的投资者进行资金募集。此外，股权众筹平台或其运营机构普遍都被要求具备一定的条件，通常包括适当性、能力、运营基础设施、财务资源、治理结构以及赔偿保险等方面的要求。在平台功能方面，各国监管机构规定了股权众筹平台要对融资项目进行必要的尽职调查和管理，这被视为股权众筹平台的核心服务，具体内容包括融资项目真实性核实、关联方和利益冲突调查、资金用途规范性和安全性等。在项目推介方面，要求股权众筹平台保持中立和客观，不得提供不实或有诱导性的投资建议，对于平台从发行人等利益相关方获得的报酬要及时披露，为投资者的投资决策提供充分的信息参考。

3. 对发行人的监管兼顾融资便利和风险防范

各国由于经济发展与金融环境存在差异，对于股权众筹发行人的类型、规模、范围等制定了不同的监管规则，但其中也有一些相似的做法值得借鉴：在发行的地域范围上，一般都要求发行人是本国企业或经济主体，如美国、澳大利亚等国均有此要求。对筹资的额度和时间加以限制，如对一年内单个发行人累计融资额度，美国规定不得超过 100 万美元，加拿大资金限额为 150 万加拿大元，法国规定不得超过 100 万欧元。这样不但将股权众筹与资本市场其他类型的融资方式进行了明确区分，而且能够有效控制单个发行人出现项目运营失败时所波及的范围和对金融稳定的冲击。在发行主体方面，鼓励小微企业融资，体现出解决小微企业的融资难题的导向，而诸如投资公司、投资基金、房地产企业等一般不被允许通过股权众筹进行融资。保持适当程度的信息披露要求，发行人在进行股权众筹融资时，虽然多数国家采取了豁免规则，大幅降低了发布招股说明书、财务数据的信息披露和审计要求，但是仍然规定需要提交融资计划书等必要的书面资料，以保持适度信息披露，减少由于信息不对称带来的风险。

4. 在投资者监管方面体现投资者保护理念

投资者是股权众筹中资金来源的重要主体，各国在对股权众筹实施监管的过程中，力图寻求效率和安全之间的平衡，在投资额度、投资者教育、冷静期设置等方面采取措施保护投资者利益。主要做法包括：通过限制投资者投资额度防范投资过度风险，如美国JOBS法案采用净资产或年收入的一定比例作为投资者限额指标，英国强调投资者适当性并做好投资者教育。很多国家通过让投资者在投资前填写风险测试问卷、签署风险揭示书等方式提示资金损失、流动性等投资风险。美国、意大利、日本、澳大利亚等国家设置了投资者冷静期制度，允许投资者在冷静期期间无条件撤销投资，更好地保护自身权益。此外，在股权众筹融资成功后，针对"领投+跟投"模式中可能出现的跟投人利益受损风险，美国、韩国等国家通过对股权转售制定限制性条款保护投资者，在转售期限以及转售对象方面进行具体规定，如美国JOBS法案严格限制二级市场的股权众筹证券交易，规定自购买日起1年内投资者不得转售或者售出股权众筹股份，转售对象严格限制在发行人和股权众筹投资者之间，以此防范领投人和发行人合谋套利。

（三）众筹融资风险的管控策略

1. 完善股权众筹发展的外部环境

（1）加快完善相关法律制度。尽快明确股权众筹融资的性质和法律地位，出台《股权众筹管理办法》，为股权众筹监管建立标准，对其组织形式、经营模式、风险防范和监督管理等进行规范。在相关法规出台前，对现有法规和制度进行动态修订、补充与完善。比如，金融领域中《中华人民共和国证券法》《中华人民共和国保险法》《中华人民共和国银行法》《中华人民共和国全民所有制工业企业法》等基础性的法律法规可以结合股权众筹的特点进行适当修订，将其涵盖在内，纳入相关法律的保障与约束之下。此外，在基础立法和修法工作的基础上制定配套法规和规则。比如，在《民法》中增加关于股权众筹融资民事违法行为的规定；在《商业银行法》《证券法》《保险法》等基础上进一步完善有关互联网金融业务的法律法规，制定《电子资金划拨法》《数据保护法》等。

（2）加强信用体系和制度建设。国际经验表明，完善的信用体系是股权众筹等新兴互联网金融模式健康发展的重要基础。股权众筹融资中的信息不对称程度可通过信用信息有效缓解，达到保护参与各方和促进行业发展的目的。当前我国正在大力进行信用体系和制度的建设与完善，央行征信系统已经覆盖了商业银行等信贷机构，但对于股权众筹等互联网金融领域尚处于空白，亟待补充和加强。根据我国《征信业管理条例》的规定，监管机构有权推进本行业的社会信用体系建设。证监会作为股权众筹的监管部门，应担负起相应责任，推动股权众筹平台和投融资方的信用信息数据库建设，在充分调研的基础上加快推出统一信用信息采集标准，明确信息采集的种类和类型，为信息入库奠定基础。在征信体系建设中重点建立有效的失信惩戒机制，发挥信用体系的规范和引导作用。尽快完善互联网信用监控机制，改善国内的信用环境，提升大众对于互联网股权众筹平台的信任度。

2. 建设众筹发展的内控制度

（1）明确股权众筹平台准入制度。对于我国的股权众筹平台，应定位于信息中介机构，明确在监管机构许可下方可运行。目前我国在股权众筹领域私募与公募并存，而无论是私募还是公募方式都是为小微和初创企业提供融资支持的渠道，因此这两种方式都应鼓励发展。对于公募股权众筹平台，考虑到技术要求和监管难度，采取类似美国那种较为严格的牌照制监管较为适宜；对于私募股权众筹平台，建议继续以备案制为宜，设定必要的准入门槛要求，如注册资本金、高管团队要求、平台信息披露、资金监管等，引导此类股权众筹平台的合规设立和运营。在准入基础上，借鉴国际经验监管机构，赋予股权众筹平台在尽职调查、信息披露、投资者教育等方面的义务或行为要求。

（2）建立投资者资金第三方存管制度。资金的第三方存管在一定程度上能够避免众筹资金被挪用的风险，建议在股权众筹平台进入行业发展时，将建立投资者资金银行存管/监管机制作为发放公募股权众筹平台牌照和私募股权众筹平台备案的前提条件之一。在具体运作中，通过相应制度和规则设计，实现投资者投资资金与股权众筹平台自身资金分账管理、独立审计，定期将审计报告提交监管机构并向投资者公开。通过资金存管/监管机制，可以在不提高股权众筹平台设立的投资门槛的情况下，有效提高平台管理的规范性。

（3）建立完善的行业自律制度。股权众筹行业的参与者对于新兴业务模式的运营方式、风险特征等都有深刻认识，建立行业自律组织进行行业自律可以作为行政监管的有效补充。2015年7月，国内80家众筹机构成立了"股权众筹行业联盟"，探索建立行业自律技术标准，增强行业透明度，减少运行和摩擦成本，抑制不正当竞争。深圳、上海等地区还建立了区域性的股权众筹自律组织，建议在此基础上成立覆盖范围更大的全国性行业自律组织，制定全国性的自律准则或自律公约，充分发挥自律监管的作用，不断提升自律监管的效率。自律组织作为监管机构和股权众筹行业之间的桥梁纽带，能够将行政监管和自律监管有机结合，促进行业的整体健康发展。

3. 完善众筹融资投资者保护制度①

（1）构建并完善众筹投资者保护规则与制度。一是设立合格投资者准入规则。合格投资者制度设计应以风险承受力和风险识别力为核心，通过设立准入规则对股权众筹投资者进行分类，再辅以额度限制，达到保护投资者的目的。比如美国的 JOBS 法案规定个体投资者如果年收入小于 10 万美元，每年可参与投资额度为 2000 美元或其年收入的 5%；个体投资者如果年收入大于 10 万美元，每年可参与投资额度为其年收入的 10% 或者个人净资产的 10% 等，这就是基于投资者风险承担能力而设定的约束标准。建议监管部门在充分调研和论证的基础上制定我国股权众筹投资限额的规则，起到风险控制的作用。二是构建投资者融资过程中的权利保障机制。在股权众筹融资过程中，可通过建立冷静期制度、撤资保护机制、纠纷解决机制、风险准备金等方式控制风险，更好地保护投资者利益。三是探索投资者参与公司治理的新路径。为了切实维护股权众筹投资者的股东权利，解决由于持股比例小、地域分散等造成的对融资项目监督不力的现实问题，可探索建立依托网络技术并与股权众筹特点相适应的信息交换制度，促进股东和融资方之间、股东和股东之间、股东和其他投资者之间的信息交换。

（2）构建并完善众筹融资者相关规则与制度。一是对融资者资格及其融资额度进行相应限制。除了设立将不合格融资者（如违法失信融资者及其主要关联方）排除在外的一般性规则之外，考虑到股权众筹在我国仍处于发展初期，建议将股权众筹融资主体限定在具备一定发展潜力的高新技术初创企业群体，待股权众筹整体发展相对成熟后再逐步放宽对融资主体的限制。在具体限额设定方面可借鉴美国的做法，对每个企业的年度融资金额做一个最高限定，或规定融资规模不超过融资者净资产一定比例。二是完善融资者信息披露制度。监管机构需要进一步明确和规范信息披露具体要求，首先，建立层级式的信息披露标准。在横向上根据股权众筹融资的不同模式及投资者面临的风险大小，设置不同的信息披露标准；在纵向上根据不同的融资额度，对财务信息、法律信息、经营信息等采取不同的披露标准，形成不同融资模式和筹集资金额度相交叉的披露框架。其次，完善信息披露内容。不仅应当包括项目的基本信息，还应当包括融资者本人的信息，不仅应当披露在项目上线前及融资过程中的经营、管理、财务等相关信息，还应当对这些动态信息进行持续披露。最后，建立信息披露违规的责任追究机制。鉴于股权众筹投资者人数众多且出资额度不大，可尝试建立投资者权益保护集团诉讼制度。

（3）明确众筹平台的责任与义务。一是规定平台对投融资双方信息审核的责任和义务。监管机构应明确规定股权众筹平台负有审核投融双方资质是否符合相关

---

① 张杰，高正平．我国股权众筹投资者保护制度构建与完善 [J]．银行家，2017（7）：93–95．

法律、行政法规、证券监管机构要求的责任。对融资者可采取形式审查为主、实质审查为辅的方式。通过形式审查的信息核对，从源头上防止融资方实施欺诈的可能性，对不确定的信息进行独立尽职调查。对投资者的基本信息也要进行一致性审核，以维护其正当权益。此外，为了解决信息不对称问题，应鼓励行业内部征信体系的建设并制定统一的信用评价标准，发挥信用体系在融资过程中的激励约束作用，加强平台对融资者信用状况的了解，同时使投资者能更充分地掌握股权众筹项目的信息。二是明确平台的风险告知和投资者教育义务。监管机构应规定平台的风险告知义务，以书面《风险告知说明书》的形式，将股权众筹融资本身的性质、特征和所面临的普遍性风险以及具体投资项目的特殊风险和可能遭受的损失告知投资者。此外，平台还应担负相关专业知识普及和风险教育义务，着重加强提升投资者能力方面的培训，帮助投资者提高风险识别能力，更好地保护自身利益。

第二节 众筹融资征信活动实践

一、众筹融资的参与主体与运作流程

（一）众筹融资的参与主体

一般而言，众筹的参与主体主要由众筹平台、筹资人、投资人和第三方资金托管机构四个部分构成。

1. 众筹平台

众筹平台是为投融资双方提供中介服务的网络平台，起着"中枢"和"媒介"的作用。一方面，融资方借助平台向公众发布小额集资信息，并为投融资双方提供廉价和高效的信息沟通渠道，使双方需求获得匹配并促成交易。另一方面，平台通过自身的配套制度和措施，为双方交易安全提供基础性的保障，以降低交易双方之间的信赖成本。

2. 筹资人

筹资人是因为项目的需求而需要融资的初创企业（公司）的发起人或项目人，他们通过网络众筹平台发布企业发展或项目需求的融资信息。平台对融资人规定一定的条件，融资人通过与平台订立服务合同，明确相互间的权利和义务。

3. 投资人

投资人往往是数量庞大的互联网用户，他们利用在线支付方式对自己感兴趣

第七章 众筹融资模式的征信活动实践与典型案例

的创意项目进行小额投资,每个出资人都成为了"天使投资人"。投资人在实践中往往以会员的形式在众筹平台上注册,借助平台选取和获得合适的投资项目。

4. 第三方资金托管机构

第三方资金托管机构是指通过协议接受众筹平台的授权委托,对融资资金进行存管的机构。具体来说,就是投资人的资金不经过众筹平台,而是通过与平台签约的第三方资金存管机构直接到达融资人的账户,这样能从根本上杜绝平台挪用融资资金的可能性。实践中一般由签约商业银行担任托管人。

(二)众筹融资的运作流程

众筹融资的运作流程一般包括以下步骤:

第一,筹资者在众多众筹平台中选择一个平台来发起项目,没有账号的要先注册账号成为该平台的会员。

第二,筹资者向众筹平台提交项目资料,众筹平台依据项目资料对众筹融资的可行性进行审核评估,审核通过后在网络上发布相应的项目信息和融资信息。

第三,投资者对众筹平台的众多项目进行筛选,选择自己喜欢或适合自己的众筹项目投资,建议投资者在自己能够承受的范围之内进行购买。

第四,目标期限截止时,筹资成功的,筹资者可获得筹集到的资金,投资者则有可能获得一定的回报;筹资不成功的,资金退回各出资人。

众筹融资流程如图 7-1 所示。

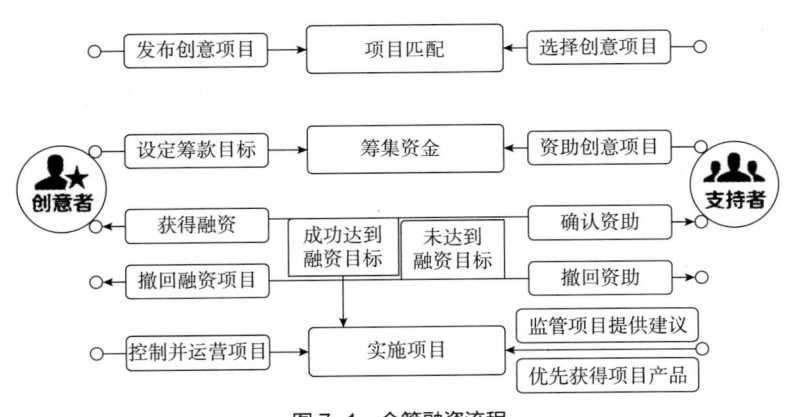

图 7-1 众筹融资流程

资料来源:众筹网,http://www.zhongchou.com/partake。

具体到不同平台,股权众筹融资流程还可以细分为:项目筛选、创业者约谈、确定领投人、引进跟投人、签订投资框架协议、设立有限合伙企业、注册公司、工商变更/增资、签订正式投资协议、投后管理、退出设计等。在具体操作过程中可能有顺序上的变更，如大家投网站上列示的流程图（见图7-2）。

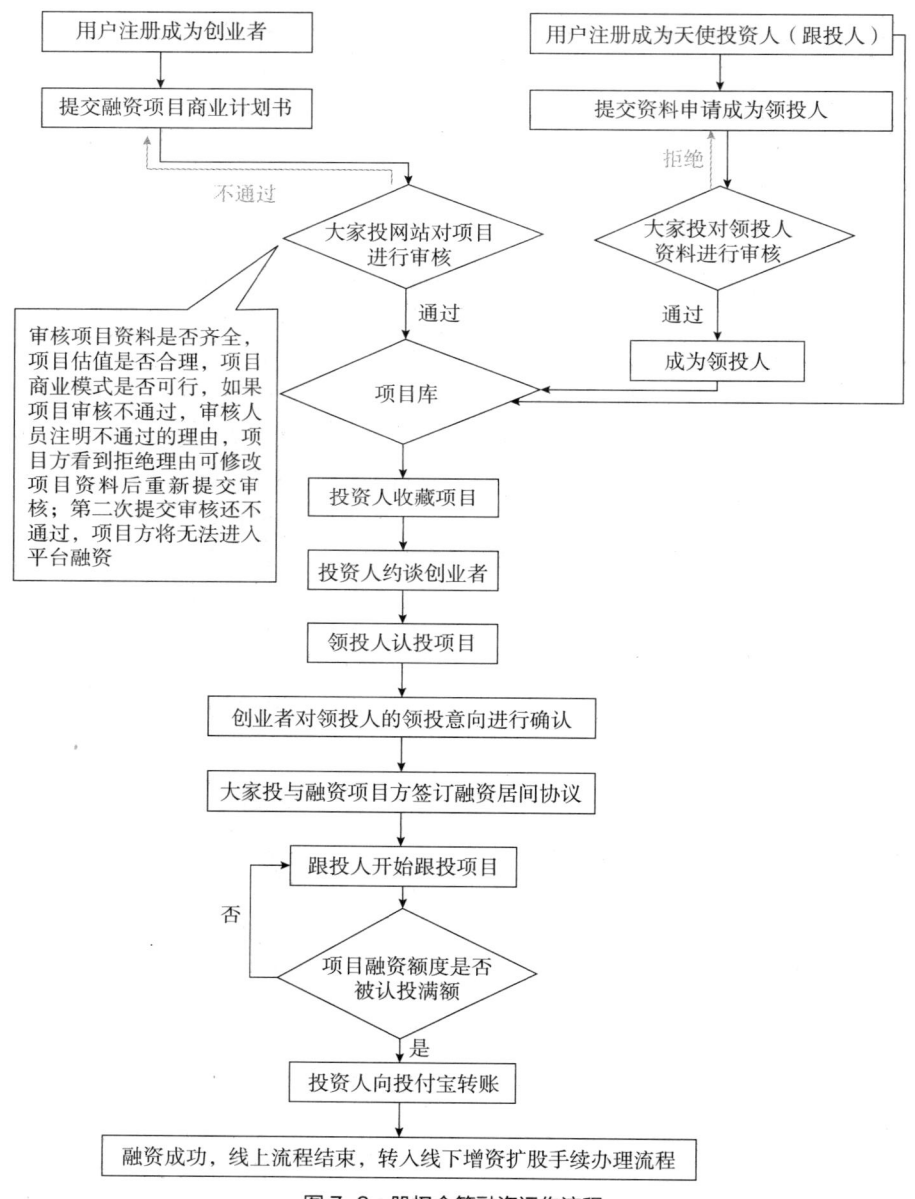

图7-2　股权众筹融资运作流程

资料来源："大家投"网站，http：//www.dajiatou.com/content-14-44-1.html。

二、国内外众筹融资的征信活动实践

众筹作为借助互联网技术的一种金融创新模式,也需要以信用为核心的征信制度规范。将众筹融资活动中的主体以及平台管理人员的信用状况纳入征信系统,对投资人来说可以更好地了解融资主体一方的信用状况、平台安全状况等,进而有效降低投资风险。众筹融资的征信活动大体分为两个方面:一个是征信机构对众筹平台的征信活动和信用评价;另一个则是众筹融资平台针对筹资人的征信活动和信用评价。此外,由于捐赠众筹的特殊性质,其涉及的征信活动也与其他众筹类型有所不同。国际上众筹融资平台的征信活动依托各国较为成熟、完善的征信系统,重点在众筹融资平台的信用资质和筹资人信用评价方面进行相应的风险控制,形成了规范的流程和做法,具体内容在下一节典型案例分析中探讨,下面介绍国内一些众筹融资平台的征信实践。

(一)对众筹平台的征信活动实践

众筹家(http://www.zhongchoujia.com)和众筹之家(https://www.zczj.com)是中国众筹行业两家具有代表性的第三方股权众筹平台,提供众筹项目导航、资讯、投融资交流等一系列服务。

1. 众筹家与外滩征信合作

众筹家于2014年9月正式上线,是中国领先的众筹门户网站。平台包括领投基金、项目云库、项目优选、数据研究、服务资讯等在内的一系列综合服务,为投资人打造专业、高效、安全、可流动的第三方众筹交易服务平台。众筹家数据研究院建立了国内权威的众筹行业数据库,深入分析众筹数据,生成权威众筹数据报告,进而对接优秀众筹平台,筛选精品优质项目,邀请投资机构点评,帮助投资人深层剖析项目,达成最终的投资交易。

2016年,众筹家联合人创咨询、外滩征信发布了众筹行业的第一份评级报告《中国众筹平台评级报告》。报告对我国众筹平台的类型、所处细分行业、团队资质、创始人身份、平台运营数据、社交信用等做了深入的大数据采集和分析,同时引用第三方征信公司外滩征信的企业信用数据,出具了国内第一份权威的众筹平台评级。此后,三方又联合发布了建立在征信基础上的《中国二手车众筹行业发展报告》等一系列众筹融资的专业研究报告。众筹家在2016年底推出国内第一个众筹投资决策辅助工具——"尽评"。

2. 众筹之家与冠君征信合作

众筹之家于2014年7月正式上线,网站以投资人需求为核心,强力打造数据库,通过与不同平台的直接对接和自身强大的数据搜集、整理能力,获取及时的项目投资数据和平台交易数据,将全网所有项目和平台的数据进行比对,为用户的投资决策提供参考。平台精选众筹项目,不管是高收益的风险项目还是回报一般的稳定项目,挖掘信息披露完整、市场前景良好的项目,节约用户探索项目的时间,并提供及时、具有深度的股权众筹资讯,满足用户了解行业动态和紧跟行业趋势的需求。平台提供标准版本的股权转让协议,网站还开发股份求购功能,让用户投资管理灵活简便。

冠君征信是提供企业征信服务的公司,在全国有专业的尽职调查人员帮助委托方提供针对中小企业包括一些股权项目类的尽职调查,包括财务尽职调查、流水尽职调查等。冠君征信主要在两方面与股权众筹平台联系紧密:一方面是和众筹之家有合作,对众多众筹平台根据一些约定的方法做一些信用评估,反映平台运营过程中的情况,让更多的投资者了解;另一方面会根据委托方要求对平台上的项目做各个维度的信息采集和尽职调查,尤其是在项目层级这个环节,可以通过一些征信的方法来核实可能存在的风险。

(二) 对筹资人的征信活动实践

1.人人投在互联网金融诚信体系建设中的实践

人人投隶属于北京飞度网络科技有限公司,自 2014 年 2 月 15 日上线以后,会员数量已达 170 余万人,分站遍布全国 300 多个城市,平台成功融资额近 5 亿元。人人投还创设了 1000 万元人民币作为保障基金,与第三方支付平台易宝支付形成全面战略合作伙伴关系,从而保障资金 100% 安全。

自创立以来,人人投在推进互联网金融诚信体系建设、改善投融资行业交易环境方面做了大量工作:一是搭建诚信体系查询窗口。人人投自主研发的诚信查询数据库系统已基本搭建完毕,其中包括工商查询、企业查询、企业信用、黑名单、个人信用、明星榜等栏目。二是建立行业诚信联盟。人人投一直倡导加强各平台间交流合作,实现众筹行业健康、有序发展。人人投已经与国内多家领先众筹平台达成诚信战略合作,建立众筹行业诚信联盟,进一步保障金融消费者权益。

2.凤凰众筹与"山鹰社征信"[①]

凤凰众筹是一个综合众筹平台,功能属性多样化,设置基金预约、债权众筹、非公开股权融资、公益众筹、回馈众筹、鹰眼查、凤凰创客演播厅七频道,形成了包括债、股、基金、保险、救援等多项服务的新兴金融电商平台,其中,鹰眼查频道提供投资人免费企业征信查询及保险公司核保核赔数据服务。

---

① 张颋.李方正:随心所欲不逾矩;领先政策而不超越法规,凤凰资本这么做众筹[N].齐鲁晚报,2015-12-21.

第七章　众筹融资模式的征信活动实践与典型案例

在为诸多小微企业提供投资顾问和征信调查的过程中，凤凰众筹所属的集团公司——凤凰资本借鉴 FICO 征信技术，创立了一套自己的评级标准，即"鹰眼系统"，它将客户征信细化为 360 个指标，通过分析客户的产品结构、行业发展、经营状况、资产状况、个人及企业信用等综合情况，划分成基本信息、融资用途、还款来源、担保能力四大方面进行全方位考察。在此基础上，山东省首家、全国第九家征信公司——"山鹰社征信"在青岛注册成立了。凤凰资本、山鹰社征信、凤凰众筹三家公司各有侧重来服务中小企业成长。其中，凤凰资本为企业提供金融控制、创业投资、投资顾问等服务；山鹰社征信对企业进行征信调查、保函、资产管理等；而凤凰众筹让更多普罗大众成为投资理财的体验客户，推动普惠金融发展。

（三）捐赠众筹中的征信活动实践

1. 轻松筹与爱心值

轻松筹是由北京轻松筹网络科技有限公司率先推出的基于社交网络、面向广大网民日常生活内容的众筹平台，成立于 2014 年 9 月，在 2017 年从一个社交众筹平台转型为全民健康保障平台，并同步引入了区块链技术。轻松筹在中国普及了大病众筹这一领域，并获得了成功。2018 年 4 月 19 日，"轻松互助"宣布其互助健康会员数突破 4000 万。轻松筹体系（包含轻松筹、轻松互助、轻松 e 保）在全球 183 个国家和地区的用户总数突破 5.5 亿，独立付费用户数突破 4.5 亿，为 160 多万个家庭筹集善款超过 200 亿元。面对庞大的数据存储和查询，轻松筹自建了大数据中心。在大病救助信息审核阶段，轻松筹首创的"基于熟人关系的社交众筹模式"及"数据＋客服＋群众"三重把关的独特审核制度，对虚假欺骗信息筛选和风险控制起到重要作用。

作为平台方，轻松筹需要搭建起发起人和支持者良好的沟通渠道，通过项目发起人的进展、资金公示，以及利用大数据手段实时抓取微博、微信公众号、媒体等数据源，建立公众趋势分析功能，快速获知整个融资项目情况，为后续追踪提供数据支撑，在一定程度上保证了项目更加公开透明。为了保证每一个项目的真实可信、每一次筹款金额有理有据，轻松筹采用了 AI 分析风险指数。平台建立了完整的病理库，可供查询各种大病某个分类在某个地区某个医院的医疗费用范围，其中还考虑各种其他因素，如病人是否持续缴纳社保、病人家庭的固定资产情况。通过大数据、人工智能算法等技术计算出风险指数，给予发起人和支持者一个合理筹款的范围。轻松筹在信用评价方面提出了"爱心值"这个概念，通过多维度给每位支持者计算出爱心值，他们身上会被贴上"全省好人代表"或者"联合国爱心大使"的标签，最终希望爱心值能发挥类似于芝麻信用分的信用评价作用，甚至可以提供给第三方征信机构使用。

2. 爱心筹与"神盾风控体系"①

爱心筹成立于 2015 年底,是一个基于社交的互联网健康医疗公益平台。依托于病友社区慢友帮,爱心筹自上线至今已帮助全国各地超过 30 万大病家庭筹到近 50 亿元治病钱。截止到 2018 年底,爱心筹已有超过 1.5 亿人次参与爱心捐赠。2019 年 5 月 29 日,大病救助平台爱心筹与山东国卫慧数在济南签署战略合作——共建"全国爱心救助公益服务平台"。

爱心筹 2017 年上线了"神盾风控体系",对征信进行探索和实践。爱心筹风控团队首先从法律法规要求、注册身份信息审核、医疗资料完整度以及家庭背景等方面把好第一道基础防范的关卡;其次通过朋友圈证实、举报投诉、合规性巡查、转发分享异常、评论异常等诸多环节与数据进行第二阶段实施风险巡查;最后通过项目信息公示、项目冻结、启动调查、公示调查结果四个环节,进一步完善风控防线。从基础风险防范到实时风险发现,再到即时风险处理,爱心筹构建的"神盾风控体系"形成了完整的闭环。另外,爱心筹组建的专业风控团队由法律顾问、全职医师、物证鉴别师、巡检专员、调查走访专员等专业人员构成,为求助者、捐助者全程保驾护航。

第三节 众筹融资征信活动典型案例分析

由于众筹融资在我国发展时间不长,相关政策还在研究制定过程中,相关平台征信活动整体上还处于探索阶段,有待未来梳理和分析,因此本节主要对国际上比较典型的众筹融资平台的征信活动实践进行探讨。

一、美国 AngelList 征信活动案例分析

(一) AngelList 平台概况与筹资模式

1. AngelList平台概况

AngelList 成立于 2010 年,是美国最早的股权众筹平台,也是全球股权众筹平台的"鼻祖"。AngelList 前身是 NavalRavikant 和 BabakNivi 共同创立的博客 VentureHacks,为的是通过撰写有关创业知识的博文帮助创业者了解创业流程。

---

① 爱心筹.打造专业风控团队,神盾风控体系全程保驾护航 [EB/OL].https∶//www.axzchou.com/about/detail/102,2018-08-09.

如今 AngelList 已经成为一个集创业服务、投融资、求职招聘以及社交功能于一身的大型众筹平台。

2. AngelList 筹资模式

作为一家全球知名的股权众筹平台，AngelList 以"领投+跟投"模式引入大量的优质投资人资源，使业务发展并不会受到网站本身投资能力的制约，且平台项目投融资总额远远超过了竞争对手。在筹集资金方面，AngelList 组建了"Syndicates"（联合投资）和"Backers"（拥护者投资）两个模块，两者主要的区别在于：使用"Syndicates"模块是选择自己和领头人都比较看好的企业，而使用"Backers"模块则是只相信领头人的经验和眼光。

AngelList 在承担项目众筹职能的基础上，还承担了对资金的监管职能。众筹平台上绝大部分人并不具备专业知识，也无法对项目的风险大小进行准确预估，而 AngelList 平台采取的领投人制度可以在资金募集期间，由领投人与项目方共同监管资金，帮助项目实现预期发展目标。这种模式不仅能够明确责任，而且能够让领投人对项目付出更多的精力。

（二）AngelList 平台的业务流程

AngelList 需要同时在 SEC 和 FINRA 进行注册，注册的类别可以为"经纪自营商"或"融资门户"。作为美国具有代表性的股权众筹平台公司，AngelList 的业务流程已经被很多公司借鉴参考，具体主要包括筹资人流程与投资人流程。

1. 筹资人流程

筹资人流程总体而言分成注册、审核、评级、分类、竞标五个阶段，具体内容如表 7-3 所示。

表 7-3 AngelList 筹资人流程

筹资人流程	主要内容
注册	筹资人实名注册，提供家庭情况、个人经济状况、信用报告，并附融资期限、融资理由、金额、利率等内容
审核	AngelList 24 小时内对该内容进行审核
评级	AngelList 将上述信息提供给信用评级机构评级。信用等级区分成 A、B、C、S 四个等级。信用太差不能成为 AngelList 筹资人
分类	AngelList 根据不同等级，将筹资人的筹资条件与信息划分成不同交易市场，列示于 AngelList 交易平台
竞标	投资人根据各自的风险偏好在各个平台上竞标，最后形成合同，建立投融资交易合同

资料来源：王锡明. CD 证券公司股权众筹平台运营模式研究[D]. 天津大学硕士学位论文，2016.

2. 投资人流程

AngelList 的投资人流程相对比较简单，主要分成两个环节：注册、竞标，如表 7-4 所示。

表 7-4　AngelList 投资人流程

投资人流程	主要内容
注册	提供个人信息，个人账户充值，明确自己的投资偏好（收益率、时间、投资回收期等）
竞标	平台根据相应偏好匹配相应市场，投资人进行竞标，并签订合同，完成交易

资料来源：王锡明. CD 证券公司股权众筹平台运营模式研究[D]. 天津大学硕士学位论文，2016.

3. AngelList 投资者保护措施

AngelList 在投资者保护措施方面设置了以下四方面内容：一是在资格认证方面，认证需要履行资格认证程序，并将投资者分为合格投资者与普通投资者；二是在投资额度限制方面，合格投资者为 3 万美元，普通投资者为 4000 美元；三是在投资人数限制方面，只要求普通投资者不能作为领投人参与融资项目；四是在反悔权方面，有 7 天的冷静期，在这期间投资者可以要求无条件资金退还。

（三）AngelList 平台征信活动

从上述筹资人流程的五个阶段可以看出，AngelList 众筹平台的征信活动比较完善，这一定程度上依赖于美国完善的征信体系建设。在美国，Equifax、Experian 和 TransUnion 是境内最主要的三家个人征信机构。这三家都建有全国性的数据库，对外提供个人信用报告。典型的信用报告一般包括四部分内容：个人信息（如姓名、住址、社会保障号码、出生日期、工作状况）、信用历史、查询情况（放款人、保险人等其他机构的查询情况）和公共记录（来自法院的破产情况等）。在美国，标准的信用报告中涉及 49 项内容，并且信用达到了量化程度。筹资人实名注册时提供信用报告等一系列信息后，AngelList 平台将上述信息提供给信用评级机构评级，信用等级区分成 A、B、C、S 四个等级，信用等级不达标者不能成为 AngelList 筹资人。AngelList 根据不同等级，将筹资人的筹资条件与信息划分成不同交易市场，列示于 AngelList 交易平台。

此外，监管部门也会对于股权众筹平台的运行进行信用评价。股权众筹平台信用额度、融资数量等指标均与其信用度密切相关。通常每隔 6 个月左右，美国监管部门对众筹平台进行信用打分，如果分值在 300~950 分之间，平台可以进行股权众筹融资活动，如果分值低于 300 分，则要求该平台进行整改。另外，针对个人隐私保护、征信机构采集数据准确性存在差异等问题，美国监管机构通过立法规范征信信息采集、整理、存储及加工流通整个流程，利用完备的法律体系为征信体系建设以及众筹融资市场健康发展保驾护航。

（四）AngelList 平台征信实践的启示

AngelList 平台以良好的征信体系作为支撑，筹资方的每一次项目执行情况都会被记录下来，个人的信用情况经量化分级作为衡量的参考标准。投融资双方通过这种记录和评价来沉淀信任关系，使其在交易对接时效率更高。美国的监管部门要求众筹平台采取合理措施对合格投资人进行验证，如官方出具的收入证明、纳税证明、金融资产市值报告、个人信用报告等，或由注册会计师、律师、投资顾问、投资经纪人出具资产检视函。系统完善的征信体系通过提高失信成本的方式对小微投资者提供了无形的保护。

二、英国 Crowdcube 征信活动案例分析

（一）Crowdcube 的平台概况与筹资模式

1. Crowdcube 平台概况

Crowdcube 于 2011 年 1 月在英国埃克塞特大学的创新中心建立，主要业务就是帮助初创型企业、早期的企业以及成长时期的企业筹集资本。2013 年 1 月，Crowdcube 得到了英国金融市场监管局（FCA）的权威认证，正式成为一家能够让投资人员成为股东的投资平台。Crowdcube 是一种以股票为基础的筹集资金平台。在这个平台上，企业家们能够绕过天使投资和银行，直接从普通大众获得资金；而投资者除了可以得到投资回报和与创业者进行交流之外，还可以成为他们所支持企业的股东。

2. Crowdcube 的筹资方式

Crowdcube 在筹集资本上采用三种方式：第一种是"Equity"（股票）方式，也就是投资人员投资一些有发展潜力的企业，企业就会用等价值的股票来当作回报，这种方式的最少投资金额为 10 英镑；第二种是"Venture fund"（创业基金）方式，这种方式和上面提到的"Bakers"作用十分类似，开始也是由专业人士组建一个创业的资金池，对于投资人员来说，就是选择注资自己看好的投资池，并得到相应的份额，再由专业人员选择投资的公司，这种方式的最少投资金额为 2500 英镑；第三种是"Mini bond"（迷你债券）方式，这种方式就是投资人

借钱给一些著名的公司,并得到股息的回报(一年 6%~8%),其最少的投资金额为 500 英镑。

(二)Crowdcube 平台的业务流程

Crowdcube 的业务流程也可以从筹资人流程、投资人流程两个方面来分析。

1. 筹资人流程

Crowdcube 的筹资人流程可以分成注册、评级、发布、认证、竞标、审核、放贷七个环节,具体情况如表 7-5 所示。

表 7-5　Crowdcube 筹资人流程

筹资人流程	具体内容
注册	筹资人在 Crowdcube 平台上注册,必须拥有社会保险号,且信用评分在 640 分以上
评级	Crowdcube 对筹资人信用进行评级
发布	筹资人设置筹资列表,包括信用等级、筹资数额、用途、个人经济状况等,并发布在 Crowdcube 平台上
认证	Crowdcube 拟定认证进度表,与发布同步进行
竞标	筹资列表出来后,投资人可以开始投标
审核	Crowdcube 对筹资人信息进行深入审核
放贷	审核通过后发放筹资金额

资料来源:王锡明. CD 证券公司股权众筹平台运营模式研究 [D]. 天津大学硕士学位论文,2016.

一般而言,Crowdcube 会向筹资人提供 5000 美元信用额度,当然每个人信用等级不同,所能筹资的额度不同。针对不同等级的信用,Crowdcube 设置不同的服务费率,等级越高,服务费率越低。

2. 投资人流程

Crowdcube 的投资人流程可以分成注册、充值、竞标、放贷四个环节,具体如表 7-6 所示。

表 7-6　Crowdcube 投资人流程

投资人流程	具体内容
注册	投资者须是 18 岁以上英国公民,有社会保险号。机构投资者是本土机构且具纳税人号码
充值	账户至少充值 25 美元
竞标	Crowdcube 根据投资人偏好进行匹配,投资人进行竞标

第七章 众筹融资模式的征信活动实践与典型案例

续表

投资人流程	具体内容
放贷	审核通过后，投资人放款

资料来源：王锡明．CD 证券公司股权众筹平台运营模式研究 [D]．天津大学硕士学位论文，2016．

在具体筹资过程中，投资人可以选择混合投资方式，等到 Crowdcube 对所有筹资列表审核完成之后资金才会打入筹资人的账户，投资人会收到 Crowdcube 平台提供的票据。另外，Crowdcube 还建立第三方交易平台，允许投资人转让其票据，并收取票面金额 1% 的服务费。

3. Crowdcube 投资者保护措施

在投资者保护措施方面，Crowdcube 采取的措施如表 7-7 所示。

表 7-7 Crowdcube 投资者保护措施

投资者保护措施	具体描述
资格认证	需要履行资格认证程序，将投资者分为成熟投资者与非成熟投资者
投资额度限制	成熟投资者不受限制，非成熟投资者投资额度不超过其净资产的 10%
投资人数限制	无
反悔权	签署法律文件后的 7 个工作日内，投资者可以要求无条件退还资金
提取风险保证金	Crowdcube 针对不同等级的交易向筹资人收取不同比例的服务费，向投资人收取 1% 的服务费，并从中提取一定比例金额作为风险保证金，专门针对该项业务可能发生的违约损失

资料来源：王锡明．CD 证券公司股权众筹平台运营模式研究 [D]．天津大学硕士学位论文，2016．

（三）Crowdcube 平台的征信活动

从上述筹资人流程的七个阶段可以看出，Crowdcube 众筹平台的征信活动也是比较完善的，这一定程度上依赖于英国完善的征信系统。个人征信机构 Experian 建有全国性的数据库，其核心业务是提供附加分析的信用信息服务产品，帮助机构和个人管理信用风险，最大化挖掘其数据价值，具体可划分为信用信息服务、信贷决策分析、营销支持和消费者互动服务四个领域。另外，筹资人注册时必须拥有社会保险号，且信用评分在 640 分以上，低于 640 分不能成为 Crowdcube 筹资人。这里的评分是用 FICO 信用评分法计算出来的评分，之后 Crowdcube 平台将根据上述信息对筹资人信用进行评级。Crowdcube 在投资之前对投资者做出风险提示，其主要风险包括：损失投资额、缺少流动性、分红可能性低、股权稀释。确认投资金额后，投资者转账到第三方支付平台——GoCardless。

（四）Crowdcube 征信活动实践的启示

英国具有完善的个人征信系统，且在系统建设、数据采集和数据使用等方面都有明确的征信法律规定。随着互联网金融的不断发展，投资人和项目所有者交流的机会大大增加，只有利用征信、保险等预防风险措施，才能保证众筹融资活动安全有序进行。英国等发达国家积极利用其完备的个人征信系统，可以在一定程度上防范部分筹资人的失信行为，净化众筹行业信用环境，同时也能防范金融风险，促进互联网金融行业健康、合规发展。以众筹为代表的新兴金融活动模式的信用效率的实现，很大程度上依赖于相关技术、征信制度等支撑条件的跟进。当前，我国的征信系统建设正在稳步推进中，2020年1月19日，中国人民银行征信中心二代征信系统正式上线。2020年2月，多家互联网金融平台正式接入央行征信系统，这也就意味着逐步发展的信用体系正在改变P2P网贷以及众筹融资等金融创新的发展路径。

第八章 市场化互联网金融征信机构发展与典型案例

Chapter 8

市场化互联网金融征信机构并没有明确的定义，本书根据实践中征信机构服务对象群体的特点，将其界定为那些为互联网金融各类平台业务的开展提供专业化征信服务的征信机构，包括由传统征信机构将服务扩展到互联网金融征信领域，依托电子商务企业建立的大数据征信机构，以及互联网金融平台基于业务自建的征信机构等类型，这些机构以市场化运作的方式，为互联网金融发展提供征信服务，发挥重要支撑作用。在一些文献中有"互联网征信"的提法，其服务范畴包含为互联网金融提供征信服务，但并不局限于这一领域，在应用场景也涉及非金融领域的应用。当前我国征信体系建设采取政府主导与市场运作相结合的模式，中国人民银行征信中心建立了全国金融信用信息基础数据库，覆盖全国传统信贷市场，构成我国征信体系的基础；以芝麻信用、腾讯征信等为代表的市场化征信机构，近年来开始尝试探索基于互联网金融发展和以大数据技术为支撑的征信业务，提供信贷、租车、租房等一系列金融领域和生活领域的服务，作为补充我国央行征信的重要组成部分。随着我国互联网金融、消费金融和共享经济的蓬勃发展，市场化征信服务机构面临着急速增长的市场需求，征信活动和互联网金融的有机结合成为大势所趋。

第一节　我国市场化互联网金融征信机构发展概况

一、市场化互联网金融征信机构发展的市场环境与格局

（一）市场化互联网金融征信机构发展的市场环境

随着改革开放的不断推进，近年来我国社会信用体系建设取得了比较明显的成效，已建成全球规模最大的征信系统，成为我国重要的金融基础设施。截至2019年底，央行个人征信系统已收录10.2亿自然人的信用信息，个人信用报告成为反映个人信用行为的"经济身份证"，年度查询量达17.6亿次。央行在发挥政府主导力量的同时，也非常重视推进征信市场化进程。2018年5月，由中国互联网金融协会与八家民营机构共同发起组建的市场化个人征信机构——百行征信有限公司正式挂牌成立，标志着我国市场化征信进入新时代。

央行征信系统是银行等传统金融机构进行风控审核时的直接参考对象，它主要考察拥有银行信贷账户且信贷记录活跃的人群，在人口覆盖上存在一定的局限性。互联网和大数据技术的广泛应用使得海量用户数据在互联网平台上快速累积，存在大量可用来判断个人信用状况的替代数据，其中互联网金融数据更是与信用状况具有强相关性。2019年9月2日，互联网金融风险专项整治工作领导小组、网贷风险专项整治工作领导小组联合发布《关于加强P2P网贷领域征信体系建设的通知》，支持在营P2P网贷机构接入征信系统。互联网金融从业机构为了对用户的消费习惯、风险偏好和信用状况进行全方位了解，产生了大量身份识别、信用评估、用户画像、反欺诈等多方面的信用服务需求。相对于传统征信，市场化个人征信可以覆盖更多的弱势群体，如广大农户、创业者、个体工商户、大学生等，是互联网金融业务进行风险控制和产品定价的关键环节。

消费金融的快速崛起对征信活动的市场化发展产生了巨大的推动作用。自2015年起我国互联网消费金融进入快速增长期，互联网消费金融体现了消费金融与大数据风控的深度融合，从而获取到传统消费金融所无法覆盖的长尾客户，促进了消费金融应用场景的拓展。同时，近年来共享经济的高速增长形成了对市场化征信服务的新需求，本书第二章进行过相关分析。根据国家信息中心发布的《中国共享经济发展年度报告（2019）》，2018年我国共享经济交易规模达29420亿元，接近3万亿元，环比增长41.6%。共享经济是典型的信用经

第八章 市场化互联网金融征信机构发展与典型案例

济，资源拥有者和资源使用者基于双方信任通过互联网平台完成交易，信用免押模式更是其主流趋势，因而共享经济平台的信用体系建设是其发展要点。市场化征信机构提供的专业化服务可有效解决共享经济中供需双方的信任问题，降低交易门槛，提升交易效率，使用户充分享受信息互通和资源共享带来的便利。

（二）市场化互联网金融征信机构发展的市场格局

我国征信业在改革开放之后逐步恢复，经过几十年的发展，征信体系建设目前形成了"政府＋市场"的双轮驱动模式，即以央行征信中心为核心、以市场化运作征信机构为补充。1997年，上海市进行个人征信试点。1999年，上海资信有限公司成立，开始从事个人征信与企业征信服务，标志着个人征信服务的重要突破。2004年，中国人民银行开始组织商业银行建设全国统一的个人征信系统，并于2006年1月在全国联网运行，填补了我国个人征信行业的空白，至今依然是中国最权威的个人征信系统。随着征信市场化进程的加速，2013年3月《征信业管理条例》正式实施，明确中国人民银行为征信业监督管理部门，征信业步入了有法可依的轨道。在百行征信成立之前，央行曾于2015年1月发文要求八家民营机构做好个人征信业务的准备工作，选择这八家机构作为试点，很大一部分原因在于这八家公司掌握着不同侧面的个人信用信息，能够作为国家金融信用信息基础数据库的有益补充。芝麻信用主要通过电子商务领域的交易记录和互联网金融数据，如淘宝和支付宝等为用户进行信用画像；腾讯征信利用QQ、微信和QQ钱包、微信钱包等社交和支付信息分析个人信用；深圳前海征信的征信对象主要是在平安银行、平安保险等拥有信用记录的亿万个人客户，提供的个人征信服务包括信用风险提示、反欺诈平台服务和生物识别身份验证等；中诚信的信用报告则涵盖身份、教育、职业、通信和司法等多个维度，其个人征信产品中包括信用报告、信用评分、信用监测、反欺诈以及其他定制化服务；考拉征信通过社交关系、交易行为、履约能力等为个人信用画像，通过信用分连接了租赁、车贷、理财等多个场景；中智诚通过个人信用活跃度、信用历史、身份特质等判断个人信用；华道征信则通过消费信贷信息共享平台出具个人信用报告；鹏元征信通过身份认证、个人反欺诈分析、贷中风险监控为用户提供个人征信服务。八家单位各自有不同的信息采集渠道和形式、不同的信息覆盖范围、不同的应用场景。获得试点资格不仅是对市场化征信机构发展的肯定，也在政策上为市场化征信机构提供了保障。

然而，随着互联网金融行业整治的不断深化，央行此后并没有为其中任何一家颁发个人征信牌照。究其原因，八家民营机构的准备工作与征信市场的需求、政府监管的要求都存在一定的差距。央行征信中心相关负责人表示，试点阶段的市场化征信机构发展存在以下几个主要问题：一是信息采集闭环。八家机构都想依托各自的优势行业和领域，追求在该行业和领域的征信业务闭环，这样在客观上阻碍了信息共享和交流，各机构的信息覆盖范围固化，既不会缩小，也不会扩大，可能会带来信用产品的有效性不足、评估结果不够准确等问题。而征信的一个重要环节就是信息互通共享，八家机构现阶段基本不存在信息共享渠道。二是独立性问题。市场化征信机构存在着独立性不足的问题，八家机构均是由具有私人背景的集团或企业发起创建，第三方独立性的缺乏主要体现在业务和治理结构上，甚至存在利益关联的情况。三是信息误采误用问题。八家机构并不完全了解作为一家征信机构所应该具有的理念和规则，在遵守规则方面也存在问题，对信用不同形式的评分和使用仅根据本机构掌握的有限信息进行，存在信息误采误用问题。

由于征信服务具有准公共物品的属性，我国征信市场发展需坚持在风险可控的前提下高水平发展的原则，确保具备社会公信力和市场竞争力的机构进入征信市场。基于此，央行批准百行征信的个人征信牌照，引入八家民营机构为股东、中国互联网金融协会为控股股东。百行征信的成立，意味着形成了一个各大市场化征信机构的信用数据大熔炉，将政府监管和市场参与统筹兼顾，与央行征信中心形成"错位发展、功能互补"的市场格局。央行个人信用信息基础数据库和百行征信的数据源存在少量交集，未来两者存在数据互通的可能性（见表8-1）。百行征信的数据源以互联网数据为主，征信产品更加丰富，服务对象更加多元。其应用场景除传统的金融信贷领域之外，也在向社会生活服务领域延伸。

表8-1 央行征信与百行征信的比较

征信机构	产品	核心数据来源	数据采集范围	服务对象
中国人民银行征信中心	个人信用信息提示、个人信用信息概要、个人信用报告三种信用信息产品	商业银行、农村信用社等传统金融机构，相关国家机关和公用事业单位	①公安部身份信息 ②个人基础信息（婚姻、居住、职业等信息） ③银行信贷记录（贷款记录、信用卡记录、资产处置信息、保证人代偿信息、担保信息等） ④公共事业记录（欠税记录、民事判决记录、强制执行记录、行政处罚记录、电信欠费信息等）	商业银行、农村信用社等传统金融机构

续表

征信机构	产品	核心数据来源	数据采集范围	服务对象
百行征信有限公司	已推出个人信用报告、信息核实核验、特别关注名单三款个人征信产品，近期计划推出反欺诈报告、反欺诈评分、欺诈关系图谱等产品	互联网搜索平台、社交网络平台、电商平台、互联网金融从业机构、第三方数据服务机构	①互联网金融数据（网贷平台负债和还款数据、互联网消费金融公司信贷数据、第三方支付数据等） ②互联网深度行为数据（电子商务交易数据、社交网络数据、航空旅行数据、游戏数据等） ③已实现互联网化的公共数据（学历证书数据、社保数据、公积金数据、失信名单等） ④电信运营商数据 ⑤互联网公开数据	互联网金融从业机构（互联网消费金融、网络小贷、P2P借贷、互联网银行、网络分期等）、共享经济平台企业（金融共享、出行共享、空间共享、充电宝共享、闲置交易等）

资料来源：张晶，李育冬. 从百行征信看我国个人征信的市场化发展 [J]. 征信，2019（12）：54-60.

从市场化个人征信机构试点到百行征信获得个人征信牌照，可以看到我国征信体系建设发展方向逐渐清晰。首先，肯定了市场化征信机构在我国征信体系建设中的作用。央行之所以为八家市场化征信机构发放试点资格，而在八家机构发展不理想时也并未完全否定，转而促进八家市场化征信机构参与到百行征信的建设中来，最主要的原因就是市场化征信机构能够弥补央行征信在征信领域无法涉及的领域。尤其是金融科技飞速发展、互联网金融不断普及的今天，依托传统信贷信息采集的全国金融基础信用信息库已经不能满足市场和经济发展对于信用服务的需求，而市场化征信机构则可以通过先进的技术手段、广泛的数据采集范围等弥补央行征信的不足。其次，由政府、央行或行业协会牵头，市场化征信机构广泛参与的征信平台建设是今后我国征信体系建设的发展方向。百行征信有限公司的成立是我国市场化征信机构发展的一次尝试，是各市场化征信机构参与方式和信息共享方式的探索，也是建设统一的市场化征信平台的技术积累过程。百行征信可以看作是统一的市场化征信平台的"初级"版本，指明了我国市场化征信机构的发展方向[①]。

二、市场化互联网金融征信机构分类及发展状况

国内市场化互联网金融征信机构主要包括由传统征信机构扩展到互联网金融

---

① 张晶，李育冬. 从百行征信看我国个人征信的市场化发展 [J]. 征信，2019（12）：54-60.

征信服务、电子商务企业涉足金融领域后建设的大数据征信机构、互联网金融平台基于业务建设的征信机构等类型。

（一）由传统征信机构扩展到互联网金融征信服务

随着近年来互联网金融的快速发展，传统征信机构的征信服务也相应进行扩展，如上海资信的互联网金融征信系统（NFCS）及安融惠众的信用信息共享平台（MSP）等。

NFCS 由中国人民银行征信中心控股，在 2013 年 6 月 28 日推出我国首个基于互联网金融的专业化征信系统，该系统主要采集 P2P 网贷平台客户的个人基本信息、贷款开立信息、贷款还款信息等。此外，还有多个互联网网贷机构向其提供数据，并可通过系统进行查询，在一定范围内实现了互联网金融企业之间的信息共享。截至 2019 年 11 月底，上海资信网络金融征信系统累计接入签约机构 1388 家，收入自然人 9739 万，企业和其他组织 2798 万，其中借款人数量 3770 万，借款申请人数量 8017 万，借贷金额 18728 亿元，借贷笔数 27508 万，借贷申请笔数 32268 万。

MSP 由北京安融惠众征信有限公司于 2013 年 3 月创建，是为小额贷款公司、担保公司提供行业内信用信息服务的平台。MSP 采取封闭式的会员制共享模式，为会员提供信用信息查询服务。截至 2019 年 10 月底，MSP 征信平台累计签约会员机构数量为 2816 家，累计收入有信贷记录的信息主体 1375.8 万人。MSP 平台在帮助会员机构了解借款人非正规金融机构信贷信息、防范借款人多重负债、减少坏账损失方面取得了明显成效。公司充分利用大数据技术，整合公安、司法、工商、学历、银联、电信、电商、公用事业缴费等各类信用信息，在 MSP 平台上推出了包括 MSP 信用信息共享、反欺诈、风险预警监测、银联数据分析、个人及关联企业信息分析以及公共信息查询认证服务在内的多种风险管理相关产品，旨在为 MSP 用户提供多维度、一体化的征信服务。

（二）电子商务企业涉足金融领域后建设的大数据征信机构

电子商务企业依托自身的电商平台和支付渠道，收集包含用户网购、还款、转账以及个人信息等方面的数据，利用大数据进行加工整理，建立信用信息数据库，开展小额贷款、网络理财等业务。大数据征信主要是通过迭代模型，从海量数据中寻找关联，并不断尝试与迭代模型进行反馈，依次推断个人的身份特质、工作性质、经济能力等相对稳定的指标，进而判断个人的履约能力，综合评价个人的信用水平。例如，芝麻信用以 5C 模型为标准，设置了身份特质、信用历史、行为偏好、履约能力、人脉关系五个评估维度。

大数据征信代表性机构包括芝麻信用利用阿里巴巴的电商平台数据和蚂蚁金融的互联网金融数据构建自己的信用数据库，并推出芝麻信用分；腾讯征信通过腾讯所提供的社交和金融服务聚集了庞大的客户群数据，包含消费、信用卡还款、社交等数据信息；此外，百度、360金融、小米金融、京东金融等也在积极建设自身的互联网金融征信系统。

（三）互联网金融平台基于业务开展建设的征信机构

P2P网贷等互联网金融企业基于自身开展的互联网金融业务积累了大量业务数据，通过相应大数据分析技术的引入，对平台交易数据进行集成分析，从而建立后台征信数据库，为互联网金融业务开展提供服务。例如，2013年12月成立的网信征信公司依托网信金融集团旗下的众筹网、第一P2P、第一支付等多个互联网金融品牌，重点服务中小微企业和个人。利用网信金融集团的互联网管理经验、数据积累为客户提供融资风险评价服务和产品。此外，在实践中很多互联网金融平台，如P2P网贷在开展业务时采取了线下"自征信"手段来控制信用风险。由于我国互联网金融行业面临着数据不充分、信息不真实的问题，很多P2P网贷平台依然依靠传统的人力采集数据，要么是成立线下尽职调查团队对贷款者进行调查，要么是从小额贷款公司或者融资担保公司获取贷款人信息。这两种方式并没有本质上的区别，都是高度依赖线下人力完成贷款申请审查。线下"自征信"方式属于传统征信方式，在征信成本、征信标准、征信数据客观性方面都存在较多问题，是当前我国互联网金融征信服务不完善情况下的一种过渡形式，未来随着行业集中度的提高，征信方式也会发生变化。

（四）不同类型互联网金融征信机构比较

大数据征信代表着征信机构未来的发展方向，但目前在我国普及程度并不高，由于大数据征信对网络技术和数据来源都有着较高要求，能够将大数据应用到征信领域的机构大都是互联网领军企业，以阿里巴巴、腾讯为代表，依托企业多元化业务产生的庞大数据来开展征信服务。另外，这些互联网领军企业也并非将大数据作为识别信用风险、进行风险防控的唯一手段，同时也会选择同商业性征信机构合作、获取公共领域的数据作为补充。安融惠众征信、上海资信等都是传统的征信机构，在征信领域深耕多年，近年来积极寻求同互联网金融行业的融合发展，逐步实现征信的网络化，并针对P2P网贷平台等互联网金融平台推出了"一站式"的风险防控服务。互联网金融平台基于业务开展建设征信机构，部分平台阶段性以线下"自征信"方式开展业务，既是基于互联网金融平台自身开展征信活动的实践和探索，也是我国互联网金融征信的一种真实情况写照。

第二节 我国市场化互联网金融征信机构典型案例分析

一、芝麻信用案例分析

芝麻信用是一家旨在构建简单、平等、普惠商业环境的信用科技企业,是蚂蚁金服生态体系的重要组成部分。芝麻信用利用云计算、机器学习等领先科技客观呈现个人和企业的商业信用状况,已在租赁、购物、商旅出行、本地生活等众多商业场景中通过信用科技赋能,为更多用户提供便利服务。

(一)芝麻信用的运作模式

1. 基于大数据构建个人信用数据库

芝麻信用采集的数据有以下四个来源:信贷机构、政府部门、电商和第三方支付等互联网平台以及日常生活(见图 8-1)。通过整合数据,构建基于大数据、云计算的互联网征信个人信用数据库。

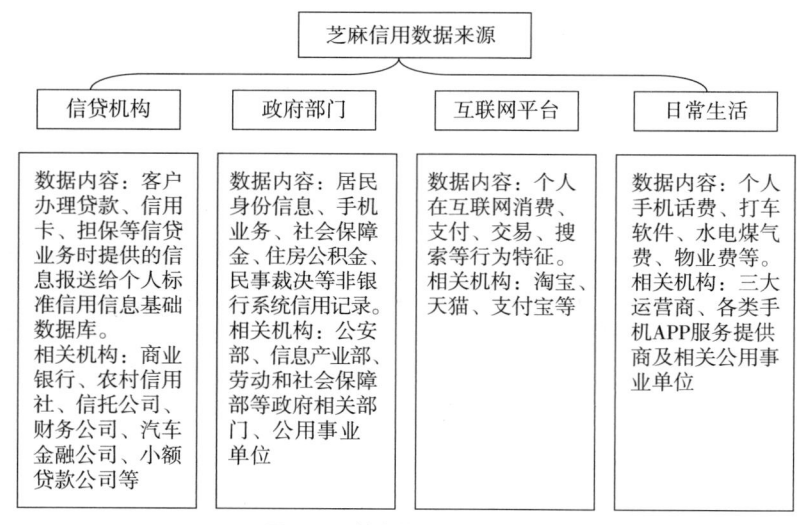

图 8-1 芝麻信用的数据来源

资料来源:熊程青.基于互联网金融平台的第三方征信存在的问题探究[D].江西财经大学硕士学位论文,2016.

第八章　市场化互联网金融征信机构发展与典型案例

2. 建立了信用评分机制

芝麻信用借鉴 FICO 信用评分经验，通过多维度对用户行为进行评分，各种行为赋予不同的权重。芝麻信用分综合考虑了个人用户的信用历史、行为偏好、履约能力、身份特质、人脉关系五个维度的信息，其中来自淘宝、支付宝等的数据占 30%~40%。信用历史指过往信用账户还款记录及信用账户历史，大多来自支付宝，特别是支付宝转账和用支付宝还信用卡的历史；行为偏好指在购物、缴费、转账、理财等活动中的偏好及稳定性；履约能力指包括享用各类信用服务并确保及时履约；身份特质指在使用相关服务过程中留下的足够丰富和可靠的个人基本信息；人脉关系指好友的身份特征以及跟好友互动的程度。以上五个维度分别被赋予不同权重，其中信用历史权重设计为 35%，权重最大；其次为行为偏好、履约能力，权重分别为 25% 和 20%；人脉关系权重最小，为 5%。对五个维度的数据进行采集、加工、整理、计算后得出信用评分，分值范围为 350~950 分，分值越高代表信用水平越好，较高的芝麻分可以帮助个人获得更高效、更优质的服务。芝麻信用评分原理如图 8-2 所示。

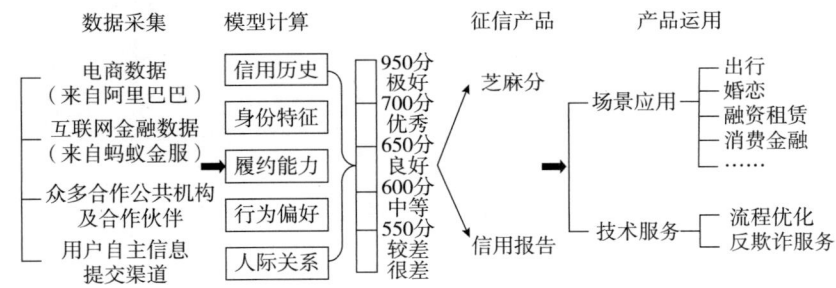

图 8-2　芝麻信用评分原理

资料来源：张杰，孙梦玉，李海姣. 我国共享经济发展中信用评价机制的应用及完善研究——基于信用分的视角 [J]. 征信，2019（2）：62-66.

3. 信用评分应用场景不断丰富

芝麻信用不仅在小额信贷业务中发挥信用风险分析和预测作用，还不断深入生活细节丰富其应用场景，逐步与金融消费机构、银行、平台入驻商家线上线下开展合作，推广芝麻信用普及度（见表 8-2）。

表 8-2　芝麻信用主要应用大事记

时间	主要事件
2015.01.05	央行发布《关于做好个人征信业务准备工作的通知》，芝麻信用正式开展个人征信准备工作

续表

时间	主要事件
2015.01.28	芝麻信用评分正式上线,为用户开启全新的信用生活
2015.01.30	芝麻信用与神州租车合作,全球首创,为用户提供免押租车新方式
2015.06.04	芝麻信用和阿里旅行合作,芝麻分700分及以上用户有机会便捷签证新加坡
2015.06.06	芝麻信用首个"6·6信用日",无人超市信用测试,引起社会广泛关注
2015.06.26	芝麻信用与北京银行签署战略合作协议,成为芝麻信用首家合作银行,开创商业银行应用互联网征信先河
2015.07.01	芝麻信用连接最高人民法院,实时更新"老赖"名单,开创了第三方征信机构首次通过最高法官方授权,联合开展信用惩戒的先河
2015.07.31	芝麻信用与永安自行车合作,用户可以免押扫码租车,缓解城市公共交通和环境压力
2015.08.16	芝麻信用和贵州省公安厅交通管理局联合开发的"贵州省重点车辆驾驶人从业综合评分系统"正式启用,成为开始输出模型开发能力的首家征信机构
2015.08.17	芝麻信用与花田、世纪佳缘合作,通过芝麻的实名身份认证服务,协助合作伙伴打造诚信婚恋体系
2015.09.09	芝麻信用推出"9·9大学生信用节",芝麻分开始成为高考分之外最重要的分数之一
2015.09.23	芝麻信用与相寓(我爱我家旗下)合作,用户免押金租房、月付租金成为可能
2016.01.13	芝麻信用与杭州市信用办达成合作,通过芝麻信用渠道展示市民"城市信用记录",以"信用+城市"模式打造"信用之城"
2016.02.25	芝麻信用和广州妇女儿童医疗中心联手推出"先诊疗后付费"服务,节省患者就诊时间60%以上
2016.06.06	芝麻信用"6·6信用日",与麦当劳合作,开启免押借还雨伞、充电宝模式
2017.02.02	芝麻信用开放大会,提出"信用是未来十年的红利"开放芝麻在生活、政府、金融三大行业能力,吸引合作伙伴
2017.06.06	芝麻信用"6·6信用日","信用,让世界简单点"地铁广告刷屏朋友圈
2017.07.17	首届信用城市峰会召开,信用体系建设在城市治理中的重要性正日益凸显
2017.11.22	芝麻信用宣布推动"信用免押时代",向商业信用转型,宣布将投入10亿元,帮商家用比收押金更好的方式做生意
2018.07	芝麻信用提出"新租赁经济"概念,提出基于信用的共享经济理念
2018.11.26	加拿大签证合作上线,芝麻分满750分可申请芝麻签证报告用作财力证明和履约能力证明
2019.03	天猫联合芝麻信用宣布向全行业开放"信用购",芝麻分650分及以上用户可先试用7天,满意后再付款

资料来源:作者根据芝麻信用官网信息整理。网址:http://www.xin.xin/#/detail/4-1-0。

第八章　市场化互联网金融征信机构发展与典型案例

(二) 芝麻信用的特点

一是芝麻信用基于阿里集团营造的商业环境，具备广泛的用户基础和群体覆盖面，许多原来传统征信没有信贷记录的人群，也开始有了属于自己的信用评价；二是芝麻信用依据电商数据、互联网金融数据、公共机构数据、合作伙伴数据、用户上传数据等，从信用历史、履约能力、行为偏好、人脉关系和身份特质五个维度对个人进行综合评估评分，最大程度地反映个体的信用状况；三是芝麻信用应用已经覆盖信用金融、信用租车、信用酒店、信用租房、信用婚恋、信用签证等多个领域，让社会生活中的更多人群能够简单、直观地感受到信用的价值和便利。

(三) 芝麻信用在共享经济的引入与应用[①]

关于芝麻信用在阿里小贷中的应用在第五章已经进行了案例分析，本章从另一个角度对芝麻信用的应用进行探讨，结合其在共享经济中的应用来分析其积极作用和改进空间。

1. 芝麻信用在共享经济中的应用

芝麻信用已在信用卡、消费金融、融资租赁、酒店、租房、出行、婚恋、分类信息、学生服务、公共事业服务等上百个场景为用户、商户提供信用服务。与传统征信系统相比，芝麻信用的覆盖面积更广，如学生、蓝领工人、个体户、自由职业者等未有过借贷、未申请过信用卡的群体，虽未在银行或政府留下太多行为痕迹，但易在互联网上发生消费、理财等行为。芝麻信用已与共享经济多个领域合作，接入芝麻信用分评价机制，这是个人征信体系市场化的新探索。在共享出行、共享住宿等领域，芝麻信用与多家企业合作，如芝麻信用接入酒店，免去了押金、查房等环节，将用户的入住时间由平均十几分钟下降到45秒，退房时间由平均4~5分钟下降到18秒。

2. 芝麻信用在共享经济中的积极作用

(1) 为筛选商家和服务对象提供依据。在共享经济中，供应者与需求者多为陌生人，存在信息不对称等问题，芝麻信用依据多渠道数据运用技术手段进行客观评估，将用户的信用水平以分数的形式直观呈现，使交易双方根据信用分快速筛选出更好的商家和服务对象，迅速建立信任，优化资源配置，提升交易效率。

(2) 有效规范用户行为。信用分通过抬升失信成本的方式，有效约束了用户行为。例如在租车方面，芝麻信用解决了拖欠租金、违章且逃避处罚、车辆丢失

[①] 张杰,孙梦玉,李海姣.我国共享经济发展中信用评价机制的应用及完善研究——基于信用分的视角[J].征信,2019(2):62-66.

等问题。2017年3月《全国城市信用免押服务报告》数据显示，引入芝麻信用后，行业租金欠款率下降了52%，违章罚款欠款率下降了27%，丢车比率下降了46%。

（3）完善共享经济信用体系。芝麻信用作为大数据互联网模式下建立的征信系统，凭借其多维度、多渠道等优点，弥补了传统征信的不足，对个人征信情况进行了有效补充。信用分的实施在客观上解决了共享过程中一些失信问题，营造全民争获高信用分的良好氛围，促进社会信用环境建设。

3. 芝麻信用评分机制的不足

（1）个人信息安全和隐私保护存在较大风险隐患。一方面，芝麻信用在采集、处理、存储用户数据时易遭受网络病毒、黑客等攻击，会造成信息泄露或篡改，威胁用户个人隐私安全；另一方面，在平台运营过程中，无法辨别该授权人是否为本人或是否自愿，存在伪造风险。用户在共享经济平台上进行"共享"，需提供真实身份信息完成实名认证，但我国并无完善的个人信息安全和隐私权的保护。个人信息安全和隐私保护仍是芝麻信用亟待解决的问题。

（2）数据来源及采集维度不够完整。数据来源以本行业内数据为主，采集维度不够完整，且采集范围窄。对接了租车租房、婚恋交友等领域，但未覆盖移动通信、政府公共数据等方面。此外，未接入央行征信系统导致计算芝麻分时缺少个人银行信贷信息的衡量，而芝麻信用已掌握的生活化、碎片化信息数据并不能替代金融类信贷数据，使个人信用评分结果准确性存疑。

（3）数据处理分析技术及评价指标仍需改进。芝麻信用掌握的海量信息数据如图片、音频、视频等中，很多难以直接消化处理，同时噪声信息导致分析难度增加、结果存在偏差，这对数据处理和分析技术提出了更高要求。此外，芝麻信用尚处于试水阶段，体系中许多指标仍需修改与完善。一方面，评分维度中身份特质、人脉关系等数据的有效性有待考察；另一方面，如社交信息等新潮但不够成熟的数据是否适用于评估体系、在体系中所占比重等问题仍需商榷。

（4）数据真实性有待改进及冒用信息补救措施不完善。芝麻信用通过数学模型处理采集到的数据，以信用分的形式呈现，这个运行过程属于商业机密，是不予公开的，因此，信用分产生过程不透明，使其可靠性和公正性难以保证。目前支付宝用户的身份验证过程还不完善，且若用户信息被篡改或泄露，无有效解决方法。当用户账户被冒用时，支付宝仅表示用户可提供身份证、驾驶证、户口簿等相关证件停用冒用账户，但在防止异议信息产生、后期补救措施、用户维权等方面无法妥善应对。

（5）"刷信用"行为和低门槛可能加剧信用违约风险。根据芝麻信用公测期间体验用户"晒出"的芝麻分值对比分析，芝麻信用分高的用户往往都是阿里平台上的"高频"用户,反映出芝麻信用分以阿里巴巴旗下淘宝、天猫等电商平台和蚂蚁金服旗下支付宝、余额宝服务作为重要评分标准的现实情况,给用户通过在阿里体系内人为增加资金往来频率来"刷高"信用分提供可能,这种评分结果必然会增大信用违约风险。此外,互联网消费和服务群体的广泛性决定了芝麻信用评分主体中包括无收入能力或稳定收入来源的人群,而这类群体履约能力普遍不佳,当通过芝麻信用分获取个人金融服务时将增加违约风险。芝麻信用目前缺乏完善的筛选机制,在个人消费金融领域仅凭芝麻信用分高低完成借贷,因此无法有效解决信贷违约问题。

4. 完善信用评价机制以促进共享经济发展的思考

芝麻信用现有的一些问题和不足在其他类型信用分的应用中也客观存在,因此需要对评分模型进行不断优化和完善。

(1)扩充信用评价维度。目前市场征信机构所采用的评价维度主要包含用户身份特质、履约能力、信用历史、人脉关系以及行为偏好。本书认为现有评价维度仍存在问题,如人脉关系与行为偏好这两个维度的信用信息存在偶然性,只能起侧面预判作用,将其纳入评价维度会有失公正。需对授信人的全部信用数据进行整合、分析,在实践中完善评价维度,加速共享经济信用体系的成熟。

(2)进行数据整合。我国商业征信机构掌握的征信数据多依赖于某个商业集团,因存在利益冲突并不进行数据共享。这种"割裂"现状阻碍了市场征信机构发展和社会征信体系构建,且影响征信评价的全面性。应通过建立独立征信第三方机构,完成银行与社会征信机构的信用数据整合,打破共享经济信息"孤岛"。

(3)加强身份验证,确保信息来源真实准确。在进行征信评价时,应加强授信人身份验证,以此来辅助判断征信数据的准确性。建议通过建立第三方征信机构,接入政府机构个人信息系统,与征信机构征信数据形成互补,加强对评价主体的身份甄别,多角度验证征信数据真伪,防止共享经济参与者信息冒用,确保评价可信性。

(4)提高数据分析技术水平。互联网征信采集的海量数据复杂多样,且存在噪声数据,其干扰性对数据分析工作提出更高要求,数据筛选、图像信息处理等多渠道数据收集技术有待提高,应适应共享经济新业态的发展需求,便于捕获有效信用数据。

(5)完善数据加密技术以提高安全系数。数据加密技术是基础安全保障、信息安全核心。优化数据加密技术,对传输中的数据流进行加密以防止窃听、泄漏、篡改和破坏通信线路行为。重视关键信息与核心信息是确保信息主体隐私安全的屏障,可有效弥补共享经济个人信息安全漏洞。

二、百行征信案例分析

百行征信是我国个人征信领域首个获得征信牌照的机构,百行征信有限公司的最大股东为中国互联网金融协会,其他股东包括芝麻信用管理有限公司、腾讯征信有限公司、深圳前海征信中心股份有限公司、鹏元征信有限公司、中诚信征信有限公司、考拉征信有限公司、中智诚征信有限公司、北京华道征信有限公司,公司注册资本为10亿元人民币。

(一)市场运行情况

1. 百行征信的产业链结构

百行征信在业务开展中主要采用基于互联网的征信模式,其产业链结构如图8-3所示。产业链上游是互联网数据提供商,包括互联网电商平台及其旗下的互联网金融服务平台(如蚂蚁金服、京东金融等)、消费金融公司(捷信、中银等)、网络小贷公司(苏宁小贷、百度小贷等)、汽车金融公司(一汽汽车金融、佰仟金融等)、P2P网贷平台(陆金所、拍拍贷等)、互联网银行(亿联银行、微众银行等),这些平台企业在各自的业务中收集并存储了大量用户数据,平台对这些数据进行初步的清洗和标准化处理。产业链中游的百行征信是整个征信产业链的核心,负责对分散在多家数据提供商的信用数据进行采集、汇总、加工、分析和挖掘,继而开发出信用报告、信用评分等多层次的征信产品和相关服务,提供给市场中的需求方。产业链下游是互联网金融机构、消费金融机构、共享经济平台等多元化市场需求主体。

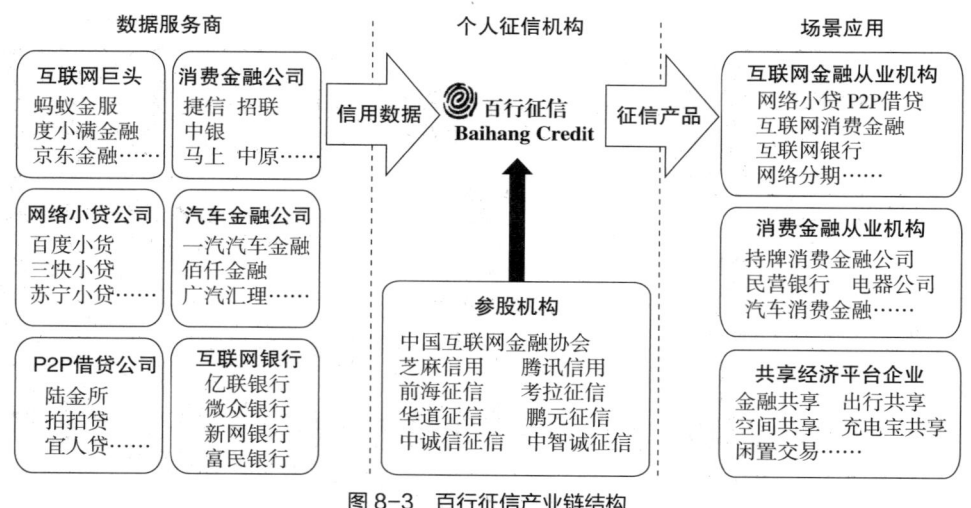

图 8-3 百行征信产业链结构

资料来源:张晶,李育冬.从百行征信看我国个人征信的市场化发展[J].征信,2019(12):54-60.

第八章　市场化互联网金融征信机构发展与典型案例

2. 百行征信的数据服务商

百行征信除了上述产业链上游涉及的互联网金融服务平台、消费金融公司、网络小贷公司、汽车金融公司、P2P 网贷平台、互联网银行等数据服务商外，还与最高人民法院执行局、三大电信运营商、中国银联等机构确立了合作关系，与全国公民身份证号查询服务中心、学信网、公积金管理中心、社会保障中心等互联网化的公共数据接洽合作事宜，不断扩大数据来源和市场影响力。百行征信与其数据服务商之间呈一种双向促进、协同发展的态势。一方面，根据合作协议，接入机构作为百行征信的数据提供者，有义务全面、准确、及时地报送与个人信用相关的业务数据和历史数据，如个人基本信息、借贷信息、失信记录等，极大地丰富征信数据体系，打破征信市场的数据"孤岛"。另一方面，接入机构作为百行征信的服务对象，从中获取信用信息查询等征信产品和服务，可有效应对多头借贷、中介欺诈、团伙欺诈等风险，全方位提升自身在贷前审查、贷中管理、贷后预警等各环节中的风控能力。

3. 百行征信的参股机构

作为百行征信的发起人和控股股东，中国互联网金融协会具备强大的社会公信力和丰富的行业资源，可以为百行征信的数据体系建设提供坚实的基础。八家参股机构在数据资源、技术能力、征信产品等方面各具特色（见表8-3）。

表8-3　百行征信的参股机构及其征信产品

参股机构	数据资源优势	核心产品与服务
芝麻信用	支付宝用户的身份信息和支付数据；淘宝和天猫的电商交易数据和用户行为数据；蚂蚁金服的互联网金融数据；包含身份证、手机号、银行卡、环境与设备的海量欺诈名单库	①芝麻认证：通过姓名、身份证号、人脸识别、眼纹识别、生物特征等多种手段有效地核实用户身份 ②芝麻分：按用户信用历史、行为偏好、履约能力、身份特质、人脉关系五个维度量化用户的信用情况 ③行业关注名单：收录客户在借贷逾期、套现、失信被执行、虚假交易、逾期未还车、逾期未支付等各类场景下的违约行为 ④申请欺诈评分：对用户申请信息的欺诈风险进行量化评分 ⑤欺诈信息验证：手机号、地址、银行卡、EMAIL 和环境设备验证
腾讯信用	QQ 和微信用户的社交数据；财付通用户的支付数据；其他多种服务上聚集的庞大用户	①实名认证：核查用户姓名、身份证号、手机号、证券账户的一致性 ②人脸识别：利用 OCR、人脸识别、活体检测技术进行比对 ③信用评分：按履约、安全、财富、消费、社交五个指数量化用户的信用情况 ④反欺诈产品：利用互联网数据鉴别欺诈用户

续表

参股机构	数据资源优势	核心产品与服务
前海征信	平安集团海量线下和线上用户的金融数据，涵盖保险、银行、信托、证券、基金、金融科技等多个金融领域	①好信度：按身份特征、履约能力、失信风险、消费偏好、行为特征、社交信用、成长潜力七个维度量化用户的信用情况 ②好信盔甲：利用前端侦测技术和后端规则引擎为机构用户提供整套反欺诈解决方案 ③身份验证服务：利用人脸识别等生物识别技术，结合 OCR 技术，为客户提供端到端的身份验证服务
考拉征信	拉卡拉用户的便民、电商、金融数据；线下商户的日常经营数据	①考拉信用分：按用户信用记录、履约能力、身份属性、社交关系、交易行为五个维度量化用户的信用情况 ②考拉云智能风控引擎系统：风险控制和反欺诈全周期信贷风控一站式服务平台
华道征信	银之杰在金融相关领域积累的业务数据；亿美软通在电信业务领域积累的三大运营商电信数据、移动商务数据；新奥资本在能源领域积累的居民燃气数据	①个人征信评估：基于不同应用场景的个人信用评分服务，如房屋租赁的"猪猪分"、汽车租赁的"车车分"、求职的"伯乐分"等 ② CISP 消费信贷信息共享平台：消费信贷领域的会员制同业征信服务平台，以"信息报送与查询同步并行"的方式实现个人信贷交易信息共享 ③征信服务云平台：应用于贷前审查、贷中审核、贷后预警等环节的综合性征信服务平台，提供个人征信报告、个人评分报告、职业背景调查、贷后预警、征信产品策略、企业对接管理等应用服务
鹏元征信	广泛接入了全国性和深圳的各类公共政务数据；已接入超过 1000 家小贷和 P2P 机构	①身份认证：基于公安部公民身份信息、生物识别技术、银行身份信息的多维度身份认证 ②个人反欺诈分析：依托个人反欺诈决策引擎，对用户身份信息、黑名单信息、风险信息、多头借贷等行为进行甄别 ③贷中风险监控：依托贷中风险监控引擎，对用户进行关键风险维度的实时监控 ④用户画像：构建信息主体的多维度画像，为信贷、租赁、求职、婚恋等多个应用场景提供评估参考
中诚信征信	第三方互联网大数据，包括身份、工商、司法、通信、消费、设备等多维数据	①信用评分：将传统评分卡技术与机器学习建模技术有机融合，使用 XGBoost、GBDT、LR、PULearning 等算法，建立申请评分模型、行为评分模型及催收评分模型 ②风险监控：利用大数据搜索与关联挖掘技术，对目标主体的信用变化和风险行为进行动态监控 ③反欺诈服务：针对具体的应用场景提供解决方案，包括设备反欺诈、资料反欺诈、交易反欺诈、团伙反欺诈等

续表

参股机构	数据资源优势	核心产品与服务
中诚信征信	第三方互联网大数据，包括身份、工商、司法、通信、消费、设备等多维数据	④用户画像：通过关联图谱技术等挖掘潜在客户，构建用户画像，可广泛应用于用户分群、精准营销等业务场景 ⑤万象智慧（ASmart）智能风控平台：强化了知识图谱、机器学习、人工智能、区块链等技术在信用风险管理中的应用
中智诚征信	近80家P2P机构和消费金融机构动态实时上传的欺诈黑名单；欺诈规则集达100余条，涵盖了黑名单比对、历史比对、逻辑校验、团伙校验、外部数据校验等类	①个人征信评分服务：利用个人信用活跃度、履约能力、信用历史、身份特质、信用消费能力等信息建立信用评分模型 ②申请反欺诈服务：拥有海量的行业内黑名单匹配、实时更新的反欺诈规则流、中文模糊匹配和分团规则算法等核心技术，帮助客户全面提升反欺诈能力 ③全国公民身份信息认证服务：被认证人的身份证号、姓名和照片进行比对认证 ④征信监控服务：对贷款申请人进行持续跟踪和监控，定期报送信贷账户的还款状况和更新的信用评分

资料来源：张晶，李育冬.从百行征信看我国个人征信的市场化发展[J].征信，2019（12）：54—60.

（二）百行征信的征信产品与征信技术

百行征信已研发并推出个人信用报告、特别关注名单和信息核验平台三款个人征信产品。其中，个人信用报告是个人征信基础服务产品，能够帮助接入机构解决信息不对称问题，防范信用风险。特别关注名单可识别潜在的信用风险人群，防范多头借贷和恶意骗贷，且名单变量具有可解释性，可引入用户的风控模型当中。信息核验平台含手机运营商多要素核验、银行卡多要素核验、灵活定制组合或专项核验等。百行征信的个人信用报告是自己生成的，目前与央行个人信用报告的内容相互独立。截至2019年7月10日，百行征信已与976家机构签订了业务合作和信息共享协议，合作机构涵盖互联网金融、消费金融、中小金融和新金融四大类18小类金融机构，与105家机构实现信息共享，个人征信生产系统采集借款人数逾6300万，信贷账户数1亿个。百行征信征信数据体系更丰富，数据提供商涵盖消费金融、汽车金融、网贷等多个行业的领军企业，大量接入机构系首次对外共享信贷数据，三大电信运营商和各类公共机构的数据也在持续接入中。百行征信积极发展以大数据、云计算、区块链和人工智能为代表的金融科技，致力于数据中台的搭建，为上层业务和应用提供数据和计算支撑。

(三) 百行征信发展中面临的挑战和应对策略①

1. 百行征信发展中面临的挑战

(1) 内外部数据共享存在现实困境。八家参股机构中除中智诚征信外均有各自的放贷平台或类关联公司，像芝麻信用和腾讯征信有平台资源，具备强大的多元化信息获取能力，在信用信息共享方面存在障碍。2019年9月，媒体报道以阿里巴巴和腾讯为首的五家股东机构拒绝向百行征信提供自身产品内的个人征信数据。对此，百行征信表示始终与股东单位保持良好的合作关系，正在与阿里巴巴、腾讯展开进一步洽谈，这一事件意味着当前我国市场化征信中个人征信信息共享仍存在现实困境。此外，在数据收集方式、标准分类、信用评估技术和模型上各家股东机构都各不相同，其他接入机构采集的数据也千差万别，数据质量存在参差不齐的情况，而建立准确、高质量、标准化的互联互通体系是一项系统工程。如何激励相关机构提供数据实现共赢发展，如何与央行征信系统和公共信息系统对接，以及如何推动相应标准制定，都是百行征信在发展中将要面临的挑战。

(2) 风险敞口加大对征信监管提出更高要求。央行征信中心对接的是商业银行等传统金融机构，而百行征信对接的是P2P网贷、网络小贷等互联网金融机构，监管对象的风险更加难以把控，需要在实践中总结经验并推动征信监管体制改革。个人征信业务涉及个人信息的收集和使用，百行征信与接入机构涉及的个人信息更全面、覆盖的人群更多、涉及的地域也更广，如果没有更加完善的信息保护机制和措施，潜在的信息风险会成倍增加，这也是征信监管需要考虑和解决的现实问题。

2. 百行征信应对挑战的策略

(1) 加快征信数据的共享和标准化建设。一是建设有效的激励约束和收益分配机制，协调自身利益与行业利益的矛盾。可考虑根据成员单位的表现，适时开展增资扩股以吸引更多机构加入，并引导和鼓励接入机构依法合规共享征信数据。二是借鉴央行征信中心的运作模式，坚持互惠与共享原则，加快构建统一的信用信息数据库，对征信业务涉及的信息采集、整理、保存、加工、使用及异议处理和信息安全等具体流程进行标准化、规范化改造，筑牢信息数据库建设的基础。三是要加大金融科技的研发投入，充分利用大数据、人工智能和区块链技术创新开发先进的征信技术和评估模型，以适应互联网金融征信的发展。充分考虑接入

---

① 屈宇飞,叶子晟,周超.双轮驱动框架下我国个人征信行业发展对策研究——基于百行征信的观察[J].征信,2019 (4): 16–27.

第八章 市场化互联网金融征信机构发展与典型案例

各类外部信息系统的适应性，预留系统接口，适时接入央行征信系统和外部公共机构数据库，不断扩大征信信息数据的来源。

（2）加强个人征信监管。个人征信涉及公共安全、金融安全、隐私保护等诸多关联性问题，在互联网开放空间里，这些问题会被进一步放大，因此迫切需要强有力的监管。一方面，要加强对个人征信市场参与主体的内控管理。征信信息供需双方主体机构要强化内部管理约束，严格按照标准体系和相关制度合法合规收集、报送、使用个人信息。百行征信及其他市场化征信机构要时刻遵循独立性、公正性和个人隐私保护原则，在公司治理和业务开展中保持客观公正。另一方面，监管机构要切实履行监管职责。目前征信由央行征信管理局主导，针对百行征信和其他市场化征信机构的监管，央行应明确职责，制定严格的征信信息安全管理措施，加强征信现场检查和非现场监管，完善责任追究和问责机制，做好参与主体各方的信息安全教育，同时加强跨部门协调沟通，将不同部门、不同行业、不同机构的有效数据进行整合。

第九章 互联网金融征信体系建设的路径探索与模式选择

Chapter 9

我国互联网金融征信体系建设在实践中已开始了探索,伴随一系列政策和规划出台,互联网金融征信体系建设在面临诸多挑战的同时也迎来机遇。国务院2013年3月实施的《征信业管理条例》,对征信机构、征信业务规则、异议和投诉、金融信用信息基础数据库、监督管理、法律责任等做了具体规范。中国人民银行2013年9月发布《征信机构管理办法》,对包括机构的设立、变更与终止,高级任职人员管理,监督管理,罚则等进行了规定。国务院2014年6月印发的《社会信用体系建设规划纲要(2014—2020年)》,明确了我国社会信用体系建设的指导思想、基本原则、主要目标、重点任务和保障措施,绘制了社会信用体系建设的路线图和时间表。国务院2016年6月发布的《国务院关于建立完善守信联合激励和失信联合惩戒制度、加快推进社会诚信建设的指导意见》,要求建立并完善守信联合激励和失信联合惩戒制度,加大对诚信主体的激励和对严重失信主体的惩戒力度。中国人民银行、工业和信息化部等10部委2015年7月联合发布的《关于促进互联网金融健康发展的指导意见》,国务院办公厅2016年4月印发的《互联网金融风险专项整治工作实施方案》等,为互联网金融健康发展和风险控制带来新的契机,同时对互联网金融征信体系建设及征信业管理部门提出了更高要求。

第一节　互联网金融征信体系建设完善的路径探索

一、互联网金融征信体系建设面临的挑战与机遇

改革开放以来，我国经济和社会发展取得了举世瞩目的成就，国家统计局2019年7月发布的《沧桑巨变七十载　民族复兴铸辉煌——新中国成立70周年经济社会发展成就系列报告之一》显示，新中国成立70周年以来，我国国民经济持续快速增长，经济总量连上新台阶，成为世界第二大经济体，国际影响力日益增强。2018年，我国人均国民总收入达到9732美元，高于中等收入国家平均水平。近年来，随着经济转型、互联网经济崛起，电子商务、P2P网贷、第三方支付等快速发展，客户的信用消费需求增长迅速，但我国征信体系建设尚不完善，央行征信中心以及市场化征信机构发展处于初级阶段，加之相关法律法规不健全、失信成本低、人们契约意识不强等，恶意违约、网上欺诈行为屡有发生，网贷平台破产、跑路事件频出，信用缺失现象还比较普遍，成为互联网金融发展中的"盛世隐忧"。在我国经济发展进入"新常态"的大背景下，市场化转轨要求中国社会由传统的熟人社会向陌生人的契约社会转型，如果缺乏完善的征信体系作支撑，很容易产生"柠檬市场"和"劣币驱逐良币"等现象。此外，随着"大众创业、万众创新"战略的落实、普惠金融的发展，覆盖更广泛社会公众、小微企业以及农村市场的征信体系亟待建设完善，单一的中国人民银行征信系统无法满足社会多元化发展的需要①。征信中心的征信数据覆盖率虽然已经超过60%，但相较于发达国家90%以上的覆盖率仍然不高。良好的信用是企业和个人的一笔财富，能够极大地减少市场交易成本，也是衡量市场经济成熟程度的重要指标。当前我国互联网金融征信体系建设中面临着一系列现实挑战。

（一）互联网金融征信体系建设面临的挑战

1. 互联网金融征信产品面临权威性和公信力不足的问题

央行征信中心的数据来源主要是金融机构和公共部门，以银行信贷信息为核心，包括社保、公积金、环保、欠税、民事裁决与执行等公共信息，具有权威性强、数据质量高等特点，基于此对经济主体进行信用评价时具有较强的公信力。央行

---

① 黄志凌. 中国征信体系建设并非小事、易事 [J]. 征信，2016（10）：1-6.

征信中心公布的数据显示，自 2006 年上线以来，信用报告已成为反映企业和个人信用行为的"经济身份证"，征信系统正式对外提供服务以来，个人信用报告本人查询量逐年上涨，2018 年达到 9688.3 万次。互联网金融征信借助大数据技术，虽然在数据来源方面更加广泛、品种更加丰富，数据处理方面更为高效，但征信产品的数据质量、权威性和公信力却存在相应不足。信用评价的效力取决于两个重要方面，一是数据的真实有效性，二是数据与信用之间的强相关关系。央行征信中心主要参考经济主体的金融信息，如债务情况、资产水平等指标，并可以通过压力测试模型评估客户的风险敏感性，其权威性被普遍认可。而互联网金融征信依托大数据技术，采集数据的范畴突破了"金融属性"，数据来源于电商类平台、社交类平台以及生活服务类平台等，涵盖网上交易数据、社交数据及互联网平台服务过程中生成的行为数据，涉及大量非结构性数据，这些数据多与借贷行为关系不大，且不同平台的数据完整性各有不同，能否作为判断经济主体信用状况的依据，广泛应用于互联网金融业务之中，还有待在实践中进一步验证。征信体系相对完善的发达国家也面临同样的问题，如美国国家消费者法律中心曾经在 2014 年对主要的互联网金融大数据征信公司进行了调查，由于大数据征信公司的数据模型繁多且复杂，使用大量非结构性数据，因此信息错误率高于 50%，有"垃圾进，垃圾出"的嫌疑。

2. 互联网金融征信面临个人隐私保护及信息安全问题

互联网金融征信的最大优势是具有强大的数据收集处理能力，但互联网的高度开放和共享的特征也增加了个人隐私和商业秘密被泄露、盗用、篡改的风险。目前我国法律缺乏专门针对个人隐私保护的规定，个人权益常常被迫让渡于信息共享，个人隐私保护流于形式化，社会契约精神缺失。虽然《征信业管理条例》已经在 2013 年正式实施，根据规定采集和应用个人征信信息必须要获得征信主体授权，商业银行在向人民银行征信中心报送和查询使用个人征信信息时，必须严格执行此规定，对于报送数据范围、查询用途范围、授权形式、异议处理等都有明确的界定，但互联网金融征信基于大数据技术，采集大量经济主体互联网交易记录、社交网络数据、生活服务数据等，在多重交易和多方接入的情况下，隐私保护的权利边界被淡化，隐私泄露风险被放大，经济主体维护自身合法权益面临取证难、诉讼难等问题。加强个人隐私保护是全球的大趋势，也是未来征信业发展必须解决的核心问题，其难点在于"度"的把握。过度保护和过度激励都具有负外部性。严格的个人权益保护伴随高额成本，严格的数据管控也抑制征信行业创新。欧盟的《个人信息保护指南》以及美国的《公平信用报告法》都提出协调统一、可持续良性发展的思路。如何实现权益保护与信息共享之间的平衡，是对我国征信监管机构能力的一大考验。

第九章 互联网金融征信体系建设的路径探索与模式选择

3. 互联网金融征信面临跨机构信息交换及公共信息获取缺乏保证的问题

2015年1月,中国人民银行印发了《关于做好个人征信业务准备工作的通知》,允许八家机构开展第一批个人征信试点业务,但试点机构均未获得征信牌照。央行2018年批准了百行征信开展个人征信业务,尝试通过政府层面的协调推动机构数据共享、减少信息不对称、建立行业共同利益关系,但阻力较大。2019年9月,英国媒体Financial Times报道,腾讯和阿里巴巴拒绝向百行征信提供信用信息数据,但即便信息交换成为可能,也面临一系列后续问题,如哪些需要获得信息主体的授权?如何保证交换过程和交换后信息不被滥用?目前,跨机构信息交换及公共信息获取在法律、监管、技术等方面都缺乏标准。同时,工商、税务、司法等公共政务信息的可持续获取尚得不到保证,各家互联网金融征信机构或信息使用机构还在采用分散获取这类信息的方式,成本高昂,数据质量和数据的可持续维护得不到保证。互联网金融征信的长远发展离不开数据的分享与流动,但如何解决征信机构自身利益与国家征信体系建设整体利益,是互联网金融征信信息共享机制建设的一大挑战,需要管理机构引导与支持[1]。

4. 互联网金融征信面临评价标准不统一和应用场景不规范的问题

互联网金融征信机构运用大数据算法开发信用分等产品,而决定大数据模型预测准确性的两个关键因素是数据和算法。由于各家征信机构的数据来源不同,会出现同一个人在不同机构的评价方法下信用状况并不统一的问题。在获得试点资格的八家机构中,鹏远、中诚信、中智诚是传统型的征信机构,数据来源主要是金融数据、公共数据,而芝麻、腾讯、前海、考拉、华道则除接入传统数据外,大量使用自身场景下积累的数据,这导致同一主体在各家征信机构可能会得到完全不同的信用分。例如,某用户只在淘宝、天猫购物,用支付宝购买基金、转账、还信用卡、缴纳水电费等,那么其芝麻信用分数会较高,而在其他征信机构得到的分数不一定也高。与芝麻信用签约的商户就会比较容易通过其申请,而与其他征信机构签约的商户则会较为审慎。从国际征信机构的发展历程看,征信活动应遵循"信息采集者与信息产生没有任何关系"的独立第三方原则,强调征信机构的独立性,从而保证评价结果的公正性,以及应用场景的广泛适用性。获得试点资格的八家征信机构大多不是独立第三方,评分结果对其各自经营领域的客户分析、风险判断具有强相关性,但其他应用场景下评分结果的相关性则有待验证。试点通知下发后,芝麻信用、腾讯征信、考拉征信等机构纷纷推出各自的评分产品,并在金融、购物、招聘、租车、租房、交友、酒店入住等领域尝试应用。但是,这些机构绘制出的人物信用"肖像"能否真实反映个人信用,以及获取信息所采

---

[1] 田慧芳. 促进我国互联网征信规范发展[J]. 银行家, 2019(2): 138–140.

用的关键技术的可靠性还有待进一步检验，应用场景的规范性也存在一定问题。例如，央行曾对"芝麻信用分"的营销活动进行窗口指导，包括叫停其与首都机场快速通道的合作，并对芝麻信用发起的全国高校"芝麻信用分PK活动"的营销方式提出异议等。

（二）互联网金融征信体系建设迎来的机遇

虽然互联网金融征信还存在种种不足，但任何新生事物都有成长完善的过程，信息时代的到来和互联网的日益普及是征信业发展必须面对的现实，互联网金融征信具有广阔的发展空间。

1. 互联网金融征信能够帮助互联网金融机构更好地进行信用风险管理

与传统征信采集经济主体贷款记录、信用卡记录、担保信息以及来自税务、法院、电信公司等的特殊记录信息，主要由银行等金融机构通过线下方式上报到国家金融信用信息基础数据库不同，互联网金融征信数据依托互联网电商平台、社交平台、P2P借贷平台等提供的交易、支付及社交行为数据，这些数据以文本、图片、音频、视频等各种形式存在，可以动态反映信息主体的消费行为、财富能力、社会关系以及行为偏好等非结构特征。在实践中，一些互联网金融平台已经开始应用互联网金融征信，在防范信用风险方面取得良好效果，如拍拍贷等网贷平台依托互联网金融征信，在放款之前进行信用调查、信用咨询和信用评级，在放款后收集还款信用信息及不良客户信息并向公众公开，帮助互联网金融平台更好地进行风险控制。

2. 互联网金融征信提升信用评价的全面性并拓宽应用领域

传统征信技术多限于对离线的静态信贷信息进行搜集和加工，形成"通用型"信用评级报告，而互联网和大数据技术有效解决了海量数据的高频采集和实时存储问题，人工智能、神经网络等方法也被用于对海量碎片化数据的深度挖掘，从而使得更多特征变量被纳入信用评估模型，提升了信用评估的全面性。互联网从服务对象角度拓展了金融服务和信用评价的使用范围：传统征信产品主要为银行信贷提供参考，而互联网金融征信则可以为更多传统征信服务无法覆盖到的小微企业和消费者提供服务，征信产品的应用拓展到旅游、租房、网购等社会生活领域。

3. 互联网金融征信有利于加快社会信用体系整体建设进程

在互联网广泛应用的时代，征信业务在信息来源、市场需求、服务机构等方面发生着显著变化，从而有利于加快社会信用体系整体建设进程。从信息源来看，互联网金融发展将产生更多易收集、可利用的信用信息，与金融信用信息基础数据库的现有数据形成互补，有利于进一步完善信用评价的信用信息数据基础。从市场需求来看，互联网金融的发展依赖于完善的征信体系，对征信服务存在巨大的现实和潜在需求，有利于形成需求导向型供给。从服务机构来看，各类互联网金融征信机构倡导诚信建设，并利用互联网技术推动征信高水平发展，有利于营造诚实守信的社会氛围。

二、互联网金融征信体系建设的路径探索

上文分析了互联网金融征信体系建设面临的挑战与机遇，总体来看，互联网金融征信不是对传统征信的替代，而是传统征信概念和内涵的进一步延伸，其核心依然是信用风险管理。互联网金融征信的出现改变了单一由央行向客户提供信用报告的局限性，丰富了我国征信市场主体，对推动普惠金融发展、完善社会信用体系建设具有重要意义。互联网金融征信体系建设完善过程中，需要在制度保障、数据标准、服务平台、服务产品、监管机制等方面进行路径探索。本部分进行概括性分析，具体完善建议在下一章探讨。

（一）健全法律法规和制度保障

征信活动与市场经济发展完善息息相关，涉及信息不对称理论、交易费用理论、公共物品理论、制度变迁理论和成本收益理论等。此外，如果从法学角度来看，健全和完善相关法律法规和制度建设是保障互联网金融征信活动开展的重要条件。《征信业管理条例》的出台，解决了我国征信业发展中无法可依的问题，填补了征信行业法律监管的空白，但也存在效力级别偏低、制度对象狭窄、征信业务经营规则不合理、信息数据库运行机制不清晰等不足。例如，缺少对众筹融资、P2P 网贷等互联网金融业态征信活动的规定；条例还局限在行政法规上，对征信运行的约束与引领不足；现行与征信活动相关的法规与互联网金融征信的发展趋势不相适应；等等。法律制度和诚信理念是维护市场有序运行的两个基本机制，两者相辅相成，共同维护社会稳定发展。完善的法律体系和高水平的社会诚信水准可以大大降低市场运行的交易成本，提高市场运作效率。在第四章国际比较分析中可以看到，在征信体系建设成熟的国家和地区，形成了较为系统的征信法律法规体系和相应制度保障，我国互联网金融征信体系建设应加强这方面的工作。

（二）完善信用信息数据标准体系

统一的信息采集和发布标准是实现信用信息整合共享的前提和基础。我国互联网金融征信系统建设已经开始了探索，但信息共享尚未完善，信息不对称现象依然较为严重，主要原因如下：一是互联网金融征信机构缺乏统一的信用信息数

据标准以及技术标准；二是互联网金融征信评价标准尚不完善；三是针对互联网金融征信的监管工作还不成熟。在互联网金融征信体系建设中，完善征信标准体系尤为重要。例如，美国征信市场能在 20 世纪 70 年代获得迅速发展，除了得益于其完备的征信立法外，先进网络技术的普及以及数据标准化工作功不可没。美国征信监管机构制定了统一的标准数据报告格式和标准数据采集格式，规定任何行业和单位都必须使用该标准格式，从而保证了美国征信机构拥有原始征信数据的一致性，为征信机构低成本获取数据、整合数据奠定了基础。2006 年以来，中国人民银行组织制定了《征信数据元》等六项征信数据标准，这些标准对于整合来自不同金融机构的信息发挥了重要作用。但金融数据之外的跨部门、跨领域数据的标准仍不统一，难以实现信息整合。为跨越信息孤岛，实现不同领域、不同系统的信用信息共享，我国征信管理部门需要结合金融机构业务发展情况，修订完善现行征信数据标准体系，针对互联网金融征信的发展要求，制定有关网贷、众筹、电商、社交网络等新的互联网信用数据采集标准，优化征信评价标准，补充征信数据交换标准等。

（三）丰富征信产品并在更广范围应用

目前我国的征信产品主要是征信中心提供的企业和个人信用报告，个人征信评分尚处于起步阶段，相比发达国家在征信产品、服务内容、应用范围上还有很大的拓展空间。首先，拓宽央行征信系统的信息来源，逐步实现金融信贷数据的全面覆盖。目前，央行征信系统尚不能涵盖全部金融借贷类交易数据，如 P2P 网贷平台、消费金融公司等机构的借贷信息，下一步应加强此类数据的整合力度，并将更多的非银行类信用信息纳入采集范围。其次，推动征信产品创新，除传统征信报告外，鼓励市场化互联网金融征信机构提供更丰富的征信产品和服务，如在反欺诈、催收管理、营销活动支持、就业市场服务等领域的产品开发。最后，推动各类征信机构的产品在公共服务、市场监管、政府采购等领域普及应用。在应用中建立跨部门、跨地区的信用联动奖惩机制，对诚实守信者给予支持鼓励，对违法失信者进行限制或禁入，让公众亲身感受到"守信激励、失信惩戒"的氛围，提高全社会诚实守信的自觉性。

（四）加强互联网金融征信监管跟进

征信市场化、多元化发展对征信监管提出了更高要求，监管范围和监管事项大量增长，如互联网、大数据征信下如何保护个人隐私，电商、社交等各类互联网数据哪些应纳入征信监管范畴，信用评分如何应用，如何避免信贷歧视等，需要征信监管跟进。首先，完善互联网金融征信监管体系。随着互联网金融的快速发展，出现了相关业务和经营主体监管缺失的问题，这就要求监管模式要由"一行两会"的分业监管模式向"混业经营"模式转型，建立综合监管模式来加以解决。对互联网金融征信活动的监管而言，要构建跨部门的监管体系，明确监管规则，其次，加强互联网金融征信数据采集行为监管。创新互联网金融征信数据采集的监管手段，由以往的机构监管转变为行为监管、定期监管转变为实时监管；健全互联网金融征信数据采集相关监管制度，明确数据采集标准。最后，加强互联网金融征信的行业自律监管。明确监管机构的职责与权限范围，加强和促进行业协会自律监管，完善外部强制监管和内部管理约束相结合的监管机制。

第二节 互联网金融征信体系建设模式选择

不同经济体制和法制环境下，各国的征信体系建设模式有所差异，其征信数据库的建设方式和规模、信用信息的采集和适用范围也各不相同，而且随着经济环境和法律环境的变化，各国也在不断完善原有征信体系以适应时代发展。我国互联网金融征信体系建设作为整个社会征信体系建设的一部分，需要结合国情和互联网金融发展特点，借鉴先进国家经验稳步推进。

一、互联网金融征信体系建设原则

（一）信用信息可获取性原则

在当今的信息时代，信用信息的采集范围已经扩大到了互联网用户的行为数据，这些数据包括但不限于P2P网贷、众筹融资以及第三方支付等金融数据，还包括个人的社交记录、网购记录以及互联网搜索记录等一切可以用来分析个人信用状况的数据。这些信用信息数据的获取需要有相应的规则予以明确，在合法合理的范围中被采集和使用。

（二）信用信息更新及时性原则

伴随互联网金融业务的开展，涉及的信用信息数据规模非常巨大，对这些数据及时处理尤为重要。一个小小的变动可能就会对经济主体的信用状况产生影响，从而对后续经济交易风险产生冲击。大数据、云计算以及服务器硬件技术的不断革新，具备了对海量信用数据收集、整理和分析的能力，再加上计算机算法不断升级，要求互联网金融征信的信息采集和处理要及时准确，动态反映经济主体的最新信用状况。

（三）信用信息共享性原则

互联网的一大特征就是共享的便利性，在互联网金融征信体系建设中，信用信息共享机制必须建立，以实现各征信机构间的信用信息互通，从而有效控制信用风险。以 P2P 网贷为例，如果缺乏信用信息共享机制，借款人可能伪造个人信用数据在多家 P2P 平台上进行借款，一旦逾期将给多家平台带来坏账风险，而通过征信体系的信息共享则可以及时发现问题并进行风险管控。因此，互联网金融征信体系建设必须建立信用信息共享机制。

（四）信息主体隐私保护性原则

互联网金融征信体系建设涉及大量信用信息数据的采集，其中不仅包括信息主体的基础信息，还包括更为私密的个人信息，这些信息的安全性必须得到保护，防止被窃取或泄露带来的风险隐患。互联网金融征信体系建设必须充分考虑如何有效保护个人隐私权问题，平衡好隐私保护和征信服务之间的关系。

二、互联网金融征信体系建设战略构想与模式选择

（一）我国互联网金融征信体系建设"三步走"战略构想

我国和互联网金融征信建设模式不能脱离整体社会信用体系的建设规划和模式。根据第四章征信体系建设国际比较可知，市场引导型模式的优点是运营机制比较灵活、征信机构在公平市场环境下进行自由竞争，征信行业格局合理而且产业链完整，同时收集的数据源较多，征信服务比较多元，能够较快地响应市场需求。但是，市场引导型模式的发展需要漫长的时间，容易因为重复投资造成资源浪费，并且对于征信立法、监管执法水平都有较高的要求。政府主导型模式的优点是可以由政府出面采取强制性措施建立公共征信系统，这样能够在起步较晚、数据比较分散的前提下，较快地建成覆盖范围广的数据库。但是，政府引导型模式的缺点在于市场导向性欠缺，缺乏发展活力，主动适应市场创新征信产品和服务的动力不足。借鉴国外的先进国家建设经验并结合国情，我国征信业发展应坚持市场化导向，同时发挥政府的推动作用，在征信体系建设的不同阶段采取不同的发展策略。在征信体系建设初期，由于我国征信业起步较晚，建成覆盖全国的信用信息系统涉及巨额成本支出和各方关系协调，因此选择由政府主导建立覆盖全国的公共征信系统，提供征信基础服务。随着征信行业的发展，在征信市场规模逐步

第九章 互联网金融征信体系建设的路径探索与模式选择

扩大的基础上，市场化征信机构实力不断增强，此时公共征信机构和市场化征信机构之间可以实现错位发展，公共征信系统提供基础性服务，市场化征信机构根据市场需求开发更多高端征信产品与服务。政府在征信业发展中主要行使监管职责并营造良好的市场环境，逐步发挥市场对资源的决定性配置作用。最终，随着征信法律法规的完善和征信市场的不断成熟，形成以市场化征信机构为主导，监管适度、竞争有序、体系健全和功能完善的征信体系。

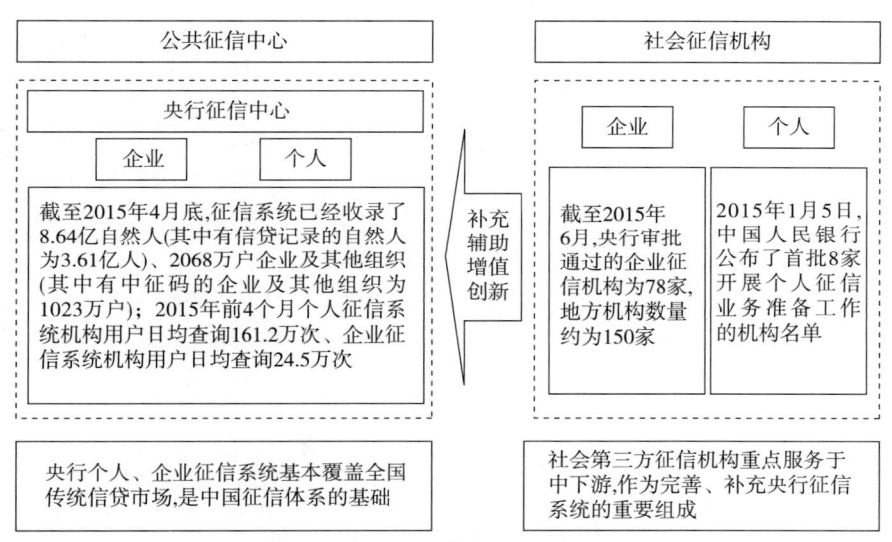

图 9-1　我国征信体系建设初期模式

资料来源：易观国际. 2016 年中国征信行业专题研究报告[EB/OL]. http://www.199it.com/archives/449601.html，2016-03-16.

我国互联网金融征信体系建设模式选择也有阶段性特点，在社会信用体系建设整体规划下要与我国经济建设战略目标相一致[①]。互联网金融征信体系建设可尝试探索"三步走"战略。具体而言：第一步是建设起步期，从现在开始大约经过 10 年左右时间，选择政府主导下的行业协会与互联网金融企业共同作用的三方协同建设模式，在政府监管部门主导下，互联网金融征信行业协会自律治理，互联网金融征信机构创新推动；第二步是成长壮大期，这个阶段的建设重点是扶

---

① 我国经济建设"三步走"总体战略部署：第一步目标，1981 年到 1990 年实现国民生产总值比 1980 年翻一番，解决人民的温饱问题；第二步目标，1991 年到 20 世纪末国民生产总值再增长一倍，人民生活达到小康水平；第三步目标，到 21 世纪中叶基本实现现代化，人均国民生产总值达到中等发达国家水平，人民过上比较富裕的生活。

持市场化互联网金融征信机构成长壮大,经过20年左右时间,培育出市场中的龙头征信机构;第三步是成熟稳定期,到2050年左右,我国市场经济逐步完善,步入中等发达国家行列,此时征信市场中要由市场化征信机构发挥主导作用,央行征信中心更好地行使管理职能,在制度建设和外部环境优化方面发挥作用。

(二) 互联网金融征信体系建设不同阶段的模式选择

1. 建设起步期:政府主导下的三方协同建设模式

(1) 政府主导模式的现实基础。前文已对目前我国征信体系建设模式进行了阐述,互联网金融征信体系建设作为整体征信体系建设的组成部分,其模式与我国征信体系建设模式具有高度一致性。中国人民银行是国家对征信业进行监管的行政主管部门,中国人民银行征信管理局是中国人民银行监管征信业的内设机构,具有行政监督权。中国人民银行征信中心是一家征信机构,属于中国人民银行直属的事业法人单位,主要任务是依据国家法律法规和人民银行规章,统一负责企业和个人征信系统(企业和个人信用信息基础数据库)的建设、运行和管理。征信中心和其他征信机构在地位上是平等的,都接受中国人民银行征信管理局的监管。

随着互联网金融的快速发展,互联网金融在提升资金融通效率、消除市场资源配置失灵等方面起到了良好的效果,但互联网金融征信体系的建设滞后于互联网金融的快速发展。互联网金融征信机构多元化,导致互联网金融征信系统多元化,不利于互联网金融征信行业发展,需要政府在行业征信体系建设和资源整合方面发挥作用,加快形成行业标准。在保证数据安全性的前提下,中国人民银行已经开始支持符合条件的互联网金融企业和企业联盟接入央行征信中心的征信系统。实践表明,在我国现有条件下由政府主导征信体系建设是必要的,对互联网金融征信体系建设也是一种可行选择。

(2) 政府主导模式下三方主体定位[①]。在政府层面,政府金融监管部门在征信体系建设中扮演制度设计者、执法监管者等角色,如推动相关法律法规的制定、创新互联网金融征信业发展模式、鼓励具有一定技术水平的互联网企业开展征信业务、促进互联网金融征信业健康发展、丰富征信市场构成等。在行业层面,互联网金融征信行业可以通过建立行业协会,促进互联网金融征信机构实现信用信息共享,形成可操作性强的互联网金融征信行业数据标准和征信模型。一方面促进征信机构间合作,实现优势互补,加强行业自律管理;另一方面承担政府与征信机构间的连接纽带功能。在企业层面,互联网金融征信机构是从事互联网金融征信业务的主体,直接接触征信对象和征信需求方。在政府引导和支持下,发挥

---

① 侯国帅. 中国互联网金融征信体系建设研究 [D]. 中共中央党校硕士学位论文,2016.

第九章 互联网金融征信体系建设的路径探索与模式选择

互联网金融征信机构的主观能动性，在征信产品开发和征信服务创新方面推动征信体系建设。政府指导模式下政府、行业、企业关系如图9-2所示。

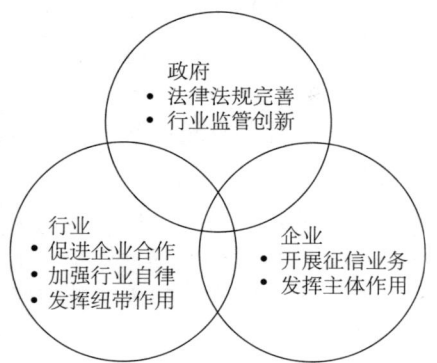

图9-2 政府主导模式下政府、行业与企业关系

资料来源：侯国帅．中国互联网金融征信体系建设研究[D]．中共中央党校硕士学位论文，2016．

（3）政府主导模式下互联网金融征信体系与传统金融征信体系的融合。互联网金融与传统金融在资金融通形式上有差异，但互联网金融仍然作为金融中介来发挥资金的配置作用，在这方面两者并不存在本质差异。传统征信与互联网金融征信的本质均是在获得信息主体信用数据的基础上，评价其信用状况的过程。从征信目的、对象、资金流动规律等角度来看，传统征信与互联网金融征信并无本质区别，只是在资金提供主体、资金融通依托平台、资源整合方式、技术手段等方面有所差异。通过金融监管部门和征信体系建设部门的顶层设计，互联网金融征信体系与传统金融征信体系可实现进一步融合，从而提高金融行业的整体风险控制能力。例如，我国部分P2P网贷平台成功接入NFSC，并获准接入中国人民银行金融信用信息基础数据库，对这些平台的风险控制和健康发展起到积极的推动作用。通过寻找互联网金融征信与传统金融征信的结合点，实现两种模式的有效融合，打通互联网金融征信与传统金融征信的信息传输和共享通道，能够更为全面地反映信息主体的信用状况，完善征信体系建设。

2．成长壮大期：扶持市场化互联网金融征信机构发展

（1）公共征信与市场化征信互补发展。在我国互联网金融征信体系建设过程中，要发挥公共征信的基础性作用，同时扶持市场化互联网金融征信机构成长壮大，公共征信和市场化征信之间是一种互补关系。

一是明确功能定位。公共征信的建设应更加注重主体权威性、参与强制性、覆盖全面性、信息更新及时性以及适用范围约束性等方面，而对市场化征信应创造宽松的外部环境，鼓励市场竞争，加强行业自律监管。

二是划清业务边界。公共征信系统应更关注负面信息以及政务类基础信息，市场化征信机构应倾向于财产类交易信息，并在公共征信与市场化征信之间建立高效率的信息共享和协作机制，既能让市场化征信机构通过正规化途径获取公共征信系统的信息资源，同时市场化征信机构又能将市场需求信息反馈给公共征信系统。

三是丰富产品差异。鼓励市场化征信机构开发符合市场需求的征信产品，强化征信市场的竞争，丰富征信产品和服务的差异性，在此过程中培育市场化征信龙头企业。因为征信行业具有高固定成本和低边际成本的特点，拥有规模优势和强网络外部性，适度垄断更有利于提高社会的整体福利水平。对征信监管部门而言，主要任务是明确征信市场发展规则和构建规范的市场竞争体系。

（2）培育市场化互联网金融征信机构成长壮大。在从政府主导征信模式向扶持市场化征信机构成长模式转变时，重点做好以下工作：一是继续完善公共征信体系建设，根据国际经验对关键参数、信息内容、使用规范等事项做出更加符合国情的规划和设计，除为金融机构提供基本征信产品外，在全社会普及信用文化。二是在严格的市场准入门槛、日常运营监管及隐私保护制度下，向具备资质的市场化互联网金融征信机构颁发征信牌照，鼓励市场竞争，培育征信龙头企业，向金融、管理等部门提供多样化、高附加值的征信产品和服务。三是加大央行征信中心在信息共享、风险预警、规范引导等方面对市场化互联网金融征信机构的扶持力度，逐步形成公共征信为基础、市场化互联网金融征信机构为主体的市场格局。

3. 成熟稳定期：以市场化征信机构为主导的模式

未来随着我国经济建设和征信市场的发展完善，征信业务将会完全市场化，这是一个发展的必然趋势，在成熟稳定期，我国互联网金融征信体系建设将选择以市场化征信机构为主导的模式。原因如下：一是征信市场竞争激烈。我国综合国力日益强大，在国际市场中的地位越来越重要，未来征信业务也必将参与国际化的市场分工。这就需要市场化征信机构依据市场化的规则开展竞争，在业务上通过市场化的方式提供客观独立的诸如信用报告、信用评分等征信产品。二是满足多样化市场需求的需要。随着我国征信市场的发展、完善，公众的信用意识会不断增强，对征信及征信产品的认识会逐渐深入，社会各方面对征信产品的需求会越来越多。而市场化征信机构采取市场化的运营方式，在市场竞争的促进下会不断创新征信产品，提高征信服务质量，满足多样化的市场需求。三是征信行业规范性与独立性的需要。选择以市场化征信机构为主导的市场化征信模式有利于实现信用信息源单位与征信机构之间的互惠互利，进而激励相关机构全面地报送并持续更新数据。另外，市场化征信模式使征信机构不从属于任何政府部门，有利于实现征信机构的规范性与独立性。

第十章 互联网金融征信体系建设相关制度的完善

Chapter 10

在互联网金融征信体系建设过程中,法律制度、监管制度、信息共享制度、权益保护制度等也要不断跟进和完善。制度存在的目的在于减少社会经济活动中的不确定性,保障互联网金融征信体系作用的正常发挥。从以中国人民银行征信中心为代表的面向企业和个人的公共征信机构,到以上海资信、安融惠众为代表的主要面向企业的行业征信机构,再到以阿里征信、腾讯征信为代表的主要面向网络用户的互联网金融征信机构,征信机构市场化运作在不断深化,建立完善的互联网金融征信制度以促进整个征信市场的规范化发展势在必行。在完善互联网金融征信的法律法规体系的基础上,构建以中国人民银行为中心的监管机构之间跨部门合作机制,在我国市场化征信模式不断深化的过程中充分发挥互联网金融征信协会和互联网金融征信机构自身的作用,逐步实现政府监管与行业自律有机结合。此外,还要加快完善互联网金融征信的标准化和信息共享机制建设,并加强互联网金融征信信息主体权益保护制度。

第一节 互联网金融征信体系建设法律制度的完善

整体来看,我国征信体系建设的法律制度还比较薄弱,初步形成了以《征信业管理条例》为主体,其他规章制度为补充的信用法律法规体系,尚未出台专门针对互联网金融征信的法律法规,使互联网金融征信体系建设面临着一定法律制度障碍。在互联网金融征信体系建设进程中,需要从以下方面进行完善:一是根据互联网金融业务的特点和模式,修改和完善现有与互联网金融征信相关的法律法规；二是加快制定专门的互联网金融征信法律法规，提升法律制度层级，为互联网金融征信体系建设提供法律基础。

一、修改和完善与互联网金融征信相关的法律法规

我国专门的信用立法工作正在推进过程中，现有的《中华人民共和国公司法》《中华人民共和国证券法》《中华人民共和国合同法》《中华人民共和国商业银行法》等法律中都有关于诚实信用原则的法律规定，但适用有着比较严格的限制，可操作性和实用性不强。《征信业管理条例》《征信机构管理办法》等规章制度相较于专门的法律效力层级偏低，对互联网金融征信活动的规范和约束有一定局限性。2017年10月正式实施的《中华人民共和国民法总则》中首次以条文的形式规定了个人信息权的保护制度：任何组织和个人需要获取他人个人信息的，应当依法取得并确保信息安全，不得非法收集、使用、加工、传输他人个人信息，不得非法买卖、提供或者公开他人个人信息。这是目前我国现行法律体系中效力层级最高的有关个人信息权的法律规定，但也仅是进行了框架性规定，并没有详细、明确解析。现有法律法规中的相关条款和规定已与当前互联网金融征信活动的发展现状不相适应，考虑到立法时间跨度较大、程序烦琐，在专门的信用法律出台之前，比较可行的办法是基于现行的法律法规体系，修改调整相关内容从而规范互联网金融征信活动开展，形成适用于互联网金融征信领域的法律规范。对现行法律法规修改必须结合互联网金融征信活动的现状和特点、发展中出现的主要问题等，明确法律修改和调整的着力点。

（一）对《民法通则》相应部分进行完善

《中华人民共和国民法通则》中明确指出公民具有个人隐私权和个人信用权，可在此基础上制定严格的个人信用滥用以及恶意信用违约的处罚机制，强化公民的个人信用观念，促进全社会形成良好的信用氛围。在现阶段，首先可以民法司法解释的形式来具体规定如何保护个人隐私权和信用权；其次随着我国《民法典》的编纂，在其中的"人格权"部分添加"信用权"小节以对该类权利做具体保护。从法律角度看，人格权本身具有公法与私法的双重属性，一方面，人格权利基于自然法与天赋权利，存在宪法和伦理的基础；另一方面，人格权利属于实证化过程，只有被法律确定下来的人格权才能成为法律意义上的权利。因此，人格权不单是权利的宣誓，更是民众权利的请求权基础。从互联网与大数据产业发展角度来看，人格权独立成编才能更好地保护公民的合法权利。在互联网快速发展的时代，公民需要的个性化服务均由用户自愿决定，互联网平台所提供服务的

基础在于用户隐私信息数据的让与权和自我决定权。特别是在互联网免费服务中,用户信息数据的让与是接受服务的对价,在充分尊重用户知情权和选择权的基础上,保障这种意思自治是发展"互联网+大数据"的前提。尤其是在个人征信方面,数据源的合法性与隐私权界限密不可分,而数据的真实性和全面性又与公民隐私权产生了巨大矛盾,如何解决这些问题,都是民法典作为公民权利的基本法典必须要考虑并完善的内容[①]。

(二) 对《合同法》《担保法》等法律法规进行修改完善

现行的《中华人民共和国合同法》(以下简称《合同法》)、《中华人民共和国担保法》(以下简称《担保法》)等与个人信用衔接不够,针对性不强,对个人失信行为也没有明确规定惩罚力度和方式。从制度方面来看,虽然我国正式颁布并实行了《个人存款账户实名制规定》,为建立个人信用资料库奠定了基础,但是目前我国个人破产制度、社会保障制度、个人财产申报制度、个人账户制度等并不完善,导致个人及其家庭的收入状况不透明,成为制约信用体系建设完善的瓶颈之一。建议在借鉴国际经验的基础上,结合国情对《合同法》《担保法》等涉及个人信用的条款进行修改完善。此外,在我国,征信数据源至少与十个以上的政府部门有关,或者由这些部门负责管理。除《中华人民共和国保守国家秘密法》《中华人民共和国商业银行法》《中华人民共和国税收征收管理法》《储蓄管理条例》等法律法规对征信数据有限制规定以外,目前尚缺乏系统对征信数据进行管理的政策法规,这方面的不足需要补充完善。修改和完善相关法律法规时,重点应明确哪些个人或企业的数据可以向社会开放、开放的方式是什么、采取何种数据处理和传播的方式、传播的时限和范围多大等,并明确信用信息数据的保密原则。在保护隐私权的基础上,修改《中华人民共和国刑法》《中华人民共和国反不正当竞争法》《中华人民共和国消费者权益保护法》等法律中与征信不相适应的部分,同时也要规定有关部门在向征信系统上传信用数据时的责任和义务,以此来促进信用数据的合理利用。

(三) 修订《征信业管理条例》《征信机构管理办法》等法规促进互联网金融征信发展

首先,以《征信业管理条例》为基础,补充和完善相关配套制度和实施细则,如在《企业和个人征信业务管理办法》《网络信用信息保护办法》等相关配

---

① 朱巍. 人格权民法典独立成编,是对公民权利更好保护[EB/OL]. 搜狐网, https://www.sohu.com/a/211300358_114988, 2017-12-19.

套制度中对信息主体的信息安全保护问题进行明确规定和保护。其次，扩大提供信用信息管理对象范围，将P2P网贷、众筹融资等互联网金融机构纳入征信监管范围。近年来，在互联网金融市场快速增长的同时，因信用风险管理缺位导致的违约事件不断出现，如因经营不善、恶意诈骗等而倒闭、跑路的P2P网贷平台数量超百家；在线理财夸大预期收益率，而实际收益率节节降低等问题日益突出等。互联网涉及面广，关联性强，风险呈几何级放大，一旦出现大规模违约事件，将可能影响整个金融市场的稳定运行。因此，需要将互联网金融机构纳入征信监管范围，构建金融安全屏障。再次，应增加相关管理规定，将互联网金融平台信用信息逐步纳入央行金融信用信息基础数据库，不断丰富数据来源，为客观评价企业和个人信用提供更为全面的数据保障。最后，推动互联网金融征信机构按照《征信机构管理办法》的要求落实信息安全等级测评制度，保障征信系统的安全可控。

二、加快制定专门的互联网金融征信法律法规

体系健全的互联网金融征信法律法规是规范互联网金融征信活动的必要保障。一般来说，完整的征信法律体系框架一般包括三个部分：一是关于个人信息或隐私保护的法规，其调整对象是个人，主要目的是确保个人数据的安全性及不受侵害；二是关于政府和企业信息披露的保护立法，这类征信法规是以政府部门和企业为调整对象，其目的则在于增加信用信息的透明度，提高信用信息共享与传播的效率，同时也保护企业的商业秘密和政府机密不受侵害；三是关于征信业管理的法规，这类征信法规以征信机构和全社会的征信活动为调整对象，其主要作用在于规范征信机构的运营管理，促进征信行业的健康发展。我国专门的信用法立法正处于稳步推进阶段，2019年8月30日，国家发改委召开社会信用立法座谈会，全国人民代表大会财政经济委员会、全国人民代表大会常务委员会法律工作委员会有关负责同志到会指导，司法部、中国人民银行及相关行业部门、地方政府、高校、信用服务机构代表等60余人参加座谈交流，围绕信用立法的积极进展、基本问题、立法目的等内容进行了深入探讨。

（一）借鉴国际经验加快制定我国专门的互联网金融征信法律法规

在我国已颁布实施的征信相关法规中，目前层级最高的是国务院颁布的《征信业管理条例》，作为行政法规以规范征信活动、引导征信业健康发展作为主要内容；其次是中国人民银行发布的《征信机构管理办法》，作为部门规章以对征信机构的监督管理为主要内容。此外，还有一些管理部门出台的规范性文件，主

要在本行业内针对具体事项做出规定。从国际经验来看，无论是美国模式还是欧洲模式，都有一套完善的征信立法和法律制度作为支撑，征信业发展普遍走的是先立法后发展或边立法边发展的路子。我国需要加快补足征信专门法律的缺口，围绕互联网金融征信活动开展的各个环节，出台针对网络用户的大数据采集、整合、使用、管理到规范信息采集方、信息使用方、信息主体各方行为的法律法规，为互联网金融征信活动提供完整的行为规则，使征信活动涉及各方主体有法可依。加快研究和制定《中华人民共和国个人信息保护法》《中华人民共和国社会信用法》等法律制度，针对互联网金融征信发展制定相关专门法律法规，如《互联网金融征信数据采集管理办法》《网络用户信用信息保护法》等。逐步在我国形成以《中华人民共和国个人信息保护法》《中华人民共和国社会信用法》等专门法律为上位法，以《征信业管理条例》《征信机构管理办法》等行政法规为中层制度规范，以《个人信用信息基础数据库管理办法》等部门规章为下层具体操作规范的完整法律法规体系。

（二）结合互联网金融特点加快信用信息保护制度的统一立法

《国家信息化发展战略纲要》提出要研究制定个人信息保护法，为了更好地维护公民个人信息安全，打击信息犯罪活动，要加快个人信用信息保护制度的统一立法。目前我国信用信息保护规定分散体现在各领域的法律、行政法规、规章制度中，侵害信息主体权益的行为可能需要承担民事、行政甚至是刑事责任。分散的制度规范对个人和企业来说不能形成直观、清楚的认识，通过出台统一的信用信息保护法规，对信息采集的授权、范围、使用等情况进行详细规范，对优化、节省立法资源以及普及个人信息保护知识都具有必要性和合理性。具体来说，制定信用信息保护法规应结合互联网金融的特点，重点关注以下方面：明确线上线下数据传输过程中各类信用信息的采集及使用方式、范围及标准，并严格规范各类数据采集及使用主体在信息处理方面的细则；完善信息主体信用信息安全方面的保障要求与信息披露义务；针对信息权层面的相关权益保障要求，充分保障信息主体的知情权、选择权、救济权、受尊重权及信息安全权等各项基础性权利，最大程度保证信息主体权益不受侵害。

第二节 互联网金融征信体系建设监管制度的完善

《征信业管理条例》的颁布实施确立了中国人民银行作为征信业监督管理部门的地位，依法对征信业实施监督管理。目前我国消费信贷、互联网金融处于快速发展期，监管必须跟进，在防控风险的同时推动征信业健康发展，更好地保护信用消费者的合法权益。

一、完善互联网金融征信监管体系

从我国当前金融业的监管体系来看，主要形成了以"一行两会"①为主体，相关部门各司其职的分业监管模式。但随着互联网金融的快速发展，出现了相关业务和经营主体监管缺失的问题，这就要求监管模式由"一行两会"的分业监管模式向"混业经营"模式转型，建立综合监管模式来加以解决。对互联网金融征信活动的监管而言，需要考虑建立跨部门的监管体系，并进一步明确相关监管规则。

（一）建立互联网金融征信跨部门监管体系

在对互联网金融征信活动进行监管时，因为涉及的业态分属不同的监管机构，如 P2P 网贷由银保监会监管、股权众筹则由证监会监管、第三方支付由央行监管等，因此加强"一行两会"之间的协作关系，共同对互联网金融征信领域的新情况和新问题研讨和解决，建立互联网金融征信的跨部门监管体系。重点做好以下工作：一是建立以央行为主体的互联网金融征信监管协调机制，通过与不同监管主体的协调和沟通来促进监管体系完善；二是充分发挥"一行两会"在我国金融发展和稳定中的地位和优势，建立以央行监管为主导，银保监会和证监会为重要支撑，工商、公安、法院等多个部门密切配合的联合监管机制。

（二）明确互联网金融征信活动的监管规则

根据我国当前相关法律制度的规定，在进行互联网金融征信监管的过程中，要遵循以下规则：一是对信息主体的合法权益进行保护，由于互联网金融征信主要依托发展迅速的互联网技术，具有较强的专业性和技术性，但信息主体对相关业务和产品并不能完全了解，因此需要通过监管保护措施来保障其合法权益不受侵害；二是对互联网金融征信进行适度监管，根据互联网金融征信的特点，制定符合其发展要求的监管规则，既要保证互联网金融征信有序发展，又要有效控制可能发生的风险。

---

① "一行三会"是2018年国家机构改革前国内金融界对中国人民银行、中国银行业监督管理委员会、中国证券监督管理委员会和中国保险监督管理委员会这四家中国的金融监管部门的简称，此种叫法最早起源于2003年，"一行三会"构成了中国金融业分业监管的格局。"一行三会"均实行垂直管理。2018年3月，全国人民代表大会第十三届一次会议通过《国务院机构改革方案》，将中国银行业监督管理委员会、中国保险监督管理委员会合并为中国银行保险监督管理委员会，至此"一行三会"调整为"一行两会"。

二、健全互联网金融征信数据采集监管

(一) 创新互联网金融征信数据采集的监管手段

中国人民银行在履行《征信业管理条例》赋予监管职责的基础上，要重视对信息主体权益的保护，严厉打击、清理以"征信"名义开展的信息采集非法活动。创新监管手段可以通过以下两种途径进行：一是重视大数据人才培养。通过与高等院校、研究院所等单位合作，联合培养大数据人才，为监管手段创新打牢专业人才基础。二是加强与大数据科技企业合作。有些大数据科技企业已经拥有较为成熟的技术手段，监管机构可以考虑与这些企业合作，重视大数据、云计算等新兴技术在监管方面的开发和运用，积极探索符合互联网金融征信的监管方式。由以往的机构监管转变为行为监管，由定期监管转变为时实监管，实现对包括信用信息数据采集行为在内的征信业务进行动态、全程监管，保证数据采集等行为的合规性[①]。

(二) 健全互联网金融征信数据采集相关监管制度

数据采集作为互联网金融征信环节的核心组成部分，关系到信息安全保护等问题，应被高度重视，可以考虑从以下几个方面进行完善：一是在《征信业管理条例》《征信机构管理办法》中增加互联网金融征信的内容，对信用信息数据采集的监管范围、方式、周期等进行细化，在法规层面提高对互联网金融征信相关行为的监管力度和约束力度；二是在《征信机构监管指引》中增加对互联网金融征信参与主体行为监管的内容，即对互联网金融征信机构、与互联网金融征信机构有合作关系的信息提供者以及信息主体进行规范、约束的内容。

三、加强互联网金融征信行业自律监管

从国际视角来看，各国对于征信业的监管主要有两类：一是侧重市场自律的监管模式，如美国采用行政监督、行业协会自律管理和司法救济等相互协调配合的运作机制，弱化政府监管职能，主要依靠市场主导和行业自律管理实现征信体系有效运行；二是侧重政府作用的监管模式，如法国、意大利等国家，政府通过对征信机构的市场准入、资格认定以及征信业务范围的规制和考核来达到监管目的。

基于我国互联网金融征信的发展现状，可以考虑建立政府监管和市场监管相结合的监管机制：一是通过制定和完善征信法律监管条款，明确监管机构的职责

---

① 贺宁. 我国互联网征信数据采集法律问题研究[D]. 四川省社会科学院硕士学位论文，2017.

与权限范围，制定职权行使程序，让监管有法可依，程序透明。二是加强和促进行业协会自律监管。面对新技术、新领域、新局面的出现，设立自律性管理组织非常必要。部分省份如广东省、北京市等已经成立了省内的信用协会，推动地方征信体系建设，在此基础上可以考虑推动成立全国性互联网金融征信业协会等自律性组织，形成市场监管和政府监管相配合的运行机制。行业协会的优势在于更具有专业性，信息的获取更为全面和及时，通过行业协会的自律监管机制来规范互联网金融征信机构运营，从而形成内部管理约束和外部强制监管相结合的监管机制。

第三节 互联网金融征信体系建设信息共享制度的完善

只有打破信息孤岛、实现信息共享，才能更好地发挥征信体系对互联网金融发展的支持作用。首先，要全方位推动信用信息共享机制建设，包括提高征信机构之间数据共享意愿、推动互联网金融征信机构和央行征信系统对接、促进互联网金融征信机构和其他机构之间数据共享等；其次，要进一步完善信用信息共享标准建设，包括明确互联网金融征信数据采集者的身份、加强征信数据标准化建设；最后，促进政府信息共享和交易机制建设，包括推动政府数据开放流动、强化征信数据规范化使用、构建征信数据交易机制等。

一、全方位推动信用信息共享机制建设

（一）提高征信机构之间数据共享意愿[①]

互联网金融征信活动在我国尚处于起步阶段，市场中现有征信机构之间发展不均衡，存在竞争关系，有的征信机构已经在征信市场中占据了一定地位，而有的征信机构则面临合并、收购问题。不同互联网金融征信机构将其所获得的信用信息作为商业秘密和开展竞争的重要资源，造成信息难以共享的困境。虽然百行征信的成立使信息共享具备了一定基础，但各个征信机构是否会进行信用信息数据的共享、共享的程度如何还有待观察。客观来看，互联网金融征信业未来如果要有更大发展，构建信息共享机制是必由之路，通过信息共享有利于不同征信机构间取长补短，更好地开发信用产品，为市场主体提供服务。在提高征信机构之间数据共享意愿方面可以考虑建立征信业协会，形成利益共同体，促进会员之间

---

① 贺宁. 我国互联网征信数据采集法律问题研究 [D]. 四川省社会科学院硕士学位论文，2017.

的交流和数据共享，实现互利共赢的发展目标。

（二）促进互联网金融征信机构和央行征信系统对接

互联网金融征信机构采集的信用数据主要来自线上，基于用户在网络使用中所形成的行为数据来进行产品开发，而央行征信系统在采集传统金融机构信贷数据方面拥有得天独厚的优势，涉及个人和企业的基本信息、银行信贷信息等，因此，互联网金融征信与央行征信能够形成有效互补。未来可以考虑促进两种不同渠道的信用信息数据实现对接。在具体实施中，可以先选择一到两家发展较好的互联网金融征信机构接入央行征信系统作为试点，发现问题并总结经验，不断完善互联网金融征信机构和央行征信系统对接所需条件，在时机成熟后，推动更多的互联网金融征信机构和央行征信系统对接，实现信用信息数据共享。

（三）推动互联网金融征信与公共企事业单位间的数据共享

公共企事业单位掌握着企业、个人较多信用信息，这些信息属于公共资源。《社会信用体系建设规划纲要（2014—2020年）》（以下简称《规划纲要》）中提出要推动互联网应用及服务领域信用建设，积极推进建设网络信用信息与社会其他领域相关信用信息的交换共享机制。根据《规划纲要》的顶层设计，应积极推动互联网金融征信机构与公共企事业单位实现信息共享。具体建议如下：首先，将公共企事业单位的信息进行整合，形成一个统一的信用信息数据库，再逐步实现与互联网金融征信机构间的共享。其次，在制度层面上，对相关法律法规中涉及信息使用和保护的内容进行修改和调整，在保护国家安全、个人隐私的基础上扩大公共企事业单位信息公开范围；对敏感信息共享可通过设置权限的方式，实现加密共享。最后，通过立法明确规定公共企事业单位的信息公开范围，保证互联网金融征信机构最大限度获得所需公共信息。

二、加快信用信息标准化建设

信用信息标准化建设是征信体系建设中的基础性工作，目前征信机构间的信用信息数据互通互联还存在障碍，在数据格式、数据内容、数据指标、技术支持以及软件应用等方面都存在差异，由于标准化建设相对落后，给信用信息的深加工以及综合应用带来困难，需要加快信用信息标准化建设。

（一）信用信息标准化建设的作用

首先，信用信息标准化有利于促进区域信用体系技术建设快速发展。信用信息标准化能够使管理者和投资者依据技术标准快速选择技术支持平台，搭建技术服务平台，避免技术系统建设的盲目性、重复性，避免不规范建设和走弯路，提高工作效率。其次，信用信息标准化有利于不同区域、不同管理部门之间网络系统间的信用信息互联互通，为实现信用信息共享奠定长远基础。我国各类机构的信用信息系统需要通过相关标准，实现信用信息的共享交换，以确保信用信息的完整性、及时性、可靠性。再次，信用信息标准化有利于支撑信用服务行业的健康、有序、规范发展。通过促进信用信息的共享，降低信用服务组织的采集成本；通过规范信用服务组织的产品及从业人员的服务行为，促进整个信用服务业规范化发展；通过制定有关指南、导则或技术规则，为信用服务行业提供比较科学的引导。最后，信用信息标准化有利于树立品牌。信用标准的宣传和实施有利于推广信用产品，培育和开拓市场，有利于地区、行业和企业信用品牌的树立。

（二）建立并推广征信数据采集标准

由于大数据和云计算等信息技术的使用，征信数据种类越来越多，也越来越复杂，不仅包含结构化数据，还包含各种非结构化数据，数据标准的不统一降低了征信数据的适用性，建立并推广征信数据采集标准是数据整合共享的前提。建议我国征信监管部门借鉴征信体系成熟国家的建设经验，建立征信数据采集标准。例如，参考美国消费者数据行业协会的做法制定统一数据采集标准与报告格式，确保信用原始数据的真实性与一致性，避免数据资源的浪费，节省数据转化和清洗耗时，提高数据的利用效率。此外，在信息安全、网络基础设施建设等方面也应考虑统一标准的建立，为征信产品的质量提升提供保障。

三、促进政府数据共享和交易机制建设

（一）推动政府数据开放流动

由于政府数据中有部分涉及国家安全等敏感信息，因此政府数据共享应秉承有限度开放原则：一是要注重政府数据开放的顶层设计和协调，尽管政府数据共享是未来的趋势，也逐渐形成了社会共识，但不同政府部门间的信息壁垒还客观存在，需要从国家层面进行统筹规划和顶层设计；二是采用云计算等高科技手段支撑政府数据共享，云计算在我国已经具备了良好的应用基础，采用云服务能够有效降低投资成本、提高安全性，并促进政府数据流动共享；三是可以先把与民生息息相关的政府数据开放作为切入点，在征信体系建设基础较好的区域进行试点，改进不足、总结经验，然后逐步推动更多政府数据开放共享。

（二）构建征信数据交易机制

征信数据作为征信机构的资产，只有通过一定的数据交易机制使其流动起来，才能够打破数据割据和数据孤岛等困局，构建开放的数据流动生态环境，因此探索合理的数据交易机制是促进数据共享的必由之路。关于构建征信数据交易机制，可以重点从以下方面着手：一是国家层面应出台数据交易机制的顶层规范，就数据权属、关键技术、产业链构成、数据安全等问题进行明确规定；二是对数据进行合理的定价和估值，以效用和稀缺性等为依据，在现有的商品定价理论的基础上，提出适合征信数据交易的定价模型和方法，并不断通过实践进行修正；三是建立统一的数据交易平台，在安全接入和存储的环境下，让征信数据交易在阳光下运行，避免征信数据交易市场的无序发展。

第四节　互联网金融征信体系建设权益保护制度的完善

互联网用户产生的信息数据大部分属于个人隐私，互联网金融征信活动的开展使信息主体的网络活动信息被全方位记录，形成了相应的信用信息数据库。在互联网金融征信体系建设过程中要高度重视信息主体权益保护制度的完善，包括同意权、知情权、异议权、更正权等。即信用信息数据处理应当在信息主体明确同意或必要的情况下进行，在信息采集和提供阶段信息主体均应享有同意权；保护信息主体知情权，是信息主体有效行使其他权利的基础，当征信机构提供服务时，要让信息主体知晓自身的信用信息是如何被采集和处理的，让信息的主体有权查阅自身信用信息的使用情况、信用评价及信用等级；此外，当信息主体认为自身的信用信息有误时，有权要求征信机构予以更正、补充和更新。保证信息主体的异议权和更正权，才能不断提高征信系统的全面性、准确性和及时性。

一、完善信息主体相关权利保护制度

（一）完善信息主体权利设置[①]

1. 完善隐私权和信用权立法

在互联网金融征信中，隐私权和信用权具有新的特征，涉及网络使用中的新情况和新问题，如信用侵权行为损害的往往是当事人的经济利益，而并非传统隐

---

① 沈芳.互联网征信中被征信人权利保护研究[D].四川师范大学硕士学位论文，2017.

私权所保护的精神利益，仅仅依靠民法下的名誉权并不能完全保护个人信用利益，需要在民法之外的专门信用法律中做出相关规定，以保证法律法规不出现漏洞。

2. 完善个人信息权法律保护

个人信息权与隐私权在权利边界、客体范围上都存在一定的交叉，但隐私权的内容不能完全涵盖个人信息，个人信息权是一项具体的人格权。现行的《征信业管理条例》尚未涉及信息删除权，建议在相关信用法律中明确规定信息主体享有异议、更正、删除争议信用信息的权利，并制定可操作的实施细则，互联网金融征信机构要负责异议的处理，并在争议信用信息被更正或删除后，通知曾经获得该信用信息的自然人、法人或其他组织。

（二）切实保障信息主体的同意权

同意权涉及信用信息采集和使用两个阶段。在信息采集阶段，征信机构采集信息时要取得信息主体的同意。相比明示同意，默示同意更符合互联网金融征信的特点。由于我国征信业处于发展初级阶段，互联网金融征信机构本身发展尚不完善，如果法律规定必须明示同意会增加征信机构运作成本，不利于互联网金融征信机构发展。而采用默示同意可以简化信用信息采集程序，并且征信机构有义务保障信用信息安全，有利于信息保护和征信机构发展。采用默示同意的形式，必须保障被征信人的知情权。在信息使用阶段，信用信息的获取和使用要经信息主体书面同意并规定用途。建议法律细化书面同意的规定，包括书面同意的撤销、书面同意的格式、书面约定的用途范围等，保证书面同意的真实性，尤其是在格式合同条款取得书面同意时。具体而言：①同意必须是明确的意思表示，即同意的内容必须是清楚的；②同意必须是当事人自由意志的表达；③同意必须是当事人明确地做出；④同意必须是当事人在充分知晓相关信息的情形下做出的意思表达。

（三）保护信息主体的选择权和异议权

现实中，信息主体在使用互联网金融征信机构提供的产品或者服务前通过同意格式条款的形式进行了一次性授权，征信机构因此能够有权终身采集和使用信息主体信息的行为并不合理，在某种程度上侵害了信息主体的选择权。信息主体和互联网金融征信机构之间签订的格式合同，应该将全部性的同意或者完全拒绝调整为部分同意、部分拒绝，并分别承担权利和义务。互联网金融征信机构信用信息数据采集行为授权不应该是强制性、单一性的选择，可以让信息主体自行选择"一次性授权"还是"多次性授权"，若信息主体选择"一次性授权"，则征信机构对于之后的采集行为无须申请授权；若信息主体选择"多次性授权"，则征信机构每一次信息采集行为,都应当获得信息主体对采集事项的分别授权。此外,在互联网金融征信中,信息主体具有异议权,对有争议的信用信息可以提出修正,更好地保护自身权益。建议适当修改《征信业管理条例》中关于征信异议权的规定,使其适应于互联网金融征信机构。

二、规范互联网金融征信的信息采集活动

(一) 规范征信信息的采集原则

征信信息的采集要坚持全面性原则和关联性原则。全面性原则是指互联网金融征信机构既要采集与个人信用相关的正面信息,也要采集负面信息。仅仅凭借正面信息或负面信息都不能准确地评估信息主体的信用状况。为了准确、科学地评估个人信用状况,征信机构应全面采集信息主体的正面信息和负面信息。因此,互联网金融征信机构不能仅凭借自身平台采集的数据信息,还要寻求多方合作,加强信用信息共享,既要促进与金融机构、公共部门之间的信用信息共享,以便获取传统征信数据,也要构建互联网金融征信机构之间的信用信息共享平台。关联性原则是指信用信息采集只能采集与信息主体信用相关的信息。由于越来越多的互联网技术运用到征信业中,使互联网金融征信机构采集信息的方式更加隐蔽、便利,且成本更低,信息采集与信息主体权利保护之间的矛盾更加突出,因此不应无边界地扩大信息的采集范围。除《征信业管理条例》禁止采集的个人信息外,互联网金融征信机构的信息采集还应限于与信用相关联的信息。按照信息与信用的相关度,可以分为直接信用信息和间接信用信息。直接信用信息容易识别,但是如何识别间接信用信息,需要法律做出具体规定。

(二) 明确征信信息采集主体资格

明确互联网金融征信信息采集主体资格,对于规范个人征信和企业征信中的信用信息数据采集行为至关重要。个人征信方面,在符合法律规定的前提下,建议加快颁发个人征信牌照的步伐,保护获得牌照企业规范开展征信业务,同时将不合规数据企业排除在信用信息数据采集主体范围之外,保护个人信用信息数据安全,维护互联网个人征信市场秩序。企业征信方面,进一步完善《征信业管理条例》《征信机构管理办法》《征信机构监管指引》等规定,增加相关"互联网金融征信机构"内容,对其信用信息数据采集相关行为,如采集范围、采集数据的使用、采集行为的异议以及监管等内容进行规范,明确对其非法采集信用信息数据行为的惩罚力度,从而加强对信息主体的保护。

（三）明确界定个人信息与不良信息

个人信息与不良信息的内容规定要明确，一方面，明确规定互联网金融征信中个人信息的内涵和外延，动态调整敏感信息的内涵和外延。敏感信息的范围是根据社会环境、风俗习惯等因素综合判定的结果，随着科技发展和社会进步，敏感信息的范围也会有所变化。从静态和动态两个角度考虑，既要考虑信息本身的性质，也要考虑动态信息在采集和使用中的具体情况。另一方面，明确界定不良信息。《征信业管理条例》对不良信息的保存期限和使用都加以限制，但是没有规定何为不良信息。这在一定程度上会影响相关规定实施，以及信息主体隐私权保护，应明确规定何为不良信息，如将不良信息界定为会造成对信息主体信用做出负面评价的信息等。

（四）完善征信信息采集的负面清单

传统征信业主要是采集身份识别信息、信贷金融信息、公共记录信息等，但在互联网金融征信下，征信机构采集的信息范围更加广泛，信息主体的何种行为与信息将会被互联网金融征信机构采集，以及将会对信息主体的信用造成什么影响，社会公众并不清楚。因此，采用负面清单制度，明确互联网金融征信机构禁止采集的个人信息目录，如敏感信息、个人隐私信息等。需要强调的是，互联网应用范围广泛，信息来源多种多样，且不断更新变化，负面清单不可能完全列举所有应当禁止采集的信息，所以征信机构在采集负面清单以外的信息时，应当坚持遵循全面性和关联性原则。

三、强化对信息主体的权益保护

（一）明确信用信息使用者负有的义务

在信息流转的过程中，互联网金融征信机构及信用信息使用者主要对数据的安全传递负有特定的保护义务。而在信息使用过程中，会涉及征信机构及信用信息使用者的多重权利义务，通过对信息使用主体的义务加以明确从而达到保护信息主体权益的目的，以实现信息主体与信息采集者、使用者之间的利益平衡。信用信息使用者主要负有以下三种义务：一是保密义务。信用信息使用者应对其所掌握的信息主体信用数据负有不得在合理目的消失后擅自使用、不得泄露信用信息的义务。一方面，信用信息使用者理应对消费者的隐私权加以保护；另一方面，若信用信息使用者出于商业目的泄露、买卖消费者信用数据，则将失去消费者的信任，甚至会被追究相关责任。二是如实告知义务。信用数据使用主体对信息主体信用报告的使用应事先通知信息主体；同时规定信用数据使用者依据信用报告对信息主体做出不利处理时，应当告知制作该报告的征信机构名称、地址。三是平等授信义务。任何授信机构应根据信息主体信用情况，对其（信用申请人）授予合理、客观、公允的信用额度，不得存在任何歧视性或不公正授信的情况。建议在完善我国相关征信法律法规时，应对利用个人信用数据相关的授信行为进行规制，通过明确设置授信主体的平等授信义务，来实现对信息主体权益的保障。

（二）保护信息主体的网络隐私安全

对金融行业来说，风险控制是永恒的主题，尤其是互联网金融征信行业。首先，网络用户信息如网购记录、网站浏览痕迹等在互联网上很容易泄露，造成安全隐患；其次，在互联网金融征信业快速发展的过程中，部分机构不注重用户隐私，大肆透支消费者信任的现象时有发生。征信与个人信息保护之间是一种悖论关系，虽然征信具有一定的合理性，但也面临着法律挑战，即信息公开、信息共享可能会危及个人隐私进而损害个人尊严、自由和安全。这就要求征信机构在征信活动中以正当的方式对征信数据进行使用，不能以牺牲个人隐私权为代价。然而，在实践中，互联网金融征信机构收集的个人信息很大一部分属于被采集人不会对外界公开的隐私信息，尤其是大数据、云计算的出现，使网络用户的上网轨迹、行为偏好均被作为大数据进行加工后形成个人信用信息，所以个人信息共享与隐私权保护之间的冲突已成为亟待解决的难题，而解决这一问题的关键则在于明确隐私权价值位阶的最高性，并以此最高价值目标为原则对征信机构的信息使用活动进行立法与监管。此外，要加紧制定具备实践操作性的实施细则，规范互联网金融征信机构的信息采集准则，增强隐私数据使用的保密性，以及完善信息主体权益被侵害后的事后救济机制。

参考文献

[1] Agarwal and Hauswald. Distance and Private Information in Lending [J]. The Review of Financial Studies, 2010, 23 (7): 2757-2788.

[2] Akerlof G.A. The Market for Lemons: Quality Uncertainty and the Market Mechanism [J]. Quarterly Journal of Economics, 1970, 84 (3): 488-500.

[3] Baltensperger. Credit Rationing: Issues and Questions [J]. Journal of Money Credit and Banking, 1978, 10 (2): 170-183.

[4] Berger A.N. and Udell G.F. Relationship Lending and Lines of Credit in Small Firm Finance [J]. Journal of Business, 1995, 68 (3): 351-381.

[5] Berger A.N., Miller N.H. and Petersen M.A. Does Function Follow Organizational Form? Evidence from the Lending Practices of Large and Small Banks [J]. Journal of Financial Economics, 2005, 76 (2): 237-269.

[6] Boot A. Relationship Lending, What Do We Know [J]. Journal Financial, 2000, 9 (1): 7-25.

[7] Buch Claudia M. Information Versus Regulation: What Drives the International Activities of Commercial Banks? [J]. Journal of Money Credit and Banking, 2003, 35 (6): 851-869.

[8] Cubillas, Elena, González, Francisco. Financial Liberalization and Bank Risk Taking: International Evidence [J]. Journal of Financial Stability, 2014 (11): 32-48.

[9] Claessens and Laeven. Financial Development, Property Rights and Growth [J]. Journal of Finance, 2003, 58 (6): 2401-2436.

[10] Fazzari S.G., Hubbard and Peterson. Financing Constraints and Corporate Investment [J]. Booking Paper on Economic Activity, 1988 (19): 141-195.

[11] Herzenstein M., Dholakia U. and M. Andrews R. L. Strategic Herding Behavior in Peer-to-Peer Loan Auctions [J]. Journal of Interactive Marketing, 2011, 25 (1): 27-36.

[12] Kwahja A.I. and Mian A. Do Lenders Favor Politically Connected Firms? Rent Provision in an Emerging Financial Market [J]. Quarterly Journal of Economics, 2005,

120（4）：1371-1411.

［13］Mallick and Chakraborty. Credit Gap in Small Businesses：Some New Evidence[J]. Working Paper from Economics Papers，2002，17（1）：65-79.

［14］Peek J. and Rosengren E. Bank Consolidation and Small Business Lending：It's not Just Bank Size That Matters [J]. Journal of Banking and Finance，1998，22（6）：799-819.

［15］Robert C. Merton，Zvi Bodie. Design of Financial System：Towards a Synthesis of Function and Structure [J]. Journal of Investment Management，2005（3）：1-23.

［16］Stein Jeremy C. Information Production and Capital Allocation：Decentralized versus Hierarchical Firms [J]. Journal of Finance，2002，57（5）：1891-1921.

［17］Stiglitz, Joseph E. and Andrew Weiss. Credit Rationing in Market with Imperfect Information [J]. American Economic Review，1981，71（3）：393-410.

［18］Strahan and Weston. Small Business Lending and the Changing Structure of the Banking Industry [J]. Journal of Banking Finance，1998（22）：821-845.

［19］安德森．长尾理论［M］．北京：中信出版社，2012.

［20］张杰．互联网金融发展与小微企业融资创新［M］．北京：经济管理出版社，2017.

［21］包丽红，封思贤．第三方支付监管机制的国际比较及启示［J］．上海经济研究，2015（11）：49-56.

［22］毕扶摇，黄瑞．英国金融监管机制对我国互联网金融市场行为标准化管理的启示［J］．当代经济，2019（8）：39-41.

［23］蔡洁．区块链互联网金融模式的架构与展望［J］．技术经济与管理研究，2020（1）：79-83.

［24］蔡晓阳．金融综合改革视角下的小微企业信用体系建设［J］．金融与经济，2012（8）：56-58.

［25］曹文禹．中国P2P网贷平台的征信问题研究［J］．长江大学学报（社会科学版），2015，38（10）：34-37.

［26］陈宝贵．网络P2P背景下中外征信运用比较研究——以拍拍贷和ZOPA为例［J］．时代金融，2016（18）：23-30.

［27］陈丽萍，阿里金融小微贷款案例分析［J］．时代经贸，2013（18）：77-78.

［28］陈继杨．互联网金融与金融科技发展现状［J］．合作经济与科技，2020（1）：66-67.

［29］陈静．区块链技术下互联网金融的风险演化及防范［J］.宏观经济管理，2019（4）：82-90．

［30］陈彦达，王玉凤，张强．我国金融科技监管挑战及应对［J］.金融理论与实践，2020（1）：49-56．

［31］丛秀烨．我国P2P平台的发展趋势及风险控制［J］.财政与金融，2019（25）：39-41．

［32］崔恺媛，刘一鸣，刘璐．信息不对称视角下科技金融服务新旧动能转换的风险成因分析［J］.山东社会科学，2019（11）：153-158．

［33］丁杰．互联网金融与普惠金融的理论及现实悖论［J］.财经科学，2015（6）：1-10．

［34］杜敏君，王洁．我国第三方支付风险监管研究［J］.合作经济与科技，2020（3）：62-63．

［35］房建瓴，辛立秋．互联网金融发展的经济学理论基础初探［J］.金融经济，2017（22）：92-93．

［36］冯建本．互联网金融环境下中小企业融资模式与实现路径［J］.财会通讯，2018（23）：13-16．

［37］宫兆辉，许敦锴，周华．电商小贷的现状及未来发展建议［J］.金融经济，2019（2）：129-130．

［38］龚映清，蓝海平．美国SEC众筹新规及其监管启示［J］.证券市场导报，2014（9）：11-16．

［39］郭建辉．我国互联网金融发展的内生逻辑、驱动因素与金融功能效应［J］.税务与经济，2018（1）：39-45．

［40］郭明科，张然．国内外P2P公司特点比较及对我国P2P发展的启示［J］.武汉金融，2014（5）：47-48．

［41］郭培霖．互联网金融经济学解析——基于阿里巴巴的案例分析［J］.中国市场，2018（33）：50-51．

［42］韩家平．中国社会信用体系建设的特点与趋势分析［J］.征信，2018（5）：1-5．

［43］韩克勇．互联网金融发展的长尾驱动与风险生成机理［J］.亚太经济，2018（1）：62-66，146．

［44］何飞，张兵．互联网金融的发展：大数据驱动与模式衍变［J］.财经科学，2016（6）：12-22．

［45］胡剑波，丁子格．互联网金融监管的国际经验及启示［J］.经济纵横，2014（8）：92-96．

［46］胡园园．Kiva 风控体系对完善我国 P2P 监管政策的启示［J］．金融市场，2016（2）：24-27.

［47］黄孝章，张志林，刘双双．长尾理论促进新媒体经济增长方式的转变［J］．集团经济研究，2007（12）：283-284.

［48］黄益平．数字普惠金融的机会与风险［J］．新金融，2017（8）：4-7.

［49］黄志凌．中国征信体系建设并非小事、易事［J］．征信，2016（10）：1-6.

［50］霍兵，张延良．互联网金融发展的驱动因素和策略——基于长尾理论视角［J］．宏观经济研究，2015（2）：86-93，108.

［51］纪志宏，王晓明，曹凝蓉，金中夏，伍旭川，黄余送，张晓艳．互联网信贷、信用风险管理与征信［J］．金融研究，2014（10）：133-147.

［52］贾丽平．比特币的理论、实践与影响［J］．国际金融研究，2013（12）：16-27.

［53］蒋卫华．我国股权众筹运转模式风险状况及监管模式创新研究［J］．经济体制改革，2017（5）：142-148.

［54］孔陆宏，邸建国．基于金融中介理论的金融脱媒综论［J］．商业经济研究，2017（14）：163-165.

［55］雷雪飞．对互联网金融时代征信业发展的思考［J］．金融与经济，2017（3）：54-57.

［56］李俊．德国互联网金融的经验及其对中国的启示［J］．清华金融评论，2014（2）：52-56.

［57］李莉莎，王智浩．P2P 网贷征信：现实困境与机制完善［J］．金融理论与教学，2018（4）：31-34.

［58］李宁，韦颜秋，王梦楠．"互联网+"背景下商业银行拓展长尾市场的探讨［J］．南方金融，2016（12）：92-96.

［59］李扬．"金融服务实体经济"辨［J］．经济研究，2017（6）：4-16.

［60］李毅，向党．中小企业信贷融资信用担保缺失研究［J］．金融研究，2008（12）：179-192.

［61］李真．P2P 网贷信用征信：金融分析与法律建构［J］．当代经济管理，2015（7）：85-91.

［62］梁榜，张建华．中国城市数字普惠金融发展的空间集聚及收敛性研究［J］．财经论丛，2020（1）：54-64.

［63］梁迪．P2P 网贷的演进特点风险及应对的研究述评［J］．资本运营，2014（14）：114-115.

［64］梁豪亮．监管新规下 P2P 网贷平台的困境及出路［J］．中外企业家，

2020（5）：100–101.

［65］梁双陆，刘培培.数字普惠金融与城乡收入差距［J］.首都经济贸易大学学报，2019（1）：33–41.

［66］廖理.Kabbage：数据驱动的"贷款"公司［J］.清华金融评论，2014（1）：113–116.

［67］林平.征信市场发展：国际趋势、我国的差距与对策［J］.南方金融，2016（10）：3–8.

［68］刘桂荣.金融创新、金融科技与互联网金融征信［J］.征信，2018，36（2）：16–21.

［69］刘洪顺.试论互联网金融背景下的小额信贷发展［J］.现代营销（下旬刊），2020（2）：37–38.

［70］刘金全，毕振豫.普惠金融发展及其收入分配效应——基于经济增长与贫困减缓双重视角的研究［J］.经济与管理研究，2019（4）：1–10.

［71］刘新海，丁伟.大数据征信应用与启示——以美国互联网金融公司ZestFinance为例［J］.清华金融评论，2014（10）：93–98.

［72］刘元元.国外P2P发展模式对我国的借鉴与启示［J］.中国市场，2019（31）：8–9.

［73］刘园，郑忱阳，江萍，刘超.金融科技有助于提高实体经济的投资效率吗？［J］.首都经济贸易大学学报，2018（6）：22–33.

［74］刘泽黎.互联网背景下信用制度的演进和风险管理［J］.经济学家，2020（1）：70–78.

［75］罗艾筠，李慧敏.风险防范视域下对股权众筹的法律思考［J］.金融理论与实践，2019（12）：81–87.

［76］罗建雄，封玉莲.大数据时代我国征信业发展及安全思考［J］.征信，2019（6）：27–33.

［77］马廷廷.我国社会企业P2P运营模式的创新研究——基于"KIVA"和"宜农贷"的比较分析［J］.长沙大学学报，2017，31（4）：24–28.

［78］梅波.经济新常态下互联网金融风险特征与监管策略［J］.中国市场，2019（33）：29–30.

［79］缪莲英，陈金龙.P2P网贷中社会资本对借款者违约风险的影响——以Prosper为例［J］.金融论坛，2014（3）：9–15.

［80］莫易娴.国内P2P网贷平台发展模式比较分析［J］.开发研究，2014（3）：126–130.

［81］倪海鹭.P2P网贷平台征信需求与管理研究［J］.征信，2014（5）：

46-49.

[82] 庞艳宾. 数字普惠金融助力乡村振兴 [J]. 人民论坛, 2020 (1): 98-99.

[83] 彭璟玮. 互联网金融的理论渊源探析与现实策略研究 [J]. 金融与经济, 2016 (6): 17-20.

[84] 屈宇飞, 叶子晟, 周超. 双轮驱动框架下我国个人征信行业发展对策研究——基于百行征信的观察 [J]. 征信, 2019 (4): 16-27.

[85] 石建勋. 互联网金融发展的理论依据、市场基础及前景分析 [J]. 当代经济, 2015 (13): 14-15.

[86] 粟芳, 邹奕格, 韩冬梅. 政府致力于农村互联网金融普惠的路径分析 [J]. 财经研究, 2020 (1): 4-18.

[87] 塔琳, 李孟刚. 区块链在互联网金融征信领域的应用前景探析 [J]. 东北大学学报 (社会科学版), 2018 (5): 29-37.

[88] 谭燕芝, 彭千芮. 普惠金融发展与贫困减缓: 直接影响与空间溢出效应 [J]. 当代财经, 2018 (3): 56-67.

[89] 唐海军, 李非. 长尾理论研究现状综述及展望 [J]. 现代管理科学, 2009 (3): 40-42.

[90] 唐建新, 陈冬. 信息不对称、第三方信用信息与小企业融资 [J]. 经济评论, 2007 (1): 136-143.

[91] 田慧芳. 促进我国互联网征信规范发展 [J]. 银行家, 2019 (2): 138-140.

[92] 涂萌, 张绵伟. 第三方支付用户个人信息安全风险及对策研究 [J]. 情报理论与实践, 2018, 41 (12): 70-75.

[93] 王达. 论美国互联网金融的主要模式、演进及启示 [J]. 亚太经济, 2014 (4): 70-73.

[94] 王达. 美国互联网金融的发展及中美互联网金融的比较——基于网络经济学视角的研究与思考 [J]. 国际金融研究, 2014 (12): 47-57.

[95] 王国刚. 从金融功能看融资、普惠和服务"三农" [J]. 中国农村经济, 2018 (3): 2-14.

[96] 王蕾, 张向丽, 池国华. 内部控制对银行信贷风险的影响——信息不对称与代理成本的中介效应 [J]. 金融论坛, 2019, 24 (11): 14-23.

[97] 王书斌, 谭中明. 数据驱动下 P2P 网络借款征信共享机制研究 [J]. 西南金融, 2018 (6): 59-67.

[98] 王一婕. 以互联网金融推动乡村普惠金融向纵深发展 [J]. 人民论坛,

2020（1）：100-101.

［99］王艺林，王斯瑶. 基于美国经验的中国股权众筹发展现状及相关建议［J］. 中国市场，2016（3）：166-168.

［100］王作功，李慧洋，孙璐璐. 数字金融的发展与治理：从信息不对称到数据不对称［J］. 金融理论与实践，2019（12）：25-30.

［101］温信祥，叶晓璐. 法国互联网金融及启示［J］. 中国金融，2014（4）：75-77.

［102］吴笛. 互联网金融风险及风险防控探讨［J］. 现代营销（下旬刊），2020（1）：42-43.

［103］吴晶妹，邵俊睿. 基于美、英、澳股权型众筹平台信用风险防范手段运用分析——兼论对中国股权型众筹发展的启示［J］. 现代管理科学，2016（12）：12-14.

［104］吴善东. 数字普惠金融的风险问题、监管挑战及发展建议［J］. 技术经济与管理研究，2019（1）：66-69.

［105］吴晓光，曹一. 论加强P2P网贷平台的监管［J］. 南方金融，2011（4）：34-37.

［106］向明，冀源溪，曲博. 美国大数据网络贷款公司Kabbage的运营模式及启示［J］. 征信，2016（1）：60-62.

［107］谢平，邹传伟. 互联网金融模式研究［J］. 金融研究，2012（12）：11-22.

［108］熊建宇. 众筹的发展现状及监管研究［J］. 时代金融，2019（35）：105-106.

［109］徐婷. P2P网贷行业现状及发展展望［J］. 现代经济信息，2019（4）：306-307.

［110］徐征. 拍拍贷信贷风险及控制机制研究［J］. 财会通讯，2018（2）：115-118.

［111］闫琳. 美国P2P网贷平台发展及其对中国的启示——基于Prosper和拍拍贷案例［J］. 金融与经济，2017（10）：79-83.

［112］杨静. 互联网金融对商业银行业务的影响分析［J］. 中国市场，2020（5）：51-52.

［113］杨克泉，黄国平. 我国互联网金融信息服务及管理机制分析［J］. 经济纵横，2016（11）：66-70.

［114］喻平，豆俊霞. 数字普惠金融发展缓解了中小企业融资约束吗［J］. 财会月刊，2020（3）：140-146.

［115］张国柱．美国、欧洲发达国家征信系统建设经验及启示［J］．金融会计，2013（2）：37–40.

［116］张杰，高正平．我国股权众筹投资者保护制度构建与完善［J］．银行家，2017（7）：93–95.

［117］张杰，孙梦姣，李海姣．我国共享经济发展中信用评价机制的应用及完善研究——基于信用分的视角［J］．征信，2019（2）：62–66.

［118］张杰，张泽伟，刘丽娟．完善我国股权众筹融资的监管制度研究［J］．经济纵横，2016（10）：117–121.

［119］张杰．我国共享经济发展中的信用困境与解决之策［J］．经济纵横，2017（8）：75–80.

［120］张杰．应通过加强信用信息供给缓解小微企业信贷融资困境［J］．经济纵横，2014（6）：71–74.

［121］张晶，李育冬．从百行征信看我国个人征信的市场化发展［J］．征信，2019（12）：54–60.

［122］张晶云，傅斌，李彩春．互联网金融对商业银行的影响分析［J］．中国商论，2020（3）：70–73.

［123］张荣．区块链金融：结构分析与前景展望［J］．南方金融，2017（2）：57–63.

［124］张旭．互联网金融时代国有商业银行发展研究［J］．合作经济与科技，2020（4）：52–53.

［125］张燕，刘福临．互联网金融下农村征信体系的优化与机制构建［J］．宏观经济研究，2018（8）：131–141，175.

［126］张永亮，张蕴萍．P2P网贷平台法律监管困局及破解：基于美国经验［J］．广东财经大学学报，2015（5）：88–97.

［127］郑毅．区块链技术及其在互联网金融的应用前景分析［J］．时代经贸，2017（18）：13–14.

［128］周玮．互联网金融发展的经济学理论基础浅谈［J］．经济纵横，2019（25）：194–196.

［129］周文蕾．互联网金融发展研究——由余额宝引发的经济学思考［J］．时代金融，2014（9）：46–46.

［130］庄雷，王烨．金融科技创新对实体经济发展的影响［J］．软科学，2019（2）：43–46.

［131］安敏．我国P2P网贷的风险管控研究——以"拍拍贷"为例［D］．安徽工业大学硕士学位论文，2018.

［132］陈新枝.征信在 P2P 网贷信用风险管理的应用研究——以人人贷为例［D］.上海国家会计学院硕士学位论文，2017.

［133］傅一帆.社会网络视角的 P2P 平台机制设计研究——以 Prosper 平台为例［D］.浙江大学硕士学位论文，2015.

［134］贺宁.我国互联网征信数据采集法律问题研究［D］.四川省社会科学院硕士学位论文，2017.

［135］侯蓓蕾.P2P 网贷行业风险及监管研究［D］.广西大学硕士学位论文，2018.

［136］侯国帅.中国互联网金融征信体系建设研究［D］.中共中央党校硕士学位论文，2016.

［137］季梦娜.阿里小贷新型信用关系及其信用管理案例研究［D］.湖南师范大学硕士学位论文，2018.

［138］靳曼.P2P 网贷平台用户行为分析及征信研究［D］.西安电子科技大学硕士学位论文，2015.

［139］李士涛.金融发展中的征信体系功能研究［D］.辽宁大学博士学位论文，2017.

［140］李彤辉.监管新规下 P2P 平台发展趋势研究——以人人贷为例［D］.兰州财经大学硕士学位论文，2018.

［141］刘彬斌.电子商务平台供应链金融的风险研究［D］.江西财经大学硕士学位论文，2019.

［142］刘旭彤.京东供应链金融运作模式研究［D］.湖南大学硕士学位论文，2016.

［143］路媛媛."拍拍贷"P2P 平台风险管理案例分析［D］.哈尔滨商业大学硕士学位论文，2019.

［144］马杰.大数据征信应用于互联网金融风控研究［D］.对外经济贸易大学硕士学位论文，2015.

［145］马茜.阿里小贷信用风险管理研究［D］.上海外国语大学硕士学位论文，2017.

［146］毛珊.拍拍贷 P2P 借贷平台财务风险控制研究［D］.华北水利水电大学专业硕士学位论文，2019.

［147］毛晓舜.个人征信中信息使用与隐私权保护研究［D］.湖南工业大学硕士学位论文，2019.

［148］冉禹.我国互联网金融征信体系建设研究［D］.安徽大学硕士学位论文，2017.

［149］阮康．P2P 网贷平台的违约风险管理研究［D］．西安理工大学硕士学位论文，2019．

［150］沈芳．互联网征信中被征信人权利保护研究［D］．四川师范大学硕士学位论文，2017．

［151］王锡明．CD 证券公司股权众筹平台运营模式研究［D］．天津大学硕士学位论文，2016．

［152］王雪娇．基于大数据的网贷应用研究［D］．天津大学硕士学位论文，2017．

［153］王志鹏．我国个人征信市场体系研究［D］．湖南大学博士学位论文，2017．

［154］熊程青．基于互联网金融平台的第三方征信存在的问题探究［D］．江西财经大学硕士学位论文，2016．

［155］徐尚志．完善我国 P2P 网贷征信体制的探析［D］．吉林大学硕士学位论文，2016．

［156］徐扬．电商小贷的综合信用评价体系研究［D］．厦门大学硕士学位论文，2017．

［157］杨乐．电商平台供应链金融授信管理研究［D］．华东政法大学硕士学位论文，2017．

［158］杨明．宜信 P2P 网贷平台信用风险管理研究［D］．吉林大学硕士学位论文，2017．

［159］俞纯月．我国电商小额贷款业务发展模式及风险研究［D］．暨南大学硕士学位论文，2015．

［160］张思琦．P2P 网贷平台的财务风险管理——以拍拍贷为例［D］．江西财经大学硕士学位论文，2018．

［161］张文瑶．中国电子商务平台小额信贷颠覆性创新研究［D］．哈尔滨工业大学博士学位论文，2018．

［162］刘新海．看美国是如何做互联网征信的［EB/OL］．搜狐网，https：//www.sohu.com/a/58803110_355147，2016-02-15．

［163］刘新海．全球个人征信机构 TransUnion 的未来之路［EB/OL］．数据观，http：//www.cbdio.com/BigData/2015-08/17/content_3712292_all.html，2015-08-17．

［164］中国人民银行征信中心．小额贷款公司接入征信系统工作已经取得初步成效［EB/OL］．http：//www.pbccrc.org.cn/zxzx/zxdt/201310/d22f8c16aeb046fab4196c8e2cfcd686.Shtml，2013-10-30．

［165］中国人民银行征信中心.征信基本概念［EB/OL］.http：//www.pbccrc.org.cn/zxzx/zxzs/201401/87814073facf4b9795480d40fd626467.Shtml，2014-01-14.

［166］中国小额信贷联盟.为什么日本是亚洲征信最发达的国家？［EB/OL］.http：//www.chinamfi.net/News_Mes.aspx？type=16&Id=62857.html，2019-04-26.

［167］朱巍.人格权民法典独立成编，是对公民权利更好保护［EB/OL］.搜狐网，https：//www.sohu.com/a/211305575_114988.html，2017-12-19.

［168］易观国际.2016年中国征信行业专题研究报告［EB/OL］.http：//www.199it.com/archives/449601.html，2016-03-16.

［169］张頔.李方正：随心所欲不逾矩；领先政策而不超越法规，凤凰资本这么做众筹［N］.齐鲁晚报，2015-12-21.

［170］商务部电子商务和信息化司.中国电子商务报告2018［M］.北京：中国商务出版社，2018.

后 记

互联网金融快速发展对征信体系建设提出了更高的要求，同时征信体系的不断完善也为互联网金融健康发展提供了坚实的基础，两者是相互促进的关系。一方面，互联网金融应用大数据、云计算和移动支付等技术，在本质上仍然是金融服务，对专业化的信用服务需求更加强烈，对征信体系建设提出更高要求，进而推动征信体系功能不断升级以适应时代发展；另一方面，互联网金融征信作为公共征信的有益补充，极大扩展了征信体系的信用信息数据范畴，带来先进的信息处理方式和全新的服务理念，推动信用评价模式转变和信用服务场景应用多元化，更好地服务互联网金融等创新业态发展，也为我国征信体系建设完善提供支持。由于我国互联网金融征信体系建设仍处于探索阶段，这一领域深入、系统的研究还不多见，本书在参考已有研究的基础上对一些问题进行了初步探讨，希望能起到抛砖引玉的作用，吸引更多专家学者深入到此领域的研究中来。

本书在撰写和出版过程中得到了天津财经大学高正平教授、李宏教授、马亚明教授、李向前教授的支持和帮助，感谢各位专家提出的宝贵意见和建议；感谢《经济纵横》《征信》《银行家》等核心期刊对本书部分内容予以录用刊发；感谢经济管理出版社以及本书责任编辑李红贤老师的辛勤劳动；感谢天津财经大学金融学院、天津财经大学金融与保险研究中心为本书写作提供的便利条件。在这里一并向所有帮助和支持我们的人致以诚挚的谢意。

研究无止境，特别是在我国经济发展转型升级的大背景下，新事物、新问题不断涌现，如何通过相关研究更好地服务于国家经济建设需要我们不断思考和探索。受研究水平和研究时间所限，本书难免存在不妥、争议和谬误之处，恳请各位专家学者和读者朋友批评指正。

张 杰

2020 年 1 月